W0061893

Was wäre die Welt ohne Schurken? Unfassbar langweilig: Sherlock Holmes ohne Moriarty, Paris ohne Fantômas oder gar das Monster ohne Frankenstein? Im *Herrn der Ringe* würde vermutlich ununterbrochen gepicknickt, Alice würde den lieben langen Tag nur durchs Wunderland hopsen und Hannibal Lecter an Sojawürstchen knabbern. Schurken machen das Leben erst spannend, das unserer Helden und natürlich auch unseres. Martin Thomas Pesl hat die 100 genialsten und coolsten Bösewichte der Weltliteratur zur verschmitzten Schurkenparade versammelt

MARTIN THOMAS PESL ist Autor, Lektor, diplomierter Übersetzer und Sprecher. Schreibt u.a. für das Magazin WIENER und Nachtkritik.de. Zuletzt erschien *Das Buch der Tiere: 100 animalische Streifzüge durch die Weltliteratur* (Edition Atelier). www.martinthomaspesl.com

Das BUCH der SCHURKEN

Die 100 genialsten
Bösewichte der Weltliteratur

ausgewählt, entlarvt und vorgestellt
von Martin Thomas Pesl

illustriert von Kristof Kepler

btb

Verlagsgruppe Random House FSC® N001967

1. Auflage
Genehmigte Taschenbuchausgabe Februar 2018
btb Verlag in der Verlagsgruppe Random House GmbH,
Neumarkter Straße 28, 81673 München
Copyright © 2016 by Edition Atelier, Wien
www.editionatelier.at
Alle Rechte vorbehalten
Kein Teil des Werkes darf in irgendeiner Form
ohne schriftliche Genehmigung des Verlags, des Autors
und des Illustrators reproduziert oder weiterverwendet werden.
Covergestaltung: semper smile, München
nach einem Entwurf von Jorghi Poll/Editionatelier.at
Covermotiv: Illustration von © Kristof Kepler/Editionsatelier.at
Druck und Einband: CPI books GmbH, Leck
MK · Herstellung: sc
Printed in Germany
ISBN 978-3-442-71603-6

www.btb-verlag.de
www.facebook.com/btbverlag

VORWORT

Von 2008 bis 2015 hatte ich den Auftrag des Magazins WIENER, in jeder Ausgabe einen Klassiker der Weltliteratur in einem unterhaltsamen Kurztext für Menschen zu behandeln, die das Werk nicht gelesen, wahrscheinlich aber davon gehört haben. Ich – ein leidenschaftlicher Leser, der nicht versteht, warum manche Leute sich nicht für Bücher interessieren, und umgekehrt keine Begründung braucht, wenn jemand Bücher mag – war also jahraus, jahrein mit der Frage beschäftigt, was einen Romanklassiker ausmacht und warum man ihn auch eine signifikante Zeit nach seinem Erscheinen noch genießen kann.

Sarah Legler und Jorghi Poll vom Verlag Edition Atelier luden mich daraufhin ein, dieser Frage auch in Buchform nachzugehen, und zwar mit Blick auf ein ganz bestimmtes Detail: die Figur des *Schurken* in der Weltliteratur. Was das ist, fanden wir in weiterer Folge für uns heraus. Die Definition von *Schurke* umfasst natürlich Schurken und Schurk*innen*, Bösewichte, Unsympathen, Antagonistinnen, Fieslinge, Gauner, Egomanen, üble Hunde und sonstige widrige Mächte. Sie wollen jemandem Böses oder sich selbst – und nur sich selbst – Gutes. Sie richten Schaden an und entschuldigen sich nicht sofort ehrlich dafür. Sie begehen Verbrechen und wissen dabei genau, was sie tun. Viele wünschen sich einfach, sie wären nicht da – bis auf die Leserinnen und Leser, die diese Figuren meistens am spannendsten finden und daher zum Kult erhoben haben.

Meine Vorgehensweise war ähnlich wie bei der WIENER-Klassikerrubrik: Lektüre von und zu den entsprechenden Werken (wir beschränkten uns auf Romane, weil die Schurkenflut sonst allein schon dank Shakespeare nicht zu bewältigen gewesen wäre) und Verfassen eines Textes – so entstanden genau 100 Lexikoneinträge zu den nicht so netten Figuren aus Büchern.

Wer schafft es auf die Liste?

Bis es so weit war, machte unsere Liste mehrere Fassungen durch: Manche Schurken disqualifizierten sich nach erfolgter Lektüre; auf andere stieß man erst durch zwanglose Plaudereien (danke, Crowd!). Das finale Verzeichnis ist natürlich nicht vollständig und kann es niemals sein, und doch erhebt die Liste Anspruch auf 1.) absolute Subjektivität und 2.) den Versuch einer Ausgewogenheit zwischen bekannten und unbekannten Figuren, männlichen und weiblichen, den Regionen und Sprachen der Welt und den

Epochen. Vor allem aber: 1.) absolute Subjektivität, die beispielsweise zuließ, dass aus dem Harry-Potter-Universum nicht der Dunkle Lord selbst unter die Lupe genommen wurde, sondern die kitschige Mitläuferin Dolores Umbridge. Eine weitere selbst auferlegte Regel im Sinne der Diversität: nur ein Schurke / eine Schurkin bzw. nur ein Artikel pro Autor bzw. Autorin.

Schurke ist nicht gleich Schurke

Die 100 Schurken fallen in zwölf Kategorien. Diese Kategorien wurden der Liste im Nachhinein auferlegt; denn die Gründe, die jemanden oder etwas schurkisch sein lassen, sind natürlich noch mannigfaltiger. Bücher, die wir verschlingen und die zu Klassikern werden, leben von Handlungen. Handlungen leben von Konflikten. Konflikte kann es auch geben, wenn alle es gut meinen. Konflikte können innere Konflikte sein. Und doch kommt es oft genug vor – im anglophonen mehr noch als im deutschsprachigen Raum –, dass uns Schreibende mit Figuren locken, die *dagegen* sind, die es zu bekämpfen gilt, mit denen wir uns nicht identifizieren können oder wollen. Oder mit denen wir uns durchaus identifizieren, obwohl sie gegen das Gesetz, die Moral oder die nervige Hauptfigur agieren.

Zivilisation als Gradmesser

Der älteste Schurke aus unserem Pool stammt aus einer Zeit, als die Bewertungsmechanismen der Menschen für lebende Wesen noch in den Kinderschuhen steckten – ganz zu schweigen von der Abstraktion in fiktive Sphä-

ren. Enkidu aus dem 4000 Jahre alten *Gilgamesch-Epos* wird erst allmählich zum Menschen, sein impliziertes Schurkentum ist das der noch fehlenden Zivilisation. Auf der anderen Seite des Zeitstrahls tobt Adam Stensen aus T. C. Boyles 2015 erschienenem Roman *Hart auf Hart*. Er läuft nackt durch die Wohnung seiner Freundin und barfuß durch den Wald, voller Sehnsucht nach einem pureren, raueren Leben mit weniger sinnloser, verderbter Zivilisation.

Auf den ersten Blick scheint sich also nicht viel verändert zu haben in Tausenden von Jahren der Menschheits- und Kulturgeschichte. Der Bogen ist aber denkbar weit gespannt. Auf wütende Wilde wie Enkidu oder auch Grendel aus der *Beowulf*-Saga folgten in den Epen und Sagen von mythologischen Götterwelten die Trickster (englisch für »Gauner, Betrüger«, aber irgendwie liebevoller), die mit kindischen Scherzen die bestehende Ordnung durcheinanderbringen – Loki aus der *Edda* ist das perfekte Beispiel. Je menschlicher die Helden wurden, desto mehr galt das auch für ihre Gegner. Die Trennlinien zwischen Gut und Böse wurden dabei besonders durch christliche Moralvorstellungen geprägt.

Der Moralapostel als Schurke

Das tun sie auch heute noch, wenn auch gelegentlich unter umgekehrten Vorzeichen. Nicht selten stehen seit der Aufklärung die Klerikalen und Moralapostel am literarischen Pranger: der Baron von Innstetten etwa mit seiner letztlich tödlichen Überreaktion auf das Affärchen seiner Effi Briest oder der mörderische Mönch aus *Der Name der Rose* auf seinem Kreuzzug gegen das Lachen.

Und es müssen nicht gleich Mord und Totschlag sein (dass die nicht grundsätzlich wünschenswert sind, diese Haltung hält sich übrigens recht konstant in der Weltliteratur). Die negative Energie kann mit zunehmender Schärfung des möglichen Autorenweltblicks auch einfach von den Erwachsengewordenen, den Angepassten, eben den übermäßig Zivilisierten ausgehen. Das Fräulein Rottenmeier zum Beispiel meint es gewiss nicht böse mit der strengen Frisur und dem Unverständnis für Menschen, deren Welt nun einmal die Berge sind.

Die Industrialisierung

Die Schurken des 19. Jahrhunderts sind oft solche, die entweder im Kleinen gesellschaftliche Idyllen stören (etwa der Holländer Michel in *Das kalte Herz*) oder eben gesellschaftliche Zwänge etablieren (neben *Heidis* Fräulein Rottenmeier auch Paule Rezeau, die *Viper im Würgegriff*) oder in einer Ära, als die Industrialisierung bei vielen ohnehin schon Paranoia und Existenzängste weckt, »wahnsinnige« Ideen zu Fortschritt und Technik propagieren (nicht zuletzt Frankenstein mit seiner monströsen Schöpfung). Im 20. Jahrhundert war in Europa zuerst eher Schluss mit schurkisch – beziehungsweise lenkten die Weltkriege den Fokus der geschockten Menschheit eine Zeit lang auf das allzu reale Schurkentum, dem sie ausgesetzt war. Umgekehrt haben sich die Fiktionen der Nazis darüber, was ein Schurke ist, zum Glück nicht auf breiter Basis gehalten.

Weltherrschaft & Psychopathen

Zwischen den Kriegen hatte Freuds frischer, tiefer Blick in die menschliche Seele die literarischen Figuren zudem so nachvollziehbar gemacht, dass man ihnen nicht recht böse sein durfte. Erst als die Psychoanalyse schon längst Standard war, kam ein neuer Lieblingsschurke hinzu, bis heute einer der Stars auf dem fiktionalen Antagonistenparkett: der fasziniert wie ein Held begutachtete Psychopath im Spannungsverhältnis zur zivilisierten westlichen Gesellschaft. Ab dem Kalten Krieg spannen die Schurken auch noch Weltherrschaftsfantasien (siehe so ungefähr alle James-Bond-Romane von Ian Fleming). Auch die, die schon an der Macht sind, kriegen in den Büchern ihr meist grotesk überhöhtes Schurkenfett weg: Herrschende von Lateinamerika (*Der Herbst des Patriarchen*) über die britische Countryside (*Farm der Tiere*) bis Afrika (*Der Herr der Krähen*).

Reiche Schnösel & arme Schlucker

Womit wir bei einem neueren Feindbild wären, das mit dem Weltherrschafts- ebenso eng verknüpft ist wie mit dem Psychopathenfaktor: der Schurke Kapitalismus. Ob reicher Schnösel (*Der große Gatsby*) oder armer Gauner (*Die Elenden*): Wer zu viel Geld und / oder Macht hat und / oder will, wird vom eigenen Autor zumindest kritisch beäugt (Ayn Rand bildet da die monströse Ausnahme) und gerät schnell auf die

7

Schurkenbahn. Patrick Bateman tickt in *American Psycho* sicherlich auch deshalb aus, um die ihm durch Anzug und Visitenkarten geebnete Wall Street zum gemainstreamten Reichtum zu verlassen.

Weltliteratur & Ausnahmen

Die Genreliteratur im Detail habe ich außen vor gelassen – ich würde gerne behaupten: nur aus Platzgründen, aber die Wahrheit ist, dass ich nicht das Geringste von den beeindruckenden Fantasy-, Rollenspiel- und Vampirbisswelten verstehe, die sich vor mir aufgetürmt hätten, hätte ich mich darauf eingelassen. Einige der Paradeschurken, die – oft stark überzeichnet und von Grund auf böse – in erster Linie dem Unterhaltungsprinzip unterliegen, sind jedoch so legendär, dass man nicht über sie hinwegsehen konnte: Sauron etwa oder der Baron Harkonnen.

Andere haben schlichtweg Morde begangen und sind ihrer zu überführen. Obwohl mir das Genre des Whodunits deutlich näher liegt als jene von *Game of Thrones* und *Fifty Shades of Grey,* habe ich auch hier nur Mordende ausgewählt, die sich durch Besonderheiten auszeichnen – Raffinesse, Grausamkeit oder philosophische Unterfütterung: Glavinics Kameramörder zum Beispiel, oder den bei Agatha Christie, der es schafft, alle zehn Personen auf einer Insel zu töten.

Bösewichte kommen gerne auch in Büchern für junge Leser vor; je schärfer Autoren hier die Grenze zum Übel

ziehen, desto erfolgreicher werden ihre Werke. Und gar nicht wenige davon bleiben in Erinnerung und haben auch in dieses Buch Eingang gefunden: vom hungrigen Tiger Schir Khan zu den Vertretern der dunklen Magie in Hogwarts und Umgebung.

Männer sind Schurken

Der Versuch eines geschlechtergerechten Blicks ist dabei zum Scheitern verurteilt. Historisch betrachtet war der Club der Weltautoren immer männlich dominiert und hat sich bevorzugt auch männliche Gegenfiguren erschrieben, während er die Frauen, wenn schon als starke, dann besonders gerne entweder als Mütter oder als erotisch vernichtende Femmes fatales herbeifantasierte. Eine 50:50-Quote ist uns also nicht gelungen, bei den Autorinnen schon gar nicht, bei den Schurkinnen leider auch nicht. Die Liste beruht auf Werken von zehn Autorinnen, 83 Autoren, zwei männlichen Autorenpaaren und fünf unbekannten Verfassern. Von den 100 besprochenen Schurken sind 62 eher ein Mann, 21 eher eine Frau, acht sind Paare oder Personengruppen (jeweils unterschiedlichen Geschlechts, aber mehr Männer), fünf lassen sich als Tiere einstufen und vier passen endgültig in keine dieser Kategorien.

Schurken gibt es überall

Die Bücher stammen zu einem überraschenden Großteil aus dem englischsprachigen, gefolgt vom deutschsprachigen Raum, aber ich habe mich bemüht, auch Schurken aus kleineren Ländern Europas sowie aus Asien, Afrika und Südamerika zu Wort kommen zu lassen: Aus dem alten Arabien, aus Argentinien, China, Island, Kenia, Kolumbien, Norwegen, Polen, Portugal, Spanien, der Türkei und Ungarn ist jeweils nur genau ein Buch dabei.

Der Reiz des Bösen

Mit allen schurkischen Fiktionen ist eine gewisse Lust verbunden. Es geht uns gut, also genießen wir das Böse. Gleichzeitig sagen Schurken oft mehr über die Gesellschaft ihrer Zeit aus als Helden, weil sie einerseits Feindbilder verkörpern, auf die sich alle einigen können, und andererseits eine gewisse Sehnsucht widerspiegeln, aus den bestehenden Systemen auszubrechen, unartig zu sein, seinen eigenen Weg zu gehen. Ein reales Problem, das wir selbst nicht angehen können oder wollen, bleibt so, verlagert in die Lektüre, dennoch auf wohlige Art bei uns.

Oft lieben wir diese Bösen daher mehr als wir sie hassen. Oft brummen wir auch befriedigt, wenn sie ums Leben kommen. Aber selten vergessen wir sie als Erste, wenn die Lektüre länger zurückliegt – weil sie einen Nerv getroffen, uns in eine Geschichte hineingezogen und den Akt des Lesens von einem rein geistigen auch zu einem emotionalen Erlebnis gemacht haben. Den Reiz des Bösen – auch bzw. gerade weil es »nur« in einer Geschichte lebt – möchte diese Arbeit betonen und erkunden. Die launigen Illustrationen stammen aus der talentierten Hand des durchaus belesenen Kristof Kepler, der nur in einigen Fällen einzig meinen Artikel als Inspirationsquelle zur Verfügung hatte.

(K)ein Lexikon

Dieses Buch ist ein Lexikon. Das heißt, man muss es nicht von vorne bis hinten lesen. Man darf sich morgens zum Kaffee oder auf eine Zigarettenlänge ein, zwei Schurken des Tages zuführen. Man kann im *Buch der Schurken* blättern und überlegen, welche Romanentdeckung mit einer Prise Fiesem man als Nächstes erkunden möchte. Wer der schurkischere Hochstapler ist: Felix Krull oder der mit dem lustigen Namen, Lafcadio Wluiki? Wer zuerst böse war: Frankenstein oder sein Monster; Moby Dick oder Captain Ahab? Oder wem aus der Liste der Konzernchef XY oder die Schwester des Exfreundes eigentlich am ehesten gleicht?

Der britische *Guardian* hatte 2014/5 eine kleine Serie zum Thema *Baddies in Books*. Im Internet steht ein Schurken-Wiki zur Verfügung. Eine wissenschaftliche Beschäftigung mit dem Thema in Form eines erschöpfenden Lexikons blieb bisher erstaunlicherweise aus. Auch mein Buch – ein Hochstapler wäre ich, würde ich das behaupten! – ist keine solche. Aber es macht hoffentlich Spaß. So wie geschriebene Schurken.

Martin Thomas Pesl

Die
Gierigen

Was sie auch tun oder sagen,
sie haben Dollarzeichen in
den Augen. Ob Nuggets oder
Mitgiften, Almosen oder Erb-
schaften – ihnen stehen sie zu
und sonst niemandem!

DIE VIERZIG RÄUBER

AUTOR: womöglich Antoine Galland
TITEL: *Tausendundeine Nacht*
(aus dem Arabischen von Gustav Weil)
ORIGINALFASSUNG: 1709

》》》Kameraden, jetzt kann uns nichts mehr hindern, volle Rache für die Bosheit zu nehmen, die an uns verübt worden ist. Ich kenne das Haus des Schurken, den sie treffen soll, ganz genau und habe unterwegs auf Mittel gedacht, die Sache so schlau anzugreifen, dass niemand weder von unserer Höhle, noch von unserm Schatze etwas ahnen soll; denn dies ist der Hauptzweck, den wir bei unserm Unternehmen vor Augen haben müssen, sonst würde es uns ins Verderben stürzen.

Da reden die Richtigen! Schurke, Bosheit, Verderben – davon müssten diese Männer eigentlich am meisten verstehen, haben sie sich doch mit der Zeit einen ordentlichen Haufen an Reichtümern erbeutet, die sie in ihrem Geheimversteck lagern. Ein frei stehender Felsen ist es, der praktischerweise eine Tür hat, die – noch praktischer – auf die Worte »Sesam, öffne dich!« reagiert. Warum das so ist, das ist nicht aus dem alten Indien über Persien und Syrien zum französischen »Entdecker« (oder gar Verfasser?) der Geschichte, Antoine Galland, durchgedrungen. Profiräuber muss man sein, oder Glück muss man haben.

Ganz unrecht hat der Räuberhauptmann aber nicht mit seiner Anschuldigung. Denn die zwei bis 40 lebendigen Räuber dieses Märchens, ob es nun vielfach überliefert oder einfach erfunden ist, sind zwar ein stattliches Schurkenkollektiv (besonders wenn man bedenkt, dass im Orient »vierzig« ein Symbol für »viele« war), aber bei Weitem nicht die einzigen Gauner: Ali Baba, seine ganze Familie und seine Dienerschaft haben es faustdick hinter den Ohren. Willkommen im wilden Schurkistan, wo ein Satz wie »Sei ruhig, liebes Weib, und mach dir keine Sorge darob, ich bin kein Dieb, denn ich habe dies alles nur Dieben genommen« alle moralischen Skrupel so gründlich ausräumt wie Ali Babas Bruder Casim die Felsenhöhle der Räuber.

Alles ist hier erlaubt und irgendwie selbstverständlich, denn es geht ja um glänzendes Gold: Eine geviertelte Leiche wird wieder zusammengeflickt, und eine gerissene Sklavin namens Morgiane oder Mardschana wird ohne Skrupel für ihren Herren zur Massenmörderin. 37 der 40 Räuber verstecken sich in Ölschläuchen und lassen sich über einen sozusagen trojanischen Esel in Ali Babas Haus einschleusen. Ganz schön viele für einen einzigen Meuchelmord. Wären nur mehr von ihnen zu Hause geblieben, betrüge die Räuberreduktion durch Morgianes Attacke mit – wie passend! – heißem Öl nicht ganze 92,5 Prozent. Später versucht der Hauptmann selbst unter dem Decknamen Chogia Husein einen weiteren Racheakt, doch Morgianes Dolch ist schneller gezückt. Wer also ist hier der größte Schurke? Die 40 Räuber gewinnen zumindest nach Quantität.

Eine ziemliche Halunkin ist auch Scheherazade, laut *Tausendundeine Nacht* die Erzählerin dieser und unzähliger weiterer Geschichten. Sie erzählt buchstäblich um Kopf und Kragen. Denn um die ihr bevorstehende Hinrichtung durch den Sultan von Indien immer weiter hinauszuzögern, wendet sie einen Trick an, der heute das wichtigste Mittel jeder Fernsehserie ist: den Cliffhanger. Sie bricht einfach immer dann ab, wenn es am spannendsten ist. ∎

HAUPTMANN: Chogia Husein (Deckname)

HERKUNFT: Arabien

NACHT: 270.

STÄRKE: Sesam

SCHWÄCHE: Öl

REICHENINDEX: ★★★★★

ÜBERLEBENDE: ★★☆☆☆

ERZFEINDE: Ali Baba, Morgiane

13

CAROLINE BINGLEY

AUTOR: Jane Austen
TITEL: *Stolz und Vorurteil*
(aus dem Englischen von Margarete Rauchenberger)
ORIGINALFASSUNG: 1813

》》Ich für meinen Teil«, sprudelte sie weiter, »habe sie ja nie besonders schön gefunden. Ihr Gesicht ist zu mager, ihre Haut hat nichts Strahlendes, ihre Züge sind ganz und gar nicht hübsch, und ihre Nase hat keinen Charakter. Es liegt nichts Bemerkenswertes an ihren Zügen. Ihre Zähne sind ganz nett, aber nichts Besonderes. Und was ihre Augen anbelangt, die als so besonders schön bezeichnet wurden, so habe ich nie etwas Außerordentliches an ihnen finden können, es sei denn einen scharfen, zänkischen Blick, den ich gar nicht mag.«

Willkommen im viktorianischen Zickenkrieg! Caroline Bingley, die noch unverheiratete Schwester des gutaussehenden Mr. Bingley (Aussteuer: 20.000 Pfund), lebt hier voller Stolz ihre Vorurteile aus, vor allem gegenüber Elizabeth Bennet, die ihr ihren heimlichen Schwarm, den unzugänglichen Mr. Darcy, abspenstig machen will. Diese Frau ist die Intrigantin schlechthin im Universum der herzzerreißenden *marriage plots* aus der ersten Hälfte des 19. Jahrhunderts. Solange sie noch denkt, die Rivalin habe keine Chance, setzt sie ein gequältes Lächeln auf und mimt die verständnisvolle Freundin. Hinter ihrem Rücken zieht sie jedoch ungeniert über sie her wie ein gut gecoachter C-Promi im Junggesellenverkupplungsfernsehen.

Und je mehr sich der anfangs noch über allem stehende Darcy für die lebensfrohe Elizabeth zu interessieren beginnt, desto stärker engagiert sich Caroline Bingley gegen die Rivalin. Dabei bleibt sie richtig feige: Denn auf die Idee, dem Mann ihre eigenen Vorzüge vorzuführen, anstatt die Nachteile der anderen überdeutlich hervorzustreichen, kommt sie nicht. Vielleicht hat sie ja keine ... Ich meine ja nur ... Oh je, das steckt schon an, dieses fiese Gezwitscher.

Besonders schurkisch darf sich Miss Bingley auch dadurch fühlen, dass im Austen-Universum, in dem es nur um Geld, Rang und bedeutende Familienmitglieder geht (der Onkel ein einfacher Anwalt? Pah!), eine ganze Reihe überspannter, unsympathischer Gestalten durch die Gegend läuft. Elizabeths Mutter, die insgesamt fünf Töchter unter die Haube zu bringen hat, ist überhaupt nur am Verkuppeln interessiert. Selbst als ein eher zwielichtiger Mr. Wickham (der es trotz seines sprechenden Namens – »wicked« = »böse« – nicht zum Top-Austen-Bösewicht geschafft hat) die Drittälteste geradezu über Nacht entführt, findet sie damit schnell ihren Frieden. Hauptsache Hochzeit. Dann ist da noch Lady Catharine de Bourgh, die ihre schützenden adeligen Arme über die Darcys und die Bingleys hält und meint, Elizabeth eine Heirat mit Darcy einfach durch Arroganz und Herablassung verbieten zu können.

Und doch schießt Caroline Bingley den Vogel ab. Sie geht die intrigative Extrameile. Leider konnte vor Fertigstellung dieses Lexikons nicht eruiert werden, ob sie es, gespielt von Emma Greenwell, in der 2016 erscheinenden Verfilmung der Parodie *Stolz und Vorurteil und Zombies* mit der verschärften Grausamkeitskonkurrenz durch die Zombies aufnehmen kann oder ob sie vielleicht selbst zu einem wird. ■

HERKUNFT: Großbritannien

POSITION: Oberzicke

INTRIGENSCHLEUDERGEFAHR: hoch

TAKTGEFÜHL: niedrig

GEHEIMNIS: steht total auf Mr. Darcy

MITGIFT: Oh ja, mit Gift!

ERZFEINDIN: Elizabeth Bennet

CHARMANTESTER KOMMENTAR ÜBER ELIZABETH: »Ihre Zähne sind ganz nett.«

HOLLÄNDER MICHEL

AUTOR: Wilhelm Hauff
TITEL: *Das kalte Herz*
ORIGINALFASSUNG: 1827

Auf mehreren Gesimsen von Holz standen Gläser mit durchsichtiger Flüssigkeit gefüllt und in jedem dieser Gläser lag ein Herz, auch waren an den Gläsern Zettel angeklebt und Namen darauf geschrieben, die Peter neugierig las; da war des Herz des Amtmanns in F., das Herz des dicken Ezechiel, das Herz des Tanzbodenkönigs, das Herz des Oberförsters; da waren sechs Herzen von Kornwucherern, acht von Werboffizieren, drei von Geldmäklern – kurz, es war eine Sammlung der angesehensten Herzen in der Umgebung von zwanzig Stunden.

»Auf dieser Welt gibt es nur zwei Tragödien«, heißt es bei Oscar Wilde, »wenn Wünsche enttäuscht werden und wenn sie in Erfüllung gehen. Die zweite ist viel schlimmer.«Dem Holländer Michel ist im Hauff-Märchen *Das kalte Herz* eine dritte einschlägige Tragödie zu verdanken: wenn man sich nämlich an der Wunscherfüllung nicht mehr erfreuen kann.

Der Holländer Michel – eigentlich müsste es ja heißen: der Holländer-Michel, denn er ist kein Holländer, sondern erlangte seinen Ruhm nur durch höchst erfolgreichen Holzexporthandel in Rotterdam – dieser Michel also, ein Berg von einem Kerl, ist ein Finanzhai, wie er im Märchenbuche steht. Nunmehr zum mythologischen Waldgeist Marke (gigantisches) »Teufelchen« geworden, agiert er als Mephisto der kühlen Berechnung und macht mit naiven Seelen – basierend auf einer zugegeben genialen Marketingidee – ein Geschäft, das nur zu deren Ungunsten ausgehen kann: Er ermöglicht ihnen Reichtum und Reisen und behält dafür ihr Herz als Pfand ein, notdürftig ersetzt durch eine steinerne Attrappe, hart und kalt, zu keinerlei Empfindung fähig.

Kurzfristig ein Vorteil, weil Skrupel und Barmherzigkeit dem unmittelbaren Gewinnmaximierungsstreben nicht mehr im Wege stehen. Auf lange Sicht aber macht das ebenso umfassende Fehlen aller positiven Gefühle das Ganze zu einem Nullsummenspiel. Symptome: Stumpfheit, Langeweile, Sinnentleerung. Nebenwirkung: Erschlagen der eigenen Frau, weil diese einem Bettler Almosen zusteckt. Hauptfigur Peter Munk hat da nur

Glück, dass er beim anderen Waldgeist Marke »Engelchen«, dem Glasmännchen, noch einen Wunsch frei hat und erfährt, wie er dem Michel – bei dem das Gold das Einzige ist, was glänzt – sein richtiges Herz wieder abluchsen kann.

Antipathieverschärfend kommt noch eine gewisse Pädophilenmanier hinzu, mit der Michel gewohnt ist, sich seinen Opfern anzunähern: im Wald tiefstimmig eine zwanglose Konversation anleiern und verlockende Geschenkangebote machen. Wenn das nicht funktioniert, hinter dem armen Kinde herlaufen und ihm drohen. Es mit Schlagstöcken attackieren, die sich dann in Schlangen verwandeln, welche von kreischenden Auerhähnen gerissen werden – nun gut, das geht dann schon in eine eher romantisch-fantastische Ausformung des turbokapitalistischen Kinderschänders über.

Und was können jetzt also die Holländer dafür? Rein gar nichts! Auch so eine Herzlosigkeit. ∎

HERKUNFT: Schwarzwald
BERUF: Holzhändler
FUNKTION: Waldgeist
HOBBY: Steinmetz spielen
TALENT: Marketing
GRÖSSE: einen guten Kopf höher als alle
BEKLEIDUNG: Wams von Leinwand, ungeheure Stiefel
ERZFEIND: das Glasmännchen

17

URIAH HEEP

AUTOR: Charles Dickens
TITEL: *David Copperfield*
(aus dem Englischen von Gustav Meyrink)
ORIGINALFASSUNG: 1850

»» Er folgte mir auf dem Fuße, als ich die Treppe hin-
abging. Er schlich dicht neben mir, als ich mich vom
Hause entfernte, und schob zögernd seine langen Knochen-
finger in die noch längeren Finger seiner Handschuhe.

Ich fühlte gar keine Neigung für seine Gesellschaft, aber
ich mußte an Agnes' Bitte denken und lud ihn ein, mit mir
zu kommen und eine Tasse Kaffee zu trinken.

»Ach, Master Copperfield, ich bitte vielmals um Entschul-
digung, Mister Copperfield, – das Master kommt mir immer
so auf die Lippen – ich möchte nicht, daß Sie sich Ungelegenheiten machen, indem Sie eine so niedrige Person wie
mich in Ihr Haus laden.«

»Es macht mir gar keine Ungelegenheiten«, sagte ich.
»Wollen Sie?«

»Es würde mich sehr, sehr freuen«, entgegnete Uriah mit
18 einer kriecherischen Verbeugung.

Uriah Heep, sind das nicht langhaarige Altrocker aus England? *Lady in Black? ... Very 'Eavy ... Very 'Umble?* Genau, und Letzteres hat natürlich mit ihrem Namensgeber zu tun: dem kleinen, gierigen Kriecher aus *David Copperfield*, für den das *'Umble*-Sein, also die Demut und Unterwürfigkeit, nichts weiter ist als eine Masche.

»Master Copperfield«, redet er ihn immer an, als sie noch beide Teenager sind, aber auch später. Das ist so, wie in Wien jemanden mit »g'schamster Diener« zu begrüßen und dabei genau durchklingen zu lassen, wer hier der Diener und wer der Herr sein sollte.

Bei Charles Dickens kommen die Bösen immer als Rundumgesamtpaket daher: Sie sind gemein (oft einfach deshalb, weil sie arm sind), trickreich und obendrein auch noch hässlich und übelriechend. Es ist sehr leicht, sie nicht zu mögen, und sehr schwierig, sie loszuwerden. In Uriah Heeps Fall erlaubte sich Dickens gar einen kollegialen Seitenhieb: Vorbild für die Figur war niemand geringerer als der dänische »Märchenonkel« Hans Christian Andersen.

Uriah Heep Unlimited, das könnte doch auch eine Klebstoffmarke sein? Tatsächlich kann sich David bei aller Antipathie dem Kerl nicht entziehen. Vielleicht das Autounfallphänomen? Vielleicht der Ehrgeiz: Der muss doch irgendwo zu knacken, zu entlarven sein in seiner Schleimigkeit?

»Sehr unvorsichtig, Mister Copperfield«, würde Uriah Heep selbst es formulieren. Denn durch seine Annäherung an Uriah ist er Teil von dessen intrigantem Spiel geworden, dessen Ziel ganz straight – straighter als jede heepsche Verhaltensregung – die Entehrung des Mädchens und die Einheimsung ihres väterlichen Vermögens ist. Dabei hat sein Vater doch immer Bescheidenheit gepredigt. Und die Mutter plappert das nach:»Ury! Ury!«, und demütig solle er sein.

Und das ist das Problem: Denn natürlich wären wir nicht bei Dickens, wenn dem elendigen Uriah Heep nicht durch die Schuld des Systems einzig die Gauneroption offengeblieben wäre: »(...) wie man uns in der Schule von neun bis elf lehrte, die Arbeit sei ein Fluch, und von elf bis eins, daß sie ein Segen, eine Freude und eine Ehre sei, und ich weiß nicht, was sonst noch, was?«, sagt er mit einem höhnischen Grinsen. Wie soll man sich da auch auskennen? Eine allzu brave Welt bringt böse Menschen hervor. ∎

BERUF: Schreiber
FINGER: lang
MERKMAL: Unterwürfigkeit
VERGEHEN: Betrug
INTRIGANTENFAKTOR: ★★★★☆
ERZFEINDE: Wilkins Micawber, David Copperfield
VORBILD: Hans Christian Andersen

19

DIE THÉNARDIERS

AUTOR: Victor Hugo
TITEL: *Die Elenden*
(aus dem Französischen von Edmund Th. Kauer)
ORIGINALFASSUNG: 1862

Thénardier war ein kleiner, magerer, schwächlich aussehender Mann, der krank zu sein schien; dabei fühlte er sich glänzend, sogar seine Krankheit war nur Betrug. Er pflegte vorsichtshalber immer zu lächeln und war zu fast allen Leuten höflich, sogar zu dem Bettler, dem er einen Pfennig verweigerte. (...)

Sie sah aus wie ein Schwerathlet, der sich als Mädchen verkleidet hat. Fluchen konnte sie prachtvoll, und sie rühmte sich, daß sie eine Nuss mit der Faust sprengen konnte. Wenn sie nicht ihre Romane gelesen hätte – wovon eine gewisse Gerührtheit und Zimperlichkeit ihres Wesens herrührte –, wäre wohl niemand darauf verfallen, sie für ein Weib zu halten.

Eines muss man ihnen lassen: Sie sind ein Traumpaar. Natürlich streiten sie und gehen recht rüde miteinander um, aber sie passen unbestritten perfekt zusammen, schon deshalb, weil niemand sonst einen der beiden würde haben wollen. Wer denkt, Victor Hugos *Les Misérables* müsste als *Die Miserablen* übersetzt werden, für den sind die Thénardiers die Hauptfiguren.

Betrug und Niedertracht sind ihnen derart ins Blut übergegangen (oder waren dort immer schon drin? – durchaus eine Schwerpunktfrage dieses Romans), dass sie sogar ihren eigenen Kindern gegenüber reflexartig eine skrupellose Ausbeutungshaltung an den Tag legen. Nachdem Thénardier bei Waterloo einem General zufällig das Leben gerettet hat, hält er ihm das lange, lange vor. Und als das Gastwirtepaar das arme Mädchen Cosette in Pflege nimmt, hat es dabei natürlich auch einen goldenen Glanz in den Augen. Monatlich sieben Francs soll Cosettes Mutter Fantine ihnen schicken. Als sie erfahren, dass es sich um ein uneheliches Kind handelt, sind es plötzlich erpresserische fünfzehn, und als sie schreiben, das Kind friere, und daraufhin statt weiterer Münzen ein Wolljäckchen zugeschickt bekommen, geraten sie so sehr in Wut, dass sie Cosette die Jacke erst recht vorenthalten.

Es braucht einen durch und durch gütigen Retter, um die Kleine aus dieser Situation zu befreien: Jean Valjean, Hauptfigur und haarscharf am Jesus mit Heiligenschein vorbeigeschrammt, ist charakterlich das krasse Gegenteil der widerwärtigen Wirte. »Extrem-Gebing« trifft auf »Extrem-Nehming«, sodass es geradezu amüsant ist, zu sehen, mit welchem heiligen Ernst Victor Hugo an den äußersten Enden des Schwarz-Weiß-Spektrums balanciert.

Aber die Thénardiers sind nicht nur gierig, sondern auch nachtragend, insofern, als dass sie es dir nicht verzeihen, wenn du ihnen eine sichere Einkommensquelle entziehst. Und so kommt es dann noch Jahrzehnte später, als die anderen Elenden (auch Mme. Thénardier) verstorben, verhaftet, verheiratet oder sonst irgendwie in ihrem Frieden angelangt sind, zu einem Aufeinandertreffen nach dem Motto: »Wenn zwei Menschen in der Kloake sind, müssen sie einander notwendigerweise begegnen.« Ein neuerlicher Erpressungsversuch geht jedoch schief, und Thénardier fliegt in seiner gesamten erbärmlichen Habgier auf. Trotzdem kommt er davon – schluchz! –, und zwar weil die anderen einfach so gute Menschen sind. ∎

HERKUNFT: Frankreich
BERUF: Gastronomiebetreiber, später Bittschreiber
HOBBY: Geld
SCHULD: die Gesellschaft
FLÜSSIGKEIT: Schleim
LIEB ZU KINDERN: nein
ERZFEIND: Jean Valjean
FILMDARSTELLER: Sacha Baron Cohen und Helena Bonham Carter

21

INDIANER JOE

AUTOR: Mark Twain
TITEL: *Die Abenteuer des Tom Sawyer*
(aus dem Amerikanischen von Andreas Nohl)
ORIGINALFASSUNG: 1876

»Das Halbblut murmelte:
»Jetzt sind wir quitt, verfluchter Hund.«
Er raubte die Leiche aus, und danach steckte er das Mordmesser in Potters offene rechte Hand und setzte sich auf den leeren Sarg.

Schwierig. Diesen Übeltäter kann man kaum mögen. Er soll fünf Leute auf dem Gewissen haben, und den Mord an Doktor Robinson, den Tom Sawyer und seine Freunde aus einem Versteck beobachten, schiebt er ganz ungeniert dem bewusstlosen Muff Potter in die Schuhe, der sich dann auch noch einbildet, es wirklich gewesen zu sein. Er geht, ohne mit der Wimper zu zucken, auf wehrlose Witwen los. Er begeht Raubzüge ohne schlechtes Gewissen.

Und doch ist da dieser Beigeschmack von Rassismus. Nicht auf Injun Joes Seite (dieser eher unfreundliche Beiname haftet ihm im Original an), sondern auf jener des Autors, der ihn schuf. Mark Twain, der als großer, humanistischer Geist gilt – hier verpackt er in einen gefürchteten, unbarmherzigen Gauner, den das ganze Dorf am Mississippi River fürchtet und hängen sehen will, seinen jugendlichen Hass auf die Indianer, die amerikanischen Ureinwohner. Dieses »Halbblut« ist klischeebeladen und karikiert, dem Leserhass ohne Umschweife zum Fraß vorgeworfen. Joe ist ein Krimineller, klar, aber »Indianer Joe« ist ein krimineller Indianer. Und das in einem der populärsten Jugendromane der Geschichte.

Als 2011 eine Debatte über die Verwendung des »N-Worts« für Schwarze in Tom Sawyers Nachfolgegeschichte *Huckleberry Finns Abenteuer* in den Feuilletons entbrannte, wurde argumentiert, mit dem Ausdruck sei in Mark Twains Sichtweise keinerlei abwertende Konnotation verbunden gewesen. Dass er mit dem Gauner Joe, der am Ende elendig in einer Höhle zugrunde geht, deutlich weniger behutsam umging, wurde dabei eher außer

Acht gelassen. Der amerikanische Autor und Wissenschaftler Carter Revard verfasste dazu einen eigenen Artikel mit dem Titel *Warum Mark Twain Indianer Joe getötet hat – und nie dafür angeklagt werden wird*. Darin argumentiert er, es sei weithin bekannt, was den Schwarzen angetan worden sei, für die Ureinwohner gelte das aber nicht, also käme bei der Leserschaft und beim Autor zu Unrecht kein Mitleid mit Joe auf.

Immerhin darf er seine Rache an Doktor Robinson argumentieren, bevor er ihn ersticht: »Vor fünf Jahren hast du mich abends aus der Küche deines Vaters vertrieben, als ich kam und was zu essen wollte, und du hast gesagt, ich hätte da nix zu suchen. Und als ich geschworen hab, dass ich's dir heimzahle, auch wenn's hundert Jahre dauert, hat mich dein Vater wegen Landstreicherei ins Gefängnis stecken lassen. Hast du geglaubt, dass ich das vergesse?« Aber dann die Draufgabe: »Nicht umsonst fließt Indianerblut in mir.«

Mit Bauchweh also verzichten wir auf Mitleid und jubeln, als Tom den Täter überführt, jubeln auch, als er den Flüchtigen später sichtet. Jubeln, als das ganze Dorf zum Begräbnis zusammenkommt und befindet, das sei fast so schön, wie die Hinrichtung gewesen wäre. Jubeln und schlucken etwas. ∎

HERKUNFT: USA
KORREKTE BEZEICHNUNG: Angehöriger der Indigenen in Amerika
BERUF: Gauner
TODESOPFER: ★★★★★
NACHTRAGEND: ★★★★☆
DREIST: ★★★☆☆
BELIEBT: ☆☆☆☆☆
NEMESIS: Tom Sawyer

JOHN SILVER

AUTOR: Robert Louis Stevenson
TITEL: *Die Schatzinsel*
(aus dem Englischen von Heinrich Conrad)
ORIGINALFASSUNG: 1881

Mit einem wilden Schrei griff John nach einem Baumast, riß die Krücke aus seiner Achselhöhle heraus und wirbelte das Wurfgeschoß durch die Luft. Es traf den armen Tom mit der Spitze mitten auf den Rücken zwischen die Schulterblätter. Seine Hände flogen in die Luft, er stöhnte kurz auf und fiel auf sein Gesicht.

Was für ein perfekter Bösewicht, was für ein archetypischer Pirat! Der Lange John Silver, oder Long John, wie er auch in der Übersetzung genannt wird, hat alle Schrullen, die man sich für einen sinistren Seemann so vorstellt, und wahrscheinlich ist er überhaupt der Grund dafür, dass man sich die Seeleute so vorstellt.

Da wären einmal die schiere Muskelkraft, die Holzkrücke und das fehlende Bein, der angeblich 200 Jahre alte Papagei auf der Schulter, der immer wieder »Piaster! Piaster!« krächzt, der im englischen Original ziemlich ausgeprägte Slang und das oft umständliche Philosophieren – hier haben wir einen Schurken, der seine Bösartigkeit keineswegs eingesteht, sondern immer politisch herumlaviert, um sein Handeln im Lichte der Gerechtigkeit darzustellen. Dass man ihn zum Kapitän gewählt habe, nachdem Smollett »desertiert« sei, klingt auch besser als das hässliche Wort »Meuterei«, und »Glücksgentlemen« ist ein milder Euphemismus für »Pirat«.

Dank seiner rhetorischen Fähigkeiten gelingt es John auch immer wieder, trotz seines furchterregenden Rufes – den sogar der legendäre Captain Flint fürchtete –, auf Schiffen anzuheuern, in diesem Fall als Koch des Expeditionsschiffs *Hispaniola* zur titelgebenden Schatzinsel, die er längst kennt, weil er dabei war, als der Schatz dort vergraben wurde. Ein Teil der Männer schließt sich ihm bereitwillig an, weil er ihnen ein gutes Gefühl gibt: John Silver, der Populist.

Seine dunkle Seite kommt auch nur sehr zweckgebunden zum Vorschein. Zwischendurch aber führt der gnadenlose Räuber und Mörder ein geradezu bürgerliches Leben und mit seiner Frau eine Gastwirtschaft. Als Ich-Erzähler Jim ihn zum ersten Mal sieht, meint er: »(…) und ich glaubte zu wissen, wie ein Pirat aussähe – jedenfalls nach meiner Meinung ganz anders als dieser reinliche freundliche Schankwirt.« Dass Silver intelligenter ist als der gewöhnliche Matrose, zeigt sich auch daran, dass er mehr verträgt: Er trinkt gut und gerne, aber nie so maßlos, dass ihm der Rum den Verstand raubt.

Robert Louis Stevenson wollte eine reine Männergeschichte schreiben, mit einem genialischen Fiesling im Zentrum. Die Figur des Long John gelang ihm, indem er einen guten Freund (den Dichter William Ernest Henley) zum Vorbild nahm und all dessen positive Eigenschaften abzog. Das kam so gut an, dass Long John Silver seither ein Eigenleben entwickelt hat. In über 20 Verfilmungen (nicht immer eindeutig als Antagonist) und Popsongs wurde er porträtiert, und sogar eigene literarische Fortsetzungen und Spin-offs schrieb man ihm. In den USA ist sogar eine Fast-Food-Kette nach ihm benannt. ∎

BEINAME: Der Lange
BERUFE: Schiffskoch, Wirt
FAMILIENSTAND: verheiratet
STÄRKE: Trinkfestigkeit, Rhetorik
SCHWÄCHE: Gier
ANZAHL DER BEINE: ★☆
INTELLIGENZ: ★★★★☆
FILMDARSTELLER: Orson Welles, Tobias Moretti

25

SANTER

AUTOR: Karl May
TITEL: *Winnetou I–III*
ORIGINALFASSUNG: 1893

»Goddam!«, schrie er erschrocken auf. »Das sind ja diese ...«
Der Mörder hielt inne. Der Ausdruck des Schreckens wich aus seinem Gesicht und machte dem der Schadenfreude Platz. Er hatte unsere Lage erkannt, griff zu seinem Gewehr und richtete es auf uns. »Eure letzte Wasserfahrt, ihr Hunde!«, schrie er dabei.

Woher der Name kommt, ist unklar. Ein *saint*, ein Heiliger, ist dieser Mann jedenfalls nicht. Gegen Ende von *Winnetou I* hat er Vater und Schwester des Titelhelden ermordet und dadurch vor allem die große, frisch aufknospende Liebe des zartfühlenden Alleskönners Old Shatterhand im Keime erstickt; als Einziger aus einer vierköpfigen Räuberbande vermochte er zu fliehen. Da versucht Old Shatterhand, einem von Santers angeschossenen Kumpanen Informationen über den neuen Antagonisten zu entlocken. Woher er komme? »Weiß – es – nicht.« Was er eigentlich sei? »Weiß auch nicht.« Wohin er wolle? »Hin, wo Gold – Beute.«

So einfach ist das, sich einen Erzfeind zu zimmern, der eine gerade begonnene Geschichte knapp vor ihrem friedlichen Abebben zur Trilogie ausbaufähig macht. Wir wissen nichts über ihn, außer dass er goldgierig ist. Aber er hat zwei herzensgute Menschen umgebracht, und da wir ebenfalls herzensgut, aber auch rachsüchtig sind, müssen wir den Mann jetzt weitere zwei Bücher hindurch jagen. Zugegeben, es geht dann in *Winnetou II* und *III* hauptsächlich um ganz andere Dinge, und Santer guckt immer wieder mit einem vom Goldrausch leicht erschöpften Wildwestverbrecherblick um die Ecke. Dann aber stiehlt er (typischerweise auch in den deutschlandweit großzügig gesäten Winnetou-Festspielen) allen anderen die Show und holt sich den Bösenbonus des Publikumslieblings ab (siehe auch Mario Adorf in den Filmen).

Als »einfacher, armer Cowboy« stellt sich Santer bei seinem ersten Auftritt vor, gleich einmal Antipathie bei Old Shatterhand erweckend. Das Gefühl wird wie immer bestätigt, als San-

ter Nscho-tschi und Intschu-tschuna erschießt, weil er denkt, die Apachen hätten goldene Nuggets bei sich. Santer entkommt der ewigen Rache der Blutsbrüder und findet bei den Kiowa-Indianern Unterschlupf.

In *Winnetou II* erdreistet er sich, seine Nemesisse (sagt man das so?) gefangen zu nehmen, und nur durch eine Verkettung sehr eigenartiger Umstände kommt dabei niemand ums Leben und sogar jeder einzelne frei. Am Nugget-tsil schließlich, dem Eldorado der Gierigen, findet Santer in Teil III von *Winnetou* dessen Testament und sein eigenes ironisches Ende: Beim Stehlen des Goldes detoniert ein von Winnetou noch zu dessen Lebzeiten platzierter Sprengsatz.

Aber es geht natürlich noch weiter. Denn obwohl die Hauptfigur tot ist, gibt es noch einen IV. Teil, in dem die finstere Seite Santers plötzlich auf krasse Weise in die Tiefe geht. Da wird nämlich die Familie des Gauners beschrieben, deren Großteil depressiv veranlagt ist, sodass kaum ein Enkelkind das Alter von 16 Jahren erreicht hat. Puh! Starker Tobak. Die hoffnungsvolle Nachricht: Hariman F. und Sebulon L. Enters, Santers Söhne, sind am Leben und auf der netten Seite, denn sie wollen die Taten ihres Vaters wiedergutmachen. ∎

WIRKLICHER NAME: »Hat – viele – viele Namen.« (vermutlich Enters)

HERKUNFT: »Weiß – es – nicht.«

BERUF: Bandit, Pedlar

ZIEL: »Hin, wo Gold – Beute.«

PSYCHOPATHENFAKTOR: ★★★☆☆

ERZFEINDE: Winnetou & Old Shatterhand

FILMDARSTELLER: Mario Adorf

LAFCADIO WLUIKI

AUTOR: André Gide
TITEL: *Die Verliese des Vatikans*
(aus dem Französischen von Thomas Dobberkau)
ORIGINALFASSUNG: 1914

》》(...) Bedenken Sie doch: ein Verbrechen, das weder aus Leidenschaft noch aus Habgier geschieht. Sein Grund, das Verbrechen zu begehen, ist ja gerade, daß er es ohne Grund begeht. (...)

Mit diesem Namen muss man ja auf die schiefe Bahn geraten: Lafcadio Wluiki! Und jetzt stelle man ihn sich auch noch mit französischem Akzent ausgesprochen vor! Wäre man dieser Wluiki und fände dann auch noch heraus, dass man eigentlich der Sohn des Comte Juste-Agénor de Baraglioul ist und einem dieser viel, viel elegantere Name zusteht, man müsste geradewegs verbittert und bösartig werden.

Allein, so verhält sich das bei Lafcadio Wluiki nicht. Der steht über allem. Sobald er auch nur ahnt, dass der Graf sein Vater sein könnte, lässt er sich eben Visitenkarten mit dem neuen Namen drucken und wird mit diesen beim vermeintlichen Erblasser vorstellig (und erbt auch prompt).

Die Schönheit des Jünglings sticht Mann wie Frau ins Auge. Gilt es, ein paar Kinder aus einem Feuer zu retten, ist er zur Stelle, und uninspirierte Schriftsteller finden in ihm eine neue Muse. Cadio, wie ihn sein Lieblings-»onkel« an der Seite seiner Mutter einst nannte, ist hauptberuflich Projektionsfläche. Und alle lieben ihn – sogar, ja gerade im Angesicht des Verbrechens.

Denn ein Verbrecher ist Lafcadio ja schon. Kein gewöhnlicher wie sein ehemaliger Kumpel Protos, der in bizarre Verkleidungen schlüpft, um wohlhabenden religiösen Fanatikern ein Budget für die angebliche Rettung des Papstes aus den Händen der Freimaurer zu entlocken. Lafcadio hat das nicht nötig. Lafcadio macht ganz andere Dinge: Er stößt den Schwager seines Halbbruders, den er nicht kennt, aus dem Zug, wodurch er ihn tötet. Ohne Grund, einfach um sich zu beweisen, dass er ein freier Mann ist. Die sechs Tausender, die dieser Fleurissoire bei sich hatte, lässt er in dessen Jackentasche zurück; darum ging es ja nun wirklich nicht. Daher hat Lafcadio auch kein schlechtes Gewissen, nicht einmal als er erfährt, an wem er da sein Exempel eines *acte gratuit,* eines Verbrechens ohne Motiv, statuiert hat.

»Es fällt mir ja so schwer, nicht zauberhaft zu sein! Ich kann mir aber doch nicht das Gesicht mit dunkler Beize einschmieren, wie Carola mir riet; oder anfangen, Knoblauch zu essen ...«, denkt er dabei. Die eigene Wohlgestalt zu reflektieren und sich intellektuell davon abzusetzen, da gehört etwas dazu.

Deshalb verliebt sich auch der Leser in Lafcadio, dankbar für solche Brillanz inmitten eines Haufens Narren. Eine Sotie, ein Narrenspiel, nennt Verfasser Gide sein Werk. Als Bösewicht und gleichzeitige Identifikationsfigur schafft er die perfekte Mischung aus Dostojewskijs Raskolnikow und dem ewig jungen Dorian Gray.»Love Cadio« – es ist ein Imperativ, dem sich niemand widersetzen kann. ∎

ALTER: 19

FAMILIE: de Baraglioul

BERUF: Sekretär

SCHATTENBERUF: Lebenskünstler

SCHÖNHEIT: ★★★★★

CHARME: ★★★★★

PHILOSOPHIEFAKTOR: ★★★☆☆

ERZFEIND: höchstens er selbst

29

THERESE KIEN

AUTOR: Elias Canetti
TITEL: *Die Blendung*
ORIGINALFASSUNG: 1935

>> **Er krümmte sich ja nicht. Wer sich nicht krümmte, der hatte keine Schmerzen. Der mußte aufstehen, der brauchte nichts gekocht.**

And the winner iiiis ... Therese Kien! Gratulation! In der Masse an gemeinen und niederträchtigen Charakteren, die sich in Canettis *Blendung* im Wien der Zwanziger- oder Dreißigerjahre tummeln, ist es nicht selbstverständlich, als die Fieseste hervorzugehen. Die ungebildete, aber zielsicher nach dem eigenen Vorteil ausgerichtete Haushälterin und baldige Ehefrau des Sinologen und Hardcore-Bücherwurms Peter Kien hat das Rennen gemacht.

Dabei könnte man es auch milde formulieren: Diese Eheschließung, basierend auf dem Irrglauben, Therese habe eine gewisse Affinität zu Büchern, weil sie diese immer so sorgsam putzte, wäre auf heutigen Datingseiten wohl kaum als Ideallösung aufgrund gemeinsamer Interessen vorgeschlagen worden. Er asexuell, eigenbrötlerisch und lebensfremd, sie sexuell frustriert, gierig und ohne Verstand für Geistiges. Reiner Geist und reiner Körper – da kann der Geist nur verlieren. Und auch wenn der geradezu autistische Wissenschaftler sicher nicht der leichteste Partner ist, als lesende Menschen weiß Canetti uns auf seiner Seite.

Und das lässt sie ihn, kaum hat er sie geheiratet, auch spüren. Nun hasst sie nämlich die 25.000 Bücher in der Wohnung, weil dafür schon so viel unnötiges Geld ihres Mannes ausgegeben wurde, das eigentlich ihr zustünde. Sie interessiert sich nur dafür, wo das Bankbuch versteckt ist, und für den Kauf neuer Möbel, währenddessen sie heftig mit anderen Männern flirtet (die sie aber in Canettis menschenverachtendem Universum sowieso nur ausnutzen wollen). Sie empfindet es als Affront, wenn ein Sessel einmal zu oft knarrt (dann wird er ins Feuer geworfen) oder der Mann krank ist und gepflegt werden sollte (dann wird er eben hungern gelassen). Höhepunkt der Schreckensherrschaft, deren Symbol Thereses blauer, gestärkter Rock ist: Sie schmeißt ihn aus seiner eigenen Wohnung und sich an den sadistischen Hausbesorger Pfaff heran.

Das Gemeine an Therese ist, dass wir immer wieder Gelegenheit bekommen, in ihren Kopf hineinzuschauen. Canetti formuliert ihre giergesteuerten Empörungen aus, folgt ihren Logikpfaden und stellt die Ergebnisse, ohne zu werten, vor uns hin. Die Figurengestaltung dürfte auf einer gewissen Frauenfeindlichkeit des Autors beruhen; sein Vorbild für Therese war eine Vermieterin, die ihn mit ihrem dummen Geschwätz faszinierte.

Männer sagen schnell einmal so dahin, die Ehe treibe sie in den Wahnsinn. Bei den Kiens kann man zuschauen, wie es passiert. Das geht so weit, dass Kien überzeugt ist, seine Frau getötet zu haben, und ein Geständnis ablegt, während sie neben ihm steht und ihn des Diebstahls (seines eigenen Geldes) bezichtigt: »Der blaue Rock, den sie immer trug, deckte ihr Skelett. Er war gestärkt und hielt dank dieser Eigenschaft die widerwärtigen Reste ihres Leibes zusammen. Eines Tages hauchte sie aus. Auch dieser Ausdruck erscheint mir als Fälschung; wahrscheinlich besaß sie keine Lungen mehr.« ∎

HERKUNFT: Österreich
GEBOREN: Therese Krummholz
GESTORBEN: nein (Irrtum)
BERUF: Haushälterin
BESONDERES KENNZEICHEN: der blaue Rock
MÖBELGESCHMACK: ★★★★☆
MÄNNERGESCHMACK: ★★☆☆☆
BILDUNGSGRAD: ★☆☆☆☆
SEXAPPEAL: ★★☆☆☆

FELIX KRULL

AUTOR: Thomas Mann
TITEL: *Bekenntnisse des Hochstaplers Felix Krull: Der Memoiren erster Teil*
ORIGINALFASSUNG: 1954

》Ich kann mein inneres Verhalten zur Welt, oder zur Gesellschaft, nicht anders als widerspruchsvoll bezeichnen. Bei allem Verlangen nach Liebesaustausch mit ihr eignete ihm nicht selten eine sinnende Kühle, eine Neigung zu abschätzender Betrachtung, die mich selbst in Erstaunen versetzte.

Man kann dir nicht grollen, Felix Krull. Man will dich fast nicht in die Gruppe der Bösewichte einreihen, so bezirzt ist man von deiner eigenen Beschreibung deiner Taten. Und doch muss es sein: Hochstapler Felix Krull, Betrüger jenseits der Moral, Kategorie »liebenswerter Halunke«. Denn dein bester Trick ist ja, dass man dich mag. Dass du einem gibst, was man will, und dass man nie enttäuscht ist. Gut, die paar Juwelen, die der Dame abhanden kommen, sind doch ein adäquater Preis für die schönen Stunden, die sie mit dem charmanten jungen Mann zubringen durfte.

»Niemals habe ich eitles und grausames Gefallen gefunden an den Schmerzen von Mitmenschen, denen meine Person Wünsche erregte, welche zu erfüllen die Lebensweisheit mir verwehrte. Leidenschaften, deren Gegenstand man ist, ohne selbst von ihnen berührt zu sein, mögen Naturen, ungleich der meinen, einen Überlegenheitsdünkel von unschöner Kälte oder auch jenen verachtenden Widerwillen einflößen, der dazu verleitet, die Gefühle des Anderen ohne Erbarmen mit Füßen zu treten. Wie sehr verschieden bei mir!«

Jaja. Ist ja schon gut, Felix Krull, wir klagen dich nicht an, wir lauschen deinen eloquenten Bekenntnissen. Reden kannst du ja. Innerhalb kürzester Zeit hast du erkannt, was wir hören wollen, und das erzählst du uns dann in den schönsten Farben. Wir müssen wohl dankbar sein, dass es dir in Wirklichkeit nur um dein privates Wohl geht und du nicht einer von diesen populistischen Politikern bist. Wir würden dir sofort verfallen, dich wählen, und dann hätten wir den Salat.

»Sicherlich stehe ich auf diesem Gebiet, wie auf jedem anderen, weit hinter Ihnen, Herr Generaldirektor, zurück.«

Schmeichler! Das beherrschst du gut. So hast du dich zu einem Job hochgearbeitet, der dir Kontakt mit reichen Menschen verschafft hat, die die Wahrheit gar nicht wissen wollen, sondern lieber mit Illusionen konfrontiert sind. Diebstahl? Betrug? Nein, für dich sind das einfach notwendige Konsequenzen der Tatsache, dass du ein Sonntagskind bist, ein *felix*, der fürs Glück geschaffen ist. Deine Gaunereien sind Schauspielkunst, ebenso wie der epileptische Anfall, den du vortäuschst, um dem Militärdienst zu entgehen. Mal ehrlich, wie viele von uns hätten es nicht genau so gemacht, wenn wir das Talent dazu hätten? Selbstbewusstsein muss man haben und optimistisch durchs Leben gehen. Und Prinzipien vertreten. Vom reichen Lord adoptieren lassen willst du dich nicht, du bewahrst dir lieber deine Freiheit und rufst:

»Catch me, if you can!«

Ach so, nein, das war ein anderer Hochstapler. Aber der ging gewiss bei dir in die Schule, Felix Krull. ∎

NAMENSBEDEUTUNG: der Glückliche
HERKUNFT: Deutschland
BERUF: Liftboy
LIEBLINGSTIER: Chamäleon
CHARME: ★★★★☆
FINSTERKEITSFAKTOR: ★★☆☆☆
FILMDARSTELLER: Horst Buchholz

33

DIE GRAUEN HERREN

AUTOR: Michael Ende
TITEL: *Momo*
ORIGINALFASSUNG: 1973

>> Denn Zeit ist Leben. Und das Leben wohnt im Herzen. Und genau das wusste niemand besser als die grauen Herren. Niemand kannte den Wert einer Stunde, einer Minute, ja einer einzigen Sekunde Leben besser als sie. Freilich verstanden sie sich auf ihre Weise darauf, so wie Blutegel sich aufs Blut verstehen, und auf ihre Weise handelten sie danach. Sie hatten Pläne mit der Zeit der Menschen. Es waren weit gesteckte und sorgfältig vorbereitete Pläne.

Die erste englische Ausgabe von Michael Endes *Momo* war nach ihnen betitelt: *The Grey Gentlemen*. Die Gentleman-Maske ist aber bestenfalls Maskerade, ein gut eingeübter Vertretertrick. Diese Herren – es gibt ihrer unzählige, und alle sehen sie gleich grau aus – haben für Galanterie eigentlich keine Zeit.

Wenn sie aus ihrer unterirdischen Kommandozentrale emporsteigen und eine nicht näher benannte Großstadt infiltrieren, dann mit einem klaren Ziel, auf das sie direkt und effizient zusteuern: den Menschen ihre Zeit zu stehlen. Das gelingt ihnen mit Argumenten wie diesem:»Das Einzige, worauf es im Leben ankommt, ist, dass man es zu etwas bringt, dass man was wird, dass man was hat.« Dann rechnen sie ihnen vor, wie viel Zeit sie sparen könnten, wenn sie nutzlose Tätigkeiten wie Spazierengehen und Freundetreffen aufgäben. Es fröstelt die Menschen, wenn ein grauer Herr im Raum ist, aber sie merken es kaum.

Vorboten von Workaholismus, Burnout und Smartphone-Terror, verkörpern sie im Jahr 1973 das Nummereins-Thema der heutigen urbanen, westlichen Zivilisation. Manch einer, der heute Stress und die Freudlosigkeit unseres grausam (!) inhaltsleeren, karrieregesteuerten Lebens beklagt, stellt sich immer noch diesen slicken Sparkassenvertreter im grauen Anzug und grauen Auto vor, der gesichtslos an seiner grauen Zigarre zieht und uns mit deren Dampf das Hirn vernebelt. Passivrauch und Zeitverschwendung – ein Albtraum!

Während heute vielleicht Digital Detoxing und Yoga die Lösung sind, ist es bei Michael Ende ein kleines Waisenkind namens Momo, das den Rauch verbläst. Momo, die eben keinen Wert darauf legt, es zu etwas zu bringen und etwas zu haben, bringt den perfiden Plan des Grauens ins Wanken. Sie macht Meister Hora und seine Stunden-Blumen ausfindig, die die Lebenszeit der Menschen verkörpern, und sie rettet die Welt vor den vielleicht fürchterlichsten, weil realitätsnahesten Gestalten, die ein modernes Kinderbuch je hervorgebracht hat. Denn sie findet heraus: So beängstigend die grauen Herren mit ihrer Effizienzrhetorik auch daherkommen, sind sie in Wahrheit doch einfach Suchtkrüppel! Sie brauchen die Blätter der Stunden-Blumen, um sich ihre Zigarren zu drehen.

Keine Panik also. Bei den heutigen Nichtrauchergesetzen hätten die grauen Herren vielerorts ohnehin keine Chance mehr. Der Zeitdiebstahl erstrahlt mittlerweile in vielerlei Farben. ■

NAMEN: unbekannt
HERKUNFT: unbekannt
BERUF: Zeitsparkassenbeamte
WAFFE: Effizienz
AUTOS: grau
HÜTE: grau
KOFFER: grau
LASTER: Zigarren (grau)
ELIXIER: Stunden-Blumen
ERZFEINDE: Momo, Meister Hora

IRIMIÁS

AUTOR: László Krasznahorkai
TITEL: *Satanstango*
(aus dem Ungarischen von Hans Skirecki)
ORIGINALFASSUNG: 1985

》Wir werden alle in die Luft sprengen«, beginnt Irimiás mit gedämpfter Stimme, dann wiederholt er mit
lautem Baß: »Wir werden alle in die Luft sprengen! Jeden
einzelnen für sich«, sagt er zu Petrina, »das ganze feige
Gewürm. ...«

Aber das ist doch nur ein Scherz, nichts weiter, um die Leute ein bisschen zu schockieren. Nein, nein, die Dorfgemeinschaft, aus der Irimiás mit seinem Kumpel Petrina vor eineinhalb Jahren fortging, totgeglaubt, die weiß es besser:»Irimiás ist ein großer Magier. Der baut noch aus Kuhscheiße ein Schloß, wenn er will«, sagt Futaki zu Schmidt. Seine Frau kennt ihn, den sie insgeheim ihren Messias nennen, noch besser:»Sie hat nur einen Mann gekannt – Irimiás –, der sie sowohl im Bett als auch im Leben hochbringen konnte. Irimiás, dessen kleinen Finger sie nicht für alle Schätze der Welt hingäbe, von dem ein Wort mehr bedeutet als das Gerede sämtlicher Männer zusammen ... Ach ja, die Männer! Wo ist hier ein Mann – außer ihm?«

Nichts als ein arbeitsloser Herumtreiber ist er, und zusammen mit Petrina hat ihm im spätkommunistischen Ungarn die Geheimpolizei den Auftrag erteilt, Spitzel herbeizuschaffen. Also tanzt er den ihn völlig zu Unrecht idealisierenden Dörflern, die ihre Zeit mit Nichtstun und Saufen in der Kneipe verbringen, einen *Satanstango* vor – dies der Titel des Debütromans von László Krasznahorkai und der sehr werktreuen, 450-minütigen Kultverfilmung von Béla Tarr aus dem Jahr 1994.

»... Wie bitte? Die Schwierigkeit? Nun ja, wie gesagt, warum Ihnen das verheimlichen, das hätte keinen Sinn, nur ... Nur das Geld, meine Damen und Herren. Denn ohne Pulver, nicht wahr, kann ich nicht schießen. Denn der Pachtzins, die Vertragskosten, die Rekonstruktion, die Investitionen. Die Produktion, das wissen Sie, hat einen sogenannten Kapitalbedarf. Aber das wird zu kompliziert, auf solche Dinge

wollen wir jetzt nicht eingehen, Freunde ... Wie bitte? Haben Sie? Aber woher denn? Aha, Ich verstehe. Die Schafe. Nun, das ist löblich.«

Und so packen sie alle ihre Sachen, geben ihm ihr Geld und ziehen los in Richtung eines gelobten Landes, obwohl ihnen dämmern müsste, dass das alles nur Schafsmist ist. Irimiás ist das Achtzigerjahre-Pendant dieses Spam-Mails mit den sensationellen Investment-Gelegenheiten. Wer Klugheit besitzt und zur Schau stellt, den schätzt die blinde Masse. Und wer klüger ist als die anderen und außerdem noch ein rechter Ganove, der weiß das bestens auszunutzen. Recht geschieht ihnen: Die Futakis, die Kráners, die Schmidts, sie kriegen den Schurken, den sie verdient haben.

Irimiás ist ein Prophet wie sein Namensgeber, der biblische Jeremia – nur eben ein falscher. Statt in die Zukunft zu blicken, schaut er direkt in seine armselig vor sich hin vegetierenden Schäfchen hinein und durch sie hindurch. In den Berichten, die Irimiás über die Leichtgläubigen verfasst, macht er schließlich seiner Verachtung Luft: Die Beamten haben ziemliche Mühe, seine derben und unflätigen Kommentare in ein sachlich-neutrales Ungarisch zu übersetzen. ■

BEINAME: Messias
BERUF: freiberuflicher Spitzel
SIDEKICK: Petrina
REDEGEWANDTHEIT: ★★★★☆
SEXAPPEAL: ★★★☆☆
LIEBLINGSTIERE: die Schafe
VORBILD: Jeremia

Die
Rachsüchtigen

Was du nicht willst, dass man
dir tu', das füg ja keiner dieser
beleidigten Leberwürste zu! Sie
vergessen nichts, sie jagen und
hassen und geben keine Ruhe,
bis sie ihre Rache haben ...

KAIN

AUTOR: Mose (angeblich)
TITEL: *Genesis (1. Buch Mose)*
(aus dem Althebräischen, Altaramäischen und Altgriechischen von Martin Luther)
ORIGINALFASSUNG: ca. 400 v. Chr.

» Da sprach der Herr zu Kain: Warum ergrimmst du? Und warum senkst du deinen Blick? Ist's nicht also? Wenn du fromm bist, so kannst du frei den Blick erheben. Bist du aber nicht fromm, so lauert die Sünde vor der Tür, und nach dir hat sie Verlangen; du aber herrsche über sie. Da sprach Kain zu seinem Bruder Abel: Lass uns aufs Feld gehen! Und es begab sich, als sie auf dem Felde waren, erhob sich Kain wider seinen Bruder Abel und schlug ihn tot. Da sprach der Herr zu Kain: Wo ist dein Bruder Abel? Er sprach: Ich weiß nicht; soll ich meines Bruders Hüter sein? Er aber sprach: Was hast du getan? Die Stimme des Blutes deines Bruders schreit zu mir von der Erde.

»Lass uns aufs Feld gehen!« Das klingt schon so. Aber wie hätte Abel auch ahnen sollen, dass er besser geantwortet hätte:»Leider keine Zeit!«, als einfach mitzukommen. Allzu viel soziale Erfahrung hatten sie damals noch nicht, als Menschen Numero 3 und 4.

Irgendwann musste es ja passieren, warum also nicht gleich, suggeriert uns das *Alte Testament.* Der dritte Mensch wurde nach Bibel und Koran also der erste Mörder und der erste Schurke, wenn man Satans schlüpfrige Apfelspiele als nicht irdisch (ja, als wahrlich unterirdisch!) außer Acht lässt.

Und dann auch noch aus einem so kleinlichen Grund! Der Herr, heißt es, zog Abels Opfer aus jungen Tieren und ihrem Fett Kains vegetarisch geprägter Darreichung vor, Kain wurde neidisch und sagte:»Lass uns aufs Feld gehen!« Im *1. Buch Mose* (auch als *Genesis* bekannt) wird das sehr pragmatisch geschildert, denn als Heilige Schrift hat man sich nicht in Literatur zu ergehen, da geht es um Fakten. Das lässt einigen Interpretationsspielraum. Was erhoffte sich Kain, indem er Gottes Liebkind tötete? Wollte er mehr Aufmerksamkeit? War es Rache am Missachtenden? Hatte er sich das wirklich gut überlegt? Kain mag der erste Schurke des Abendlandes sein, unter die brillantesten fällt er nicht.

Die Strafe des Herrn ist auch knapp formuliert: Vertreibung aus dem Eh-schon-Exil jenseits des Paradieses ins Lande Nod, und:»Unstet und flüchtig sollst du sein auf Erden.« Wenigstens kann Kain sich Schutz vorm Totge-schlagenwerden ausverhandeln und bekommt eine Frau – einigen Quellen zufolge seine Schwester – zur Seite gestellt;»die ward schwanger und gebar den Henoch«. Und so weiter. So pflanzte der Mörder sich fort, und unzählige Nachkommen machten ihrem Ahn alle Ehre.

Auch in der Literatur: Ganze 17 Verse im *Alten Testament,* die sich dem Urkriminellen widmeten, inspirierten viele weitere Kains. Bei Baudelaire (*Die Blumen des Bösen,* 1857) ist er ein potenzieller Revolutionär, der Gott entthronen soll. José Saramago (*Kain,* 2011) schickt ihn zur Strafe für seinen Brudermord nicht nur räumlich, sondern auch zeitlich auf eine Irrfahrt. Bei Manuel Vicent (*Mein Name ist Kain,* 1991) ist er Jazzsaxofonist und behauptet, gar nicht der Mörder gewesen zu sein. Und in Steinbecks *Jenseits von Eden* aus dem Jahr 1955 ist überhaupt alles anders: Die kalifornischen Brüder Charles und Adam überleben ihren Konflikt (vorerst) beide. ∎

HERKUNFT: Jenseits von Eden

SOHN VON: Adam und Eva

BRUDER VON: Bitte, wem?

VATER VON: Henoch

BERUF: Ackermann

ANZAHL DER VORFAHREN: ★★

SLOGAN: »Bin ich der Hüter meines Bruders?«

BESONDERE FANS: Baudelaire, Vicent, Saramago, Steinbeck

41

LISBETH FISCHER

AUTOR: Honoré de Balzac
TITEL: *Die menschliche Komödie 25. Tante Lisbeth*
(aus dem Französischen von Paul Zech)
ORIGINALFASSUNG: 1846

>> Im Zeitraum dieser drei Jahre hatte Lisbeth auch deutlich genug schon die Fortschritte ihrer Unterhöhlungstaktik wahrnehmen können. Ihr ganzes Sinnen und Trachten hatte sich in diese eine Richtung hin bewegt. Lisbeth dachte, Madame Marneffe handelte. Madame Marneffe war die Axt, die Lisbeth in der Hand hielt. Und diese Hand zertrümmerte nun mit wuchtigen Schlägen jene Familie, die ihr von Stunde zu Stunde verhaßter wurde. Liebe und Haß sind Gefühle, die aus sich selber die Nahrung zum Fortbestehen ziehen. Der Haß jedoch hat eine längere Lebensdauer.

Irgendwer in der Familie muss doch die Rolle der netten, bäurischen, nicht besonders attraktiven und dennoch wählerischen, nicht wirklich ernst zu nehmenden altjungferlichen Tante annehmen? Ja! Es sei denn, du bist es selbst. Dann gibt es irgendwann den Moment, in dem du merkst, dass du diese Figur bist, zum Beispiel wenn deine liebreizende Nichte dir den Mann wegheiratet, den du dir monatelang unter dem Deckmantel der Mütterlichkeit zurechtgepeppelt hast. Dann ist Schluss mit lustig, lieb und Lisbeth. Dann läuft dein affiges Gesicht grün an, du wirst zur Cousine Bette (bête = das Biest) und vergiftest alle – oder subtiler: hilfst ihnen, sich selbst zu vergiften.

So viel Bosheit schwelt in Honoré de Balzacs in Windeseile hingeschriebenem »Feuilletonroman«, dass es ein Vergnügen ist. Man spürt richtig den Genuss, mit dem Balzac seine Figur verachtet: »Nun, ohne eine gewisse Grazie hat eine Frau in Paris keine Existenzberechtigung. Ihr schwarzes Haar, ihre schönen harten Augen, ihre markanten Gesichtszüge und die kalabrische Farbe ihres Teints machten aus Tante Lisbeth eine Giotto-Figur, was sich eine echte Pariserin sicher zunutze gemacht hätte, sie jedoch wie eines jener lächerlichen Äffchen wirken ließ, die von den kleinen Savoyarden in Frauenkleider gesteckt und zur Schau gestellt werden. (...) In dem Riesenverkehr auf den Straßen von Paris sah sich kein Mensch nach Tante Lisbeth um.« Und das rächt sich.

Es ist dieses 19.-Jahrhundert-Paris, in dem es Frauen nur ums Geld geht und Männern darum, mit allen zu schlafen, ausgenommen natürlich ihren Ehefrauen. Hechelnd überschütten sie ihre Mätressen mit Geschenken und Geld, das diese wiederum in ihre eigenen Liebhaber investieren. Hinter allem steht bald Fäden ziehend die gekränkte Tante – gezeichnet nach Balzacs eigener Mutter – und orchestriert höhnisch die Auswüchse der Lüsternheit, an der sie selbst nicht teilhaben darf. Ihre Nachbarin Valérie Marneffe wird von ihr ausgeschickt, um ihren Vetter Hulot (und vier andere Männer) um Verstand und Vermögen zu bringen.

Emotionen kommen dabei kaum auf: Bei den Männern sind die Genitalien die einzig aktiven Organe, bei den Frauen die Rechenzentren im Hirn. Liebe ist Kalkül, Leid die Belohnung. Was Lisbeth letztendlich zugrunde gehen lässt, ist die Erkenntnis darüber, dass Hulots Frau Adeline – selbst eine lächerliche Figur aufgrund der beharrlichen Treue zu ihrem Mann – es schafft, die Familie zu vereinen (vorausgesetzt, der Lustmolch darf seine neueste minderjährige Gespielin mit ins Haus nehmen). Happiness killed the beast. ∎

RUFNAMEN: Tante Lisbeth, Cousine Bette
BERUF: Arbeiterin, Gesellschafterin
HOBBY: Heiraten (alternativ: Intrigieren)
SCHÖNHEIT: ★★☆☆☆
KOMPLIZIN: Valérie Marneffe
ERZFEINDE: die ganze Familie Hulot
VORBILDER: u. a. Balzacs Mutter
DARSTELLERINNEN: Jessica Lange, Jeanne Balabar

MOBY DICK

AUTOR: Herman Melville
TITEL: *Moby Dick oder Der Wal*
(aus dem Amerikanischen von Matthias Jendis)
ORIGINALFASSUNG: 1851

»Aye, aye! Es war dieser verfluchte weiße Wal, der mir den Mast abgeschlagen hat, der aus mir bis ans Ende meiner Tage einen erbärmlichen, humpelnden Krüppel gemacht hat!« Darauf schüttelte er die Fäuste gen Himmel und schrie seine maßlosen Verwünschungen hinaus: »Aye, aye, und ich werd ihn ums Kap der Guten Hoffnung hetzen und auch ums Horn herum und um Norwegens Mahlstrom und durch die Flammen der Verdammnis, eh ich die Jagd verloren gebe. Und, Männer, das ist es, wofür ihr angeheuert habt! Diesen weißen Wal zu jagen, auf beiden Ozeanen, in allen Winkeln der Welt, bis schwarzes Blut er bläst und tot im Wasser treibt. (...)«

Man muss sich auch mal die andere Seite ansehen. Klar, diese gekränkten Männer und ihre Besessenheit von hungrigen Meerestieren haben etwas Lächerliches: dieser Captain Hook mit seinem Krokodil, dieser alte Mann im Meer auf der Jagd nach dem Riesenmarlin und durchaus auch dieser immer fanatischer werdende Kapitän Ahab. Sie können nicht gewinnen, aber sie müssen kämpfen, um ihre fehlenden Gliedmaßen zu rächen (oder auch einfach nur ihren Stolz zu befriedigen).

Aber trotzdem. Jetzt mal im Ernst: Moby Dick! Du Wal, du Weißer Wal du! Stellvertretend für die anderen Wassergenossen, die im Menschen einen irrationalen Tunnelblick auslösen, lass dir gesagt sein: Es ist ja verständlich, dass du nicht gejagt werden willst, und vor 150 Jahren hattest du auch noch keinen WWF, um dich zu schützen. Aber bitte, reiß dich zusammen, anstatt uns Menschen das Bein ab. Die ganze Umgebung leidet doch unter den ahabschen Gewaltobsessionen. Ismael, Starbuck, Queequeg – die müssen sich mit dem Mann ein Schiff teilen! Und das sind auch nur Säugetiere, so wie du.

Bliebest du doch wenigstens ein »Phantom des Lebens«, wie du an einer Stelle bezeichnet wirst, eine omnipräsente, doch ungreifbare, numinose Nemesis, ein dämonischer Teufel, der in Wahrheit nur in den Köpfen derer existiert, die dich jagen! Das wäre schon schurkisch genug.

Aber nein, du lässt dich auch noch aufspüren von der irre gewordenen Mannschaft: Absichtlich, könnte man dir unterstellen, lockst du sie in dein Revier, in die Höhle des Löwen sozusagen, nur bist du größer, lauter, dicker (tut mir leid, aber du hast »dick« schon im Namen!) und gefährlicher als ein Löwe. Und da sind sie dann und nähern sich dir, nicht wissend, was sie tun, stoßen sich an dir an und kentern. Du hast kaum eine Flosse gerührt, hast dann nur ein bisschen das Schiff gerammt und dabei halt alle vernichtet. Hattest wohl nach dem Ahab-etitanreger noch Lust auf den Rest der Mahlzeit?

Wer den Wal hat, hat die Qual. Und wer ihn nicht hat, quält sich selbst. Es ist ein Wunder, dass sich nach dir Weißem Wal und deinem ideellen Nachkommen, dem »Weißen Hai«, noch irgendjemand ins Wasser traut. ∎

GATTUNG: Pottwal
HERKUNFT: Kap der guten Hoffnung
FARBE: weiß
FIGUR: dick
LIEBLINGSSPEISE: Seemannshaxe
WAFFE: Paranoia
ERZFEIND: Kapitän Ahab
INSPIRATION: Mocha Dick

45

SCHIR KHAN

AUTOR: Rudyard Kipling
TITEL: *Das Dschungelbuch*
(aus dem Englischen von Gisbert Haefs)
ORIGINALFASSUNG: 1894

»(...) Was für dummes Zeug redest Du da von Deinem Belieben? Bei dem Ochsen, den ich soeben gewürgt habe, soll ich hier mit der Nase in der Höhle eines jämmerlichen Hundes stehen, um das zu verlangen, was mir gebührt? Es ist Khan, Schir Khan, der mit Dir spricht!«

Des Tigers Geheul erfüllte die Höhle mit rollendem Donner. Mutter Wolf schüttelte ihre Jungen von sich ab; sie sprang vorwärts, und ihre Augen, wie zwei grüne Mondsicheln, starrten auf die beiden glühenden Kohlen im gewaltigen Kopf von Schir Khan.

Vergesst den Disney-Film. Na gut, vergesst ihn nicht. Ihr könnt ihn nicht vergessen. Und die Geschichte à la Rudyard Kipling ist ja auch sehr Disney: Tiger trennt kleinen Jungen von seinen Eltern, macht ihn dadurch gewissermaßen zum Waisen und kann nicht verwinden, dass er ihn nicht auch erwischt hat. Kleiner Junge wächst bei Wölfen auf, tanzt fröhlich und wird von allen (Python eingeschlossen) gemocht, rächt sich schließlich in großem Showdown an Tiger.

Man könnte das natürlich auch so sehen: Vielleicht hatte Schir Khan einfach Hunger? Vielleicht ist sein Antagonismus ein Symbol für die Rache der Natur am Eingriff des Menschen? Nur so ein Gedanke, der natürlich nicht sehr Disney ist und, weiter zurückgedacht, auch nicht zu einem Autor passt, der *Geschichten für den allerliebsten Liebling* schreibt. Ein klassischer Bösewicht also, furchterregend und mit Gebrüll, aber auch typisch mit einem Handicap: einem gelähmten Bein.

Das Wort »schir« bedeutet »Tiger« auf Persisch, »khan« wiederum ist der Herrscher in diversen Paschtu-Sprachen. Manchmal jagt und tötet Schir Khan Menschen einfach so zum Zeitvertreib, wohl aber auch um anzugeben, denn bis auf den Schakal Tabaqui nimmt ihn seltsamerweise niemand im Dschungel so richtig ernst, obwohl er, von der eigenen Mutter als Lungri (»der Lahme«) verspottet, doch selbst der Meinung ist, der König der Tiere zu sein. Wieder ein Klassiker: das Kindheitstrauma, die narzisstische Kränkung.

So wird Maugli (auch Mowgli oder Mogli) also zu seiner Nemesis, und umgekehrt. Über die Jahre bereitet Schir Khan seinen großen Schlag vor, verspricht den jungen Wölfen Belohnungen für Mauglis Auslieferung und die Schwächung ihres Anführers Akela. Bevor es dazu jedoch kommen kann, enthüllt der kleine Mensch zwei Nachteile der großen Katze: Angst vor Feuer und – eine nachvollziehbare Schwäche – absolute Chancenlosigkeit gegen eine Horde Büffel. Und so heißt es in einer der letzten Maugli-Geschichten recht ungerührt: »Wegen Schir Khan brauchte sich niemand mehr Sorgen zu machen. Er lag breitgequetscht auf dem Boden und die Gabelweihen schossen pfeifend aus dem wolkenlosen Himmel, um ihre Beute zu beanspruchen.«

Und das ist nun wirklich nicht Disney. Disney ist: ein brennender Ast, an den Schwanz des panisch vor sich selbst davonlaufenden Tigers gebunden (Teil 1), oder ein Geier, der dem gedemütigten Raubtier auf die Nerven geht (Teil 2). ■

NAMENSBEDEUTUNG: Tigerkönig
GATTUNG: Tiger
HERKUNFT: Indien
BESONDERES KENNZEICHEN: Gehfehler
ACHILLESFERSEN: Feuer, Büffel
SIDEKICK: Tabaqui, der Schakal
LIEBLINGSSPEISE: Maugli
ERZFEIND: Maugli

47

BARON VON INNSTETTEN

AUTOR: Theodor Fontane
TITEL: *Effi Briest*
ORIGINALFASSUNG: 1896

>> Wir sprachen da von Innstetten, und mit einem Male zog der alte Niemeyer seine Stirn in Falten, aber in Respekts- und Bewunderungsfalten, und sagte: »Ja, der Baron! Das ist ein Mann von Charakter, ein Mann von Prinzipien.«

»Das ist er auch, Effi.«

»Gewiß. Und ich glaube, Niemeyer sagte nachher sogar, es sei auch ein Mann von Grundsätzen. Und das ist, glaube ich, noch etwas mehr. Ach, und ich ... ich habe keine. Sieh, Mama, da liegt etwas, was mich quält und ängstigt. Er ist so lieb und gut gegen mich und so nachsichtig, aber ... ich fürchte mich vor ihm.«

*Z*u Recht, wie sich herausstellen wird. Anfangs besteht das einzige Verbrechen des Herrn Baron darin, nun ja, ein bisschen langweilig zu sein. Er nimmt die jugendliche Effi Briest zur Frau – eine Ehe, die zwar nicht unbedingt ihre Idee war, der sie dann aber ganz aufgeregt entgegenblickt. Oh, jetzt darf sie Geert zu ihm sagen! Altersunterschied: 21 Jahre.

Dann passiert erst einmal ganz lange nichts. So lange, dass es eine Tortur ist. Und daran gibt der Leser, obwohl der noch nichts Böses getan hat, Innstetten die Schuld (wobei der wahre Übeltäter hier wohl doch eher der Verfasser Theodor Fontane ist). Man bereist Orte mit spießig-deutschen Namen wie Hohen-Cremmen und Kressin, wo es gar Wichtiges zu tun gibt, aber für den Herrn und dessen Karriere, nicht für seine Frau. Die langweilt sich zu Tode (im übertragenen Sinne, nicht wörtlich, wie es einer anderen Dame dieser ländlichen Gesellschaft passierte), wird wie ein Kind behandelt, versucht aber, der Verbindung offensiv mit Liebe und Zärtlichkeit zu begegnen. Doch selbst dabei wird sie von ihrem gestrengen und gar formellen Gatten vernachlässigt. Immerhin, für ein Töchterchen reicht es.

Es muss also irgendwann so kommen: Effi hat eine kurze und von Gewissensbissen begleitete Affäre mit Major Crampas, einem ehemaligen Kommilitonen ihres Mannes. Die endet, als Innstetten ins Ministerium berufen wird und das Paar nach Berlin zieht. Halleluja, Berlin! Immerhin ein Großstadtleben, alles ist in Butter.

Freilich, Liebesbriefe tauchen auf. Nach sechs Jahren! Der Ehemann sauer: verständlich. Aber muss man gleich so reagieren? Den Nebenbuhler, mit dem längst nichts mehr läuft, abknallen, im ehrenhaften Duell? Und dann die Frau verbannen, ohne je wieder ein Wort mit ihr zu wechseln? Nicht etwa im Affekt, impulsiv, sondern eben wegen der oh fürchterbaren Prinzipien.

»Rache ist nichts Schönes, aber was Menschliches und hat ein natürlich menschliches Recht. So aber war alles einer Vorstellung, einem Begriff zuliebe, war eine gemachte Geschichte, eine halbe Komödie. Und diese Komödie muß ich nun fortsetzen und muß Effi wegschicken und sie ruinieren und mich mit.«

Aha. Nur dass er selbst sein verstocktes staatstragendes Leben weiterführt, während Effi vom Elternhaus verstoßen, der Tochter entfremdet und irgendwann todkrank wird. Prinzipienreiterei? Prinzipiell ziemlich übel, Herr Baron. ■

HERKUNFT: Deutschland
BERUF: Ministerialbeamter
POSITION: gehörnter Ehemann
HOBBYS: keine
STÄRKE: Prinzipientreue
SCHWÄCHE: Prinzipientreue
LIEBE: Papperlapapp
GEWISSEN: rein
PSYCHOPATHENINDEX: absolutes Mittelmaß
BESONDERE KENNZEICHEN: absolutes Mittelmaß

49

CAPTAIN HOOK

AUTOR: James Matthew Barrie
TITEL: *Peter Pan*
(aus dem Englischen von Ursula von Wiese)
ORIGINALFASSUNG: 1911

»Wer bist du, Fremder, sprich!« forderte Haken.
»Ich bin Kapitän Haken!«
»Das bist du nicht, das bist du nicht«, schrie Haken heiser.
»Schockschwerenot«, erwiderte die Stimme, »sag das
50 noch einmal, und du bekommst meine Klaue zu spüren.«

Prä-Disney haben sie ihn noch als Kapitän Haken ins Deutsche übertragen. Heute, post-Dustin-Hoffman, klingt diese Übersetzung nur noch absurd, das hat der übelste Bootsmann der Weltliteratur nicht verdient. Hook also. Captain James Hook. Wobei das – Überraschung! – nicht sein richtiger Name ist.

Richtig ist, dass er als Kommandant der Besatzung des Zweimasters *Jolly Roger* dient. Ein »nicht ganz unheldenhafter« Pirat im fantastischen Nimmerland (auch hier ist der Originalname Neverland bekannter), sieht er sich als Erzfeind Peter Pans, den er für einen Frechdachs hält und der ihn in den Wahnsinn treibt. Dass der kindische Peter ihm im Kampf eine Hand abschneidet, verschlechtert das Verhältnis zwischen ihnen nur unwesentlich. Die fehlende Hand wird von einem Krokodil gefressen und durch eine Eisenklaue ersetzt (was für ein Symbol: eine gefährliche Waffe als integrierter Körperteil!). Später, nachdem die letzte große Schlacht geschlagen ist, darf das hungrige Reptil sein »Captain's Dinner« dann vollständig abschließen. In einem Er-oder-ich-Showdown siegt – ist ja doch eine Geschichte für Kinder – das Gute, das Kindliche. Bevor Hook in den Krokodilsrachen eintaucht, schafft er es gerade noch, ein weiteres Mal das ungebührliche Betragen Peter Pans zu bemängeln.

Trügerisch, das Auftreten des Kapitäns: Er hat in Eton studiert, wählt seine Worte selbst beim Fluchen sorgsam, weiß sich zu benehmen, gilt als einer der attraktivsten Männer, die man sich vorstellen kann (gleichzeitig aber auch als ein bisschen widerlich), und kleidet sich elegant. Vielleicht ist Hook der erste dieser glatten Gentleman-Bösewichte, deren Nachfolge Ende des vergangenen Jahrhunderts Hannibal Lecter antrat.

Im nimmerländischen Kontext ist das Mustertanzschulgehabe jedoch ein weiterer Hinweis auf die Niedertracht des Charakters: Für Peter Pan, den Jungen, der niemals erwachsen werden will, kann es keinen besseren Gegenspieler geben als einen, der befolgt, was die gesellschaftlichen Normen diktieren. In der Welt der Kinder ist der Erwachsene der Schurke. Der Vater von Peters Freundin Wendy, der prahlende Geschäftsmann Mr. Darling, wird denn auch in der von James Barrie sogar noch vor dem Roman verfassten Bühnenversion meist vom selben Darsteller verkörpert wie der grimmige Kapitän.

Interessant ist auch die Analogie zwischen Hook und einem anderen Kapitän, Herman Melvilles Ahab, die Verfasser Barrie ganz offen eingestand. Das Krokodil ist sozusagen Hooks Moby Dick. Nur die Sympathien sind jeweils unterschiedlich verteilt. Das Krokodil als Kapitalschurke hat es dafür erst im Kasperletheater an die Spitze geschafft. ∎

BERUF: Schiffskapitän
FUNKTION: Spielverderber
AUGEN: zwei (blau)
LOCKEN: viele (dunkel)
HÄNDE: eine (links)
BENEHMEN: vorbildlich
LIEBLINGSGETRÄNK: Rache
LIEBLINGSTIER: jedenfalls kein Krokodil
ERZFEIND: Peter Pan

MRS. DANVERS

AUTORIN: Daphne du Maurier
TITEL: *Rebecca*
(aus dem Englischen von Karin von Schab)
ORIGINALFASSUNG: 1938

》》 **Eine Gestalt löste sich aus der Menge, hager und groß, in tiefes Schwarz gekleidet; die hervorstehenden Backenknochen und tiefliegenden, großen Augen gaben ihrem pergamentenen Gesicht das Aussehen eines Totenschädels.**

Rebecca ist tot. Ihre durchkalkulierte Schlechtheit hat sie an ihre Kinderfrau und spätere Haushälterin vererbt. Nach dem vermeintlichen Ertrinken ihrer Herrin wacht Mrs. Danvers mit leerem Ausdruck über das Gut Manderley in Cornwall, und als der Witwer Maximilian de Winter von einer Reise neu verheiratet zurückkehrt, schlägt das Rebecca-Syndrom bei ihr durch. Das Rebecca-Syndrom heißt natürlich gerade wegen Daphne du Mauriers Romans und dessen Verfilmung durch Alfred Hitchcock so. Es bezeichnet die

Idealisierung einer nicht mehr anwesenden Person und die damit verbundene Verachtung ihrer Nachfolgerin: Während Rebeccas Name und Wesen über dieser Geschichte schwebt, erfahren wir von Mrs. de Winter II nicht einmal, wie sie mit Vornamen heißt.

Freilich scheint auch Mrs. Danvers keinen Vornamen zu haben. Ihre Fans nennen sie liebevoll Danny, wobei diese Gruppe nach Rebeccas Tod eigentlich nur deren Cousin und Liebhaber Jack Favell umfasst. Die Nachbarn, geschult in englischer Höflichkeit, bevorzugen den Ausdruck »Ach, diese erstaunliche Person«. Erstaunen erweckt auch dieses »Mrs.«: Eine Vergangenheit mit Ehe oder Familie ist bei dieser ergebenen Gottesanbeterin kaum vorstellbar. Hier ihre Übeltaten:

Sie lässt die Neue ihre Ablehnung deutlich spüren, vermittelt ihr erfolgreich die Illusion, ihr Mann liebe sie gar nicht, sondern hänge immer noch der verstorbenen Vorgängerin nach. Das ist so weit noch psychologisch nachvollziehbar und kann vom Leser auch als Überinterpretation der eingeschüchterten Ich-Erzählerin abgeschwächt werden.

Dann aber überredet Mrs. Danvers sie dazu, beim Kostümball die gleiche Verkleidung zu tragen wie Rebecca kurz vor ihrem Tode und sich damit den Unmut ihres Gatten zuzuziehen. »Ich werde niemals den Ausdruck in ihrem Gesicht vergessen. Eine boshafte Schadenfreude leuchtete aus ihren Augen. Das Gesicht eines frohlockenden Teufels! So stand sie da und lächelte mich an.«

Am Höhepunkt des Rebecca-Syndroms steht dann Mrs. Danvers' unverblümter Vorschlag an die ungewollte Herrin, sich doch einfach das Leben zu nehmen. »Haben Sie keine Angst«, suggeriert sie ihr, »springen Sie.«

Und schließlich: Brandstiftung. Kaum ist klar, dass Rebecca perfide genug war, nicht nur ihren Mann zu hintergehen und ihre eigene Ermordung zu provozieren, sondern dabei auch die treue Danny nicht ins Vertrauen zu ziehen, entzündet sich die destruktive Leidenschaft der trockenen Alten zu Flammen, die Manderleys Pracht verschlingen.

Ob sie es überlebt? Laut Susan Hill, die 1993 eine Fortsetzung schrieb, ja. Da kehrt sie wieder, bringt einen Hauch Rebecca-Horror mit und lässt Leser- und Kritikerschaft den alten Albtraum wieder herbeiträumen. Der gute alte Hitchcock ließ Mrs. Danvers gnadenlos verbrennen. ∎

VORNAME: unbekannt
SPITZNAME: Danny
FAMILIENSTAND: unerklärlich
BERUF: Haushälterin
PATHOLOGIE: Rebecca-Syndrom
AUGEN: hohl
ERZFEINDIN: die zweite Mrs. de Winter
FILMDARSTELLERIN: Judith Anderson

Die Despoten

Macht verdirbt, gleich ob man
sie über ein Land, eine Firma
oder eine Abteilung im Kran-
kenhaus ausübt. Willkommen in
Schurkistan, wo die Köpfe rollen
und die Kopflosigkeit regiert.

RAVANA

AUTOR: Vālmīki
TITEL: *Ramayana*
(aus dem Sanskrit von Claudia Schmölders)
ORIGINALFASSUNG: 2. Jh.

» Ich gewähre dir noch zwei Monate Bedenkzeit. Dann mußt du das Bett mit mir teilen. Wenn du dich weigerst, werden meine Köche deine Glieder mir zum Frühstück zerhacken!«

Das Böse hat viele Gesichter, heißt es. In diesem Fall sind es genau zehn. Der Anführer der Rakshasas, der dämonischen »Beschädiger« der indischen Mythologie, hat zehn Köpfe, die – damit das gleich geklärt ist – in Echsenmanier nachwachsen, wenn man sie ihm abschlägt.

Da es sich dieser durch und durch düstere Dämon also in alle zehn Köpfe gesetzt hat, seiner Schwester wegen an Altindiens perfektem Schwiegersohn Rama Rache zu üben – nicht etwa weil dieser sie geschändet, sondern eben weil er sie verschmäht hat – und Rama die entsandten »vierzehntausend Dämonen von schrecklicher Tatkraft« mit links (und unzähligen Pfeilen) abwehren konnte, hat Ravana nun Ramas Geliebte Sita in der Hand. In einer seiner Hände, genau genommen, denn er besitzt zwanzig davon. Herz hat er freilich nur eines, und mit diesem verliebt er sich in sein Opfer. Da Sita aber so treu ist (und somit neben dem Traumschwiegersohn eine Traumschwiegertochter darstellt), bleibt die königlich-dämonische Begierde unerfüllt. Was Ravana nicht gerade entspannt in den finalen Kampf ziehen lässt.

Der Dämonenkönig ist einer dieser lauten, größenwahnsinnigen Bösewichte, die auf Masken mit grotesk verzerrter Mimik dargestellt werden und im Film wahrscheinlich Jack Nicholson wären. Einst vor dem großen Gott Brahma konnte er sich zwar zusammenreißen und höflich um Schutz vor allen Göttern und Dämonen bitten, vergaß aber vor lauter Überheblichkeit zu erwähnen, dass natürlich auch kein Mensch oder – in diesem Fall relevant – Affe ihm ein Leid antun können solle.

Das *Ramayana* ist neben dem etwa gleichzeitig entstandenen *Mahabharata* das älteste Epos Indiens, und die Überlieferungen unterscheiden sich zwischen Norden und Süden erheblich. Dass Ravana grundsätzlich ein übler Schurke ist, darin sind sich alle einig. Vereinzelt werden ihm jedoch seine Weisheit und Musikalität zugute gehalten.

Auf ihn geht etwa die Ravanahattha zurück, die Langhalsspießlaute, die in Indien von Straßenmusikern gespielt wird. Ravanahattha heißt »Ravana-Hand«, und die zwanzig Hände mögen nebst widerlichen Grapschüberfällen auch ein faszinierendes Streichorchester abgegeben haben.

Rama erhält seinerseits nicht nur Hilfe von einer Affenarmee, sondern ist auch von Natur aus göttlich und kann nach einem siebentägigen Kampf in Ravanas Königreich Lanka (geografisch heute Sri –) auf eine Wunderwaffe von Brahma himself zurückgreifen: einen zischenden Pfeil, der »eine Gestalt des Todes selbst, ein Sämann der Sorge« ist. Den richtet Rama auf das einzige Organ, das das verkopfte Böse noch einigermaßen im Zaum hält: das Herz. ∎

THAILÄNDISCHER NAME: Thosakanth

HERKUNFT: (Sri) Lanka

BERUF: Dämon / König

KÖPFE: zehn

HÄNDE: zwanzig

HOBBY: Musik

BANDNAME: die Rakshasas

OBJEKT DER BEGIERDE: Sita

LIEBLINGSSPEISE: Sita

ERZFEIND: Rama

57

MANFRED VON OTRANTO

AUTOR: Horace Walpole
TITEL: *Das Schloß Otranto – Ein Schauerroman*
(aus dem Englischen von Hans Wolf)
ORIGINALFASSUNG: 1764

» Ich sage euch«, versetzte Manfred gebieterisch, »Hippolita ist nicht mehr mein Weib; von Stund an bin ich von ihr geschieden. Gar zu lang war ich gestraft mit ihrer Unfruchtbarkeit. Mein Schicksal hängt daran, Söhne zu haben, und die heutige Nacht wird meinen Hoffnungen gewißlich ein neues Datum geben.«

Bei diesen Worten ergriff er Isabellas kalte Hand; die Jungfer war vor Furcht und Entsetzen halb tot.

Es gibt verschiedene Obsessionen: Die einen haben einen Ordnungsfimmel, andere können nicht aufhören zu rauchen. Fürst Manfred von Otranto ist besessen davon, seine Erblinie zu sichern, und das geht nur mit männlichen Nachkommen. Die eigene Ehegattin, die ihn wegen ihrer mangelnden Fruchtbarkeit nervt, hat ihm eine Tochter und immerhin einen Sohn geboren. Als der jedoch die vertraglich vereinbarte Eheschließung mit der lieblichen Isabella eingehen soll, erschlägt ihn ein alter Helm. Aus Panik vor dem Abbruch der Erblinie, vielleicht aber auch einfach aus geifernder Lustgreisigkeit jagt Manfred fortan also selbst der Fast-Schwiegertochter nach.

Der Tod seines eigenen Sohnes entlarvt Manfred als herzlos selbst der eigenen Familie gegenüber. Der Verlust ruft nicht wirklich Trauer hervor, eher eine gereizte Ungeduld, die ihn übereilte Todesurteile aussprechen, die Ehefrau verstoßen und die Tochter zuerst irritiert ignorieren und dann – wenn auch aus einem Missverständnis heraus – erstechen lässt. Lange Zeit ist ein überdimensionaler Helm der einzig ernst zu nehmende Gegenspieler des berserkerischen Amokregenten.

Im zu dieser Zeit gerade erst entstehenden Genre des Schauerromans ist dieser Diktator ein zu besonderer Gefährlichkeit aufgeblasener Bösewicht, den aber in erster Linie Schwächen wie Angst und Neid umtreiben. »Hitzig«, »in Zorn geratend« und »sich die Stirne streichend« finden wir ihn in Horace Walpoles Beschreibung die meiste Zeit vor. Am Ende bereut Manfred von Otranto alles ganz schrecklich, ist sein Fürstentum aufgrund abenteuerlicher Deus-ex-machina-Gegebenheiten aber natürlich trotzdem los. Der wahre Herrscher Otrantos heiratet die verzagte Schließlich-doch-noch-Braut.

Ein liebenswerter Schurke der ganz eigenen Art ist hier übrigens Autor Horace Walpole selbst. Der Sohn des damaligen Premierministers erlaubte sich anno 1764 einen kleinen Scherz. Eine »ganz und gar italiänische« Geschichte behauptete er entdeckt zu haben, die ein Mönch namens Onuphrio Muralto verfasst und ein gewisser William Marshal ins Englische übertragen habe. Als seine Schlossgespenststory sich dann eines riesigen Erfolgs erfreute, ging die Eitelkeit mit Signore Walpole durch: Er bekannte sich zu dem Schwindel und brüstete sich damit, die *gothic novel* erfunden zu haben. Der nicht sonderlich italienisch klingende Name Manfred hätte manchen Leser dabei stutzig machen können. Oder doch nicht? Von 1258 bis 1266 gab es tatsächlich einen König von Sizilien namens Manfredi di Hohenstaufen. ∎

HERKUNFT: Italien
BERUF: Schlossherr und Fürst
PATHOLOGIE: Fluchflüchter
TEMPERATUR: hitzig
GOTTESFURCHT: ★★★☆
PSYCHOPATHENFAKTOR: ★★★★☆
ERZFEIND: ein alter Helm
VORBILD: König Manfred von Sizilien
FAN: Jan Švankmajer

DIE HERZKÖNIGIN

AUTOR: Lewis Carroll
TITEL: *Alice im Wunderland*
(aus dem Englischen von Christian Enzensberger)
ORIGINALFASSUNG: 1865

>> Die Königin wurde puterrot vor Zorn, und nachdem sie Alice eine Weile wild wie eine Bestie angestarrt hatte, schrie sie: »Kopf ab mit ihr! Ab, sag ich –!«

Eine Königin der Herzen ist diese Herzkönigin gewiss nicht. Ihre Untertanen im Wunderland werfen sich panisch zu Boden, sobald sie sich nähert. Und mit gutem Grund. Ist die Dame doch leicht zu erzürnen und hat rasch eine Lösung für alles parat: »Kopf ab!« Die Grinsekatze hat dabei das Glück, keinen Rumpf zu haben, von dem man ihren Kopf ablösen könnte. Und alle anderen profitieren von ihrer Nachlässigkeit bei der Nachverfolgung ihrer Befehle. Hinzurichtende werden meist abgeführt, aber verschont. Ihr milder Ehegatte, der Herzkönig, schafft es zwar nicht, seine Herzdame zu beschwichtigen, nimmt sie aber auch nicht allzu ernst und führt heimlich Begnadigungen durch, wenn sie mal nicht hinschaut.

Daher ist teilweise hervorgehoben worden, dass die *Queen of Hearts* in zahlreichen Verfilmungen und Computerspielversionen zu Unrecht zur großen Antagonistin erklärt wurde. Sie sei einfach eine Cholerikerin, verrückt wie alle anderen Gestalten in dem seltsamen Land hinter dem Kaninchenbau, stelle aber keine wirkliche Gefahr dar. Dessen ungeachtet hatte die herzlose Queen auch ihren großen Auftritt bei der Parade zur Eröffnung der Olympischen Spiele in London 2012 inmitten anderer *villains* aus Kinderbüchern.

Ist die Enthauptungsfreude der Königin auch beängstigend, die ihr zugrunde liegende, nun ja, Reizbarkeit lässt sich doch bis zu einem gewissen Grad nachvollziehen. Den Lieblingssport Croquet auszuüben, gestaltet sich halt schwierig, wenn die Utensilien dafür ein Eigenleben entwickeln. Die Bälle sind Igel, die Schläger Flamingos, und sie fügen sich ihren Funktionen nicht. In diesem Fall muss sogar die Königin einsehen, dass Köpfen eine kontraproduktive Lösung wäre. Das nervt, schon klar.

Und dann ist da noch die Sache mit den Törtchen. Hier baut Lewis Carroll auf einem alten englischen Kinderlied auf:»The Queen of Hearts, she made some tarts, all on a summer's day ...« Die gnadenlose Hinrichterin als Tarte-Bäckerin – ein grotesker Kontrast. Jedenfalls soll der Herzbube die Törtchen geklaut haben und steht deswegen vor Gericht. Klar, dass die Verhandlung den gängigen rechtsstaatlichen Prinzipien eher zuwiderläuft und die Königin Alice als Zeugin der Verteidigung wegen eines absurden Gesetzes des Saales verweist, wonach über eine Meile große Menschen – Alice ist inzwischen nach Genuss einer magischen Substanz gewachsen – nicht zugelassen sind.

Womöglich als Persiflage auf Queen Victoria vorgesehen, nahm sich Carrolls Zeichner John Tenniel die Herzogin von Norfolk als Vorlage für die Herzkönigin. Ausgerechnet Tim Burton, Meister des überdrehten Surrealismus, von dem man sich die idealtypische Herzkönigin erwartet hatte, vermischte die Figur in seinem Film aus dem Jahr 2010 mit der von ihr zum Tode verurteilten Herzogin und der Roten Königin aus der Fortsetzung *Alice im Land hinter den Spiegeln*. ∎

NAME: unbekannt
BEINAME: die blinde Furie
HERKUNFT: Wunderland
BERUF: Königin
HOBBY: Croquet
PLATZ AM DEMOKRATIEINDEX: weit unten
LIEBLINGSSPEISE: Törtchen
SLOGAN: »Kopf ab mit ihr!«
FILMDARSTELLERINNEN: Kathy Bates, Miranda Richardson, Helena Bonham Carter

61

KURTZ

AUTOR: Joseph Conrad
TITEL: *Herz der Finsternis*
(aus dem Englischen von Ernst Wolfgang Freißler)
ORIGINALFASSUNG: 1899

>> Er kam zu ihnen mit Donner und Blitz – sie hatten nie etwas Ähnliches gesehen – und so schrecklich! Er konnte wirklich schrecklich sein. Man kann Herrn Kurtz nicht beurteilen wie einen gewöhnlichen Menschen. Nein, nein! Da – nur um Ihnen einen Begriff zu geben – es macht mir nichts aus, Ihnen zu erzählen, daß er auch mich eines Tages erschießen wollte. Aber ich verurteile ihn nicht.«

Er arbeitete sich durch die seichten Gewässer des Kongos bis in den tiefen Urwald vor und spielte sich dort zum Gott auf. Er wollte den »Wilden« Zivilisation bringen, stattdessen verwilderte sein Herz. Er handelte mit Elfenbein, das so weiß war wie seine Haut, und er genoss die Verehrung, die sie ihm rundherum entgegenbrachten. Er verlor den Verstand, sprach aber sehr verständig über die Philosophie des Kolonialismus. Kurz und gut: Dieser Mann war Kurtz und böse.

Als dieser Herr Kurtz – ein Colonel wurde aus ihm erst in der 80 Jahre später erschienenen Verfilmung *Apocalypse Now* von Francis Ford Coppola, die aus Afrika in den Vietnamkrieg verlegt wurde – höchstpersönlich Joseph Conrads Geschichte betritt, siecht er bereits todkrank auf einer Trage vor sich hin. Zu diesem Zeitpunkt man aber schon so viel von dem talentierten, unbarmherzigen Stationsleiter eines europäischen Handelsunternehmens sprechen gehört, dass sich das Rätsel um »den Mann«, wie ihn die Einheimischen nennen, kurz vor seinem Tod nur noch mehr verdichtet. Alle sprechen voller Ehrfurcht von ihm, aber niemand ist in der Lage, in ganzen Sätzen klare Fakten darzulegen, was es mit ihm eigentlich auf sich hat. Ausgelebte Machtfantasien und rituelle Handlungen mit ihm selbst als Gott im Zentrum scheinen aber dazuzugehören.

Kurtz ist der Überkolonialist und zugleich der Schrecken des Kolonialismus. Seine Firma hat ihn mit »humanistischen« Absichten in den Kongo geschickt, aber er hat Gewalt regieren lassen und sich die Umgebung untertan gemacht. Dumm nur, dass er dadurch einerseits mehr Elfenbein akquirieren konnte als alle anderen und somit quasi Mitarbeiter des Monats wurde, andererseits aber keinen Hehl aus seinem Wüten macht und lautstark erklärt, man müsse die Wilden doch einfach ausrotten.

Das Management hat durch Kurtz, wie man heute sagen würde, ein Imageproblem. Dennoch muss ihn eine Aura des Faszinierenden umgeben, niemand kann sich seinem Wirken entziehen: die Einheimischen nicht, die reisenden Händler und Gefährten aus Europa nicht, und Marlow, der ihn seine letzten Worte sprechen hört (»Das Grauen! Das Grauen!«), stürzt nach Kurtz' Tod gar in eine schwere Krankheit, von der er sich nie ganz erholt.

Herr Kurtz ist Joseph Conrads pessimistische Antwort auf jeden Idealismus, jeden hehren Zivilisierungswillen. »Der Mensch ist ein bösartiges Tier«, schrieb er über die Novelle. »Der Egoismus rettet alles – absolut alles –, wir hassen, was wir lieben. Und alles bleibt so, wie es ist. (...) Es ist wie ein Wald, in dem niemand den Weg kennt. Man ist verloren, während man noch ruft: ›Ich bin gerettet!‹« ∎

RUFNAME: Der Mann
HERKUNFT: Großbritannien
BERUF: Elfenbeinhändler
POSITION: Stationsleiter
BERUFSWUNSCH: Gott
FILMDARSTELLER: Marlon Brando, Boris Karloff, John Malkovich

63

DIE BÖSE WEST-HEXE

AUTOR: L. Frank Baum
TITEL: *Der Zauberer von Oz*
(aus dem Amerikanischen von Sybil Gräfin Schönfeldt)
ORIGINALFASSUNG: 1900

Lauft zu dem Pack da drüben«, befahl die Hexe zornig, »und reißt die frechen Geschöpfe in Stücke!«

»Willst du sie dir nicht zu Sklaven machen?«, fragte der Leitwolf.

Die Hexe schüttelte den Kopf. »Es lohnt nicht«, sagte sie verächtlich. »Eins ist aus Blech und eins aus Stroh. Weder das kleine Mädchen noch der Löwe taugen zur Arbeit. Ihr könnt mit ihnen machen, was ihr wollt.«

»Großartig!«, heulten die Wölfe und schossen begeistert davon.

Ende des 19. Jahrhunderts war man noch nicht zimperlich, als man Geschichten für Kinder schrieb. Wenige Sätze nach dem obigen Zitat wird der Blechmann 40 Wölfe enthauptet haben. Die böse West-Hexe muss also doch auf Plan B zurückgreifen, die zu ihrer Entmachtung und Ermordung ausgeschickte Expeditionsgruppe zu versklaven. Blechmann und Vogelscheuche gehen dabei tatsächlich drauf, das Mädchen Dorothy, der Hund Toto und der feige Löwe müssen im Palast der bösen Hexe arbeiten.

Wenn du das Wort »böse« schon im Namen hast, musst du nicht mehr besonders viel tun, um dir einen Gegenspielerstatus zu verdienen. Wenn die andere böse Hexe, jene des Ostens, gleich zu Beginn von einem Haus erdrückt wurde, ist es noch einfacher: Alleinherrschaft über die dunkle Seite der Macht. Die guten Hexen des Nordens und des Südens stellen da keinerlei Konkurrenz dar.

Trotzdem hat L. Frank Baum die Schurkin in seinem vorprogrammierten Jahrhundertbestseller mit einem charakteristischen Attribut ausgestattet, einem äußerlichen Manko, wie es viele Bösewichte haben: Die West-Hexe besitzt nur ein Auge, aber damit sieht sie weiter als alle anderen, weil ihm eine Art Teleskopfunktion eingebaut ist. Ihr Gefolge besteht aus Tieren aller Art und sogenannten »Winkie-Soldaten«, die ihren Befehlen uneingeschränkt Folge leisten. Nun ja, fast. Denn die Flügelaffen trauen sich nicht, dem Mädchen ein Leid anzutun: »Es steht unter dem Schutz der Macht des Guten und die ist stärker als die Gewalt des Bösen.«

Als die Hexe jedoch eines von Dorothys silbernen Schuhen habhaft wird, ist sie paradoxerweise zur Hälfte ebenfalls vom Zauber des Guten geschützt. Wahrhaft geniale Perfidität ist, wenn das Böse die Regeln des Guten kapert. Da kann Dorothy nur mosern: »Du gemeine Person! (...) Du kannst mir doch nicht einfach meinen Schuh wegnehmen!« »Ich behalt ihn trotzdem«, darf die Hexe eher nonchalant erwidern. Peinlich nur, dass der Eimer Wasser, den das verärgerte Mädchen daraufhin über die mächtige Hexe ergießt, diese zum Schmelzen bringt. Und es war nicht einmal Absicht. »Hast du denn nicht gewusst, dass Wasser mein Tod ist?« »Natürlich nicht. (...) Woher sollte ich denn ...«

Das war einfach, vielleicht ein bisschen zu einfach. Immerhin bleibt der Hexe der grausame Ruf ihrer Schreckensherrschaft. Denn wenn du das Wort »böse« im Namen hast, dann tanzen die Untertanen am Tag deines Todes und erklären ihn fürderhin zum Festtag. ∎

NAME: unbekannt

HERKUNFT: Oz

FUNKTION: Einäugige unter den Zweiäugigen

WAFFEN: Wölfe, Krähen, Bienen, Affen

FETISCH: Schuhe

SCHWACHSTELLE: Wasser

ERZFEIND: der Zauberer von Oz

FILMDARSTELLERIN: Margaret Hamilton

65

NAPOLEON

AUTOR: George Orwell
TITEL: *Farm der Tiere*
(aus dem Englischen von Michael Walter)
ORIGINALFASSUNG: 1945

Und so ging die Geschichte von Geständnissen und Hinrichtungen fort, bis ein Leichenhaufen vor Napoleons Füßen lag und die Luft schwer vom Blutgeruch war, den man seit Jones' Vertreibung dort nicht mehr gekannt hatte.

Napoleon, dieses Schwein! Wie ironisch, dass von allen fiktiven Übeltätern gerade dieser Berkshire-Eber seinem historischen Vorbild am ähnlichsten ist: In George Orwells animalischer Parabel auf die sowjetische Revolution kommt dem Oberschwein die Rolle Stalins zu. Es ist fast, als läse man einen historischen Roman, und zwar einen mit unglaublich visionärer Kraft. Denn auch die nordkoreanischen oder lateinamerikanischen Diktatoren mit ihrer Art, sich in ihre großzügigen Gemächer zurückzuziehen, alle paar Wochen bei Paraden ihr Gesicht zu zeigen und dafür ihr Porträt überall aufhängen zu lassen, finden sich in diesem Napoleon widergespiegelt.

Die Geschichte wiederholt sich, auch wenn sie speziesübergreifend interpretiert wird: Anfangs darf man Napoleon gerne Idealismus unterstellen. Er folgt den Lehren des verstorbenen Old Major (einer Mischung aus Marx, Lenin und Ausstellungsschwein) und orchestriert zusammen mit seinem Kollegen Schneeball (im echten Leben: Leo Trotzki) die Rebellion gegen die Menschen, die die Farmtiere unterdrücken und ausnutzen. Die Sympathien sind auf seiner Seite, solange sich noch alle an die siegreiche Schlacht am Kuhstall und die sieben Gebote der Revolution erinnern können. Als die Konflikte mit Schneeball unüberbrückbar werden, lässt Napoleon ihn durch eine Schar Kampfhunde verjagen und stilisiert ihn zum Klassenfeind hoch. Hier schon horcht der schurkensensibilisierte Leser auf: Sich andere Tierarten als Wächter heranzüchten – das muss doch von langem Huf geplant worden sein! Den Analphabetismus der meisten anderen Tiere ausnutzend werden die sieben Gebote von Napoleon und seinen Schergen nach und nach abgeändert, bis sie auf ein einziges Gebot hinauslaufen: »Alle Tiere sind gleich, aber manche sind gleicher.« Sein Erfüllungsgehilfe Quiekschnauz – selbst eine ziemliche Sau – manipuliert die öffentliche Meinung wortgewandt, während die Reden des großen Genossen Revolutionsführers eher knapp und doch pathetisch ausfallen. Am Ende paktiert schwein nicht nur mit den Zweibeinern, sondern stellt sich auch selbst auf die Hinterbeine und macht einen auf Mensch. Wie in der Realität stellt sich die Frage: Hätte Napoleon mehr dafür tun können, die Ideale seiner Revolution aufrechtzuerhalten, war sich aber zu bequem dafür? Oder waren die Umstände von Anfang an schlecht geplant und zum Scheitern verurteilt, was er nur nicht einzugestehen die Größe hatte?

Der französische Übersetzer der Erzählung fand den Namen Napoleon übrigens unpassend und ersetzte ihn durch »César«. Aber wenn uns Orwells Fabel etwas gelehrt hat, dann dass im Endeffekt alle Politiker der Weltgeschichte gleich, nur manche eben gleicher sind. ■

RUFNAME: Unser Führer, Genosse Napoleon
HERKUNFT: Großbritannien
GATTUNG: Berkshire-Eber
BERUF: Revolutionsführer
PRESSEKONTAKT: Quiekschnauz
ANLÄUFE ZUM WINDMÜHLENBAU: ★★★
ERZFEIND: Schneeball
VORBILD: Stalin

ABDI AGA

AUTOR: Yaşar Kemal
TITEL: *Memed mein Falke*
(aus dem Türkischen von Horst Wilfrid Brands)
ORIGINALFASSUNG: 1955

>> Wenn Abdi Aga einen, der sich etwas hatte zuschulden kommen lassen, nicht mißhandelte, dann hatte er etwas Schlimmeres mit ihm vor. (...) Wen Abdi Aga aber prügelte, dem blieb viel erspart.

Kein Wunder, dass die Dörfler Abdi Aga so gerne verfluchen. In jedem dritten Satz, der – freilich außerhalb seiner Hörweite – fällt, wünschen sie dem Grundbesitzer alles erdenklich Tödliche. Wer in wutentbrannten Himmelschreien öfter vorkommt als der Teufel, der ist im Schurkenolymp angekommen. Wie hat er das denn geschafft? Nun, ihm gehört alles Land der fünf Dörfer auf der ohnehin kärglichen Distelplatte im südtürkischen Kilikien. Das galt aber auch für seinen Vater, der dennoch ein Herz für die

Dorfleute hatte. Abdi hingegen – so heißt der Mann, »Aga« ist die osmanische Bezeichnung für »Herr« – will alles haben: Der Krämerladen ist seiner, und die Dörfler müssen ihm ganze zwei Drittel ihrer Ernte abgeben. Nur wenn sie winters Hunger leiden (was zwangsläufig geschieht), teilt er manchmal etwas aus und lässt sich für seine Großzügigkeit feiern.

Es sei denn, man spurt nicht. Einmal entflieht der junge Memed seiner Leibeigenschaft und will sich anderswo als Tagelöhner verdingen. Abdis Männer fangen ihn wieder ein, woraufhin Memed und seine Mutter nun drei Viertel ihrer Ernte abgeben müssen – und wehe, jemand aus dem Dorf erbarmt sich und füttert die Verräter. Dabei wickelt der »Gottlose« und »Ziegenbärtige« – das Buch ist voll mit schmückenden Beiwörtern à la Homer – so bedächtig wie sadistisch seinen langen Geißbart um den Finger.

Als Memed sich dann auch noch in Hatçe, die Abdis Neffen versprochen ist, verliebt, für vogelfrei erklärt wird und sich zu Banditen in die Berge flüchtet, steigert sich Abdis Unbarmherzigkeit ins Grenzenlose. Aber auch seine Angst! Er lässt die eigene Fast-Schwiegernichte verhaften und entwickelt sich zur panischen Nervensäge, die Briefe an die Politik schreibt: Man müsse diesen Banditen doch endlich Einhalt gebieten, sie würden Blut trinken, Kinder morden und Jungfrauen entführen, betet er weinerlich herunter. Der dörfliche Bittschreiber (ein Beruf, den Autor Kemal einst unter Analphabeten selbst ausübte) schickt die unsinnigen Gesuche wohlweislich niemals ab.

Mühelos gelingt Abdi Aga der Spagat zwischen Treten nach unten und Buckeln nach oben. Bei kaum jemand anderem liegen Niedertracht und Jämmerlichkeit so nah beieinander, und selten darf man einen Bösen so sehr hassen und bluten sehen wollen. Abdi verkörpert die Zuspitzung des anatolischen Großgrundbesitzers. Er ist der gierige Urkapitalist, in dem berlusconische sich mit kim-jong-un-schen Assoziationen mischen und dessen Grausamkeit man psychologisch nie so recht auf den Grund kommt. Ja, ein großer Räuberhauptmann überfiel ihn einst und entriss ihm die Angetraute. Aber Abdi bekam die Frau zurück: eindeutig nicht genug Trauma für die große Bösewichtwerdung. Dennoch fand der Weltschauspieler Sir Peter Ustinov den Unsympathler interessant genug, um sich für seine Verfilmung *Memed, mein Falke* 1984 selbst in der Rolle zu besetzen. ■

RUFNAMEN: der Gottlose, der Ziegenbärtige
HERKUNFT: Türkei
POSITION: Großgrundbesitzer
BESONDERES KENNZEICHEN: Geißbart
SKRUPELLOSIGKEIT: nach unten grenzenlos
WELTHERRSCHAFTSFAKTOR: gering (viel zu weinerlich)
ERZFEIND: Ince Memed

SCHWESTER RATCHED

AUTOR: Ken Kesey
TITEL: *Einer flog über das Kuckucksnest*
(aus dem Amerikanischen von Hans Hermann)
ORIGINALFASSUNG: 1962

》》Die Große Schwester ärgert sich gleich gewaltig, wenn irgend etwas ihren Laden daran hindert, so glatt und reibungslos zu laufen wie eine Präzisionsmaschine. Wenn auch nur eine Kleinigkeit nicht vorschriftsmäßig oder nicht in Ordnung ist oder irgendwie im Wege steht, wird sie zu einem kleinen weißen Bündel kalt lächelnder Wut. Dann geht sie umher, mit demselben Puppenlächeln in den Fältchen zwischen Kinn und Nase und mit demselben ruhigen Kreisen ihrer Augen, doch tief in ihrem Innern ist sie hart wie Stahl. Ich weiß das, ich spüre es. Und sie läßt keine Spur nach, bis sie sich um die Störung gekümmert hat – sie nennt das »etwas der Umgebung anpassen«.

Offensichtlicher könnte es kaum sein: »wretched«: englisch (und durchaus lyrisch) für »kläglich, erbärmlich, liederlich«. Ratched: die Anstaltsschwester mit dem versteinerten Blick und der locker sitzenden Chemiekeule, die in der Abteilung für Geisteskranke im Landeskrankenhaus von Salem, Oregon, eine ganze Reihe unwilliger, aber recht machtloser Opfer vor sich hat. Über dieses Kuckucksnest flog nur einer, und das ist die Geschichte, die Ken Kesey geschrieben und Miloš Forman als Film zu Weltruhm gebracht hat, mit Louise Fletcher als Oscar-gekrönter Schwester Ratched.

Das Argument »ist Medizinerin, will doch nur helfen« zieht nicht lange bei der schrecklichen Mildred (»mild«: englisch für »mild«, nichts als eine milde Lüge, was sprechende Namen angeht). Wenn sogar die Krankenhausleitung ihre Methoden nur duldet, weil sie dadurch langfristig Ruhe schafft – was mit einem Lobotomieapparat von einer abgeschotteten Schaltzentrale mit vielen Knöpfen aus auch nicht allzu schwierig ist –, kann es mit dem hippokratischen Eid nicht allzu weit her sein. Wer nicht spurt, wird mit Nahrungs- oder Medikamentenentzug bestraft oder in der Gruppentherapie so lange gedemütigt, bis er lieber die Klappe hält.

Vielleicht ist für eine zwängliche Person mit Ordnungswahn die »Klapse« der falsche Ort (um zu arbeiten). Andere würden aufgeben und sich einen Job als Gartenarchitektin suchen, aber Mildred Ratched passt die Umgebung ihren Bedürfnissen an. Sogar die Ärzte, eigentlich ihre Vor-

gesetzten, hält sie an der kurzen Leine. Nach spätestens drei Monaten halten sie es nicht mehr aus und bitten um Versetzung, obwohl eine Einweisung in diese ihre eigene Anstalt zu diesem Zeitpunkt angebrachter wäre. Besonders viel Sorgfalt hat Ratched in das Casting dreier schwerer Jungs investiert, die ihr die renitenten Patienten – manchmal recht wörtlich – zurechtbiegen sollen.

Ein Gutes hat das alles: Schwester Ratched ließ die Bevölkerung in den Sechzigern und Siebzigern erschrocken aufhorchen: Ist die Situation in Amerikas Anstalten für Menschen mit psychischen Krankheiten wirklich mit jener in einer Militärdiktatur vergleichbar? Unter dieser neuen Beobachtung musste die Lage der Psychiatrie sich verbessern. Danke, Mildred. Dank Ihnen traut sich kaum ein Mitglied klinischen Personals mehr, offenkundig Machtgelüste an den ihm ausgelieferten Patienten auszuleben – wer will schon »Große Schwester« genannt werden? ■

VORNAME: Mildred
SPITZNAME: Große Schwester
HERKUNFT: USA
BERUF: leitende Krankenschwester
SCHWÄCHE: Zwänglichkeit
UNIFORM: steif (krachend an Faltstellen)
CHARMEFAKTOR: ★☆☆☆☆
HOFSTAAT: ★★★
FILMDARSTELLERIN: Louise Fletcher

71

BARON HARKONNEN

AUTOR: Frank Herbert
TITEL: *Der Wüstenplanet, Die Kinder des Wüstenplaneten*
(aus dem Amerikanischen von Ronald M. Hahn)
ORIGINALFASSUNG: ab 1965

»... Nun, der Baron Harkonnen pflegt sein Versprechen immer zu halten. Und ich habe Ihnen versprochen, sie von ihren Qualen zu erlösen, und die Erlaubnis erteilt, daß Ihnen das gleiche widerfährt. So sei es.«
Er gab Piter einen Wink.

Piters blaue Augen wurden glasig. Er bewegte sich mit der Geschmeidigkeit eines Raubtiers. Das Messer in seiner Hand blitzte wie eine Kralle, als es sich in Yuehs Rücken senkte. Der alte Mann richtete sich auf, ohne den Baron aus den Augen zu lassen.

»Sie werden Ihre Frau bald treffen«, zischte dieser.

Es sind ja die inneren Werte, die zählen. Gut für Baron Wladimir Harkonnen, den Gouverneur des lukrativen Wüstenplaneten Arrakis. Dessen Äußeres kann nämlich objektiv als widerlich bezeichnet werden. Infolge eines Giftattentats leidet der einstige fesche Jüngling an monströser Fettleibigkeit, sodass er sich nur mithilfe von Schwebeinstallationen in seinem Suspensorgürtel fortbewegen kann.

Was die inneren Werte betrifft, sieht es im Falle dieses grausamen Sadisten freilich nicht viel besser aus. Auf andere abstoßend zu wirken, errege ihn sowieso, erklärt der Baron einmal. Er genießt es, Gladiatorenkämpfe mit seinen Untertanen, aber auch mit um seine Nachfolge buhlenden Neffen auszutragen, und das Haus der Atreiden hasst er ohnehin auf Basis einer traditionellen Feindschaft der Adelshäuser seit Menschengedenken (und das will etwas heißen, denn wir schreiben hier das 11. Jahrtausend). Was er nicht weiß, ist, dass er von einem eugenisch motivierten Nonnenorden, den Bene Gesserit, längst dazu manipuliert wurde, mit dem verfeindeten Haus zu verschmelzen.

Dass wir Baron Harkonnen dennoch als Mann von Eleganz und Grundsätzen würdigen, liegt an seinen anderen Innenqualitäten: Belesen und empathisch, versteht er die Stärken und Schwächen seines Umfelds effektiv für sich zu nutzen. Einen gut gemachten Mordplan weiß er zu schätzen, auch wenn er gegen ihn selbst gerichtet war. Die Strafe muss dann eben umso tiefer treffen: Als sein Neffe Feyd ihm einen Lustknaben mit einem vergifteten Stachel im Oberschenkel vorbeischickt, heißt Wladimir ihn nach entdecktem Vorhaben seine Lieblingskonkubinen eigenhändig töten. Kenneth McMillans Darstellung in der Verfilmung durch David Lynch gibt dem Baron eine Muahaha-Komponente, die der phlegmatische Charakter im Buch gar nicht unbedingt pflegt.

In der noch von Frank Herbert selbst verfassten Fortsetzung *Die Kinder des Wüstenplaneten* wird der Baron wieder auftauchen, als heraufbeschworener Ahn seiner Enkelin Alia, der es sich in ihrem Gemüt gemütlich macht und beschließt, nicht mehr zu verschwinden – so hartnäckig, dass sie sich selbst das Leben nehmen muss, um den adeligsten aller Tinnitusse loszuwerden. Eine veritable Rache, denn am Ende des ersten Teils war ebendiese Alia Harkonnens Mörderin: Im großen Showdown machte sie ihm den Garaus. Ausgerechnet mit der Substanz, die die Nonnen benutzen, um zu prüfen, ob jemand Mensch oder Tier ist. Nun, Baron Wladimir ist Mensch. Immerhin diese Genugtuung wurde dem Unmenschen im Tode zuteil. ■

BERUF: Gouverneur und Gewürzhändler
BESONDERE KENNZEICHEN: massives Übergewicht
EMPATHIEVERMÖGEN: ★ ★ ★ ☆
SCHURKENTYP: eleganter Sadist
FORTBEWEGUNGSMITTEL: Suspensorgürtel
FEINDE: Haus Atreides und Haus Harkonnen (und überhaupt ziemlich alle)
FILMDARSTELLER: Kenneth McMillan, Ian McNeice

73

ZACARÍAS

AUTOR: Gabriel García Márquez
TITEL: *Der Herbst des Patriarchen*
(aus dem Spanischen von Curt Meyer-Clason)
ORIGINALFASSUNG: 1975

》》(...) und herein kam der hochwohllöbliche Divisions-
general Rodrígo de Aguilar auf einer silbernen Platte,
in seiner ganzen Länge auf einer Garnitur aus Blumenkohl
und Lorbeer ruhend, mariniert mit Gewürzen, im Ofen
goldgebräunt, zubereitet in seiner Uniform mit den fünf goldenen Mandeln für feierliche Anlässe und den zahllosen Tap-
ferkeitspaspelschnüren am Unterarm seines Ärmels, vierzehn
Pfund Medaillen auf der Brust und ein Sträußchen Petersilie
im Mund, beim Kameradschaftsbankett servierfertig für die
offiziellen Tranchiermeister angesichts der schreckverstei-
nerten Gäste, die wir atemlos der erlesenen Tranchier- und
Verteilzeremonie beiwohnten, und als jeder auf seinem
Teller einen gleichen Anteil des Verteidigungsministers mit
Pinienkernfülle und Duftkräutern liegen hatte, gab er den
74 Befehl zu beginnen, wohl bekomm's, Señores.

Und das ist passiert, wenn man dem Patriarchen die Macht abgraben wollte, wenn man ihm nicht treu genug war, dann wurde man eben gebraten und aufgetischt, als er noch rüstig und zornentbrannt war, wie so viele Diktatoren aus irgendeinem Grund zum cholerischen Temperament neigen, wobei man ihm, der Zacarías heißt, was er ein einziges Mal in diesem ganzen, aus wenigen, aber dafür sehr langen, langen, schier endlosen Sätzen bestehenden Roman gedankenversunken auf einen Zettel schreibt, sodass man ihm den Namen glauben kann, aber nicht muss, wobei man ihm also zugute halten kann, auch in diesem Falle aber nicht muss, dass er nur ein einziges Mal eigenhändig einen Mord begangen hat, an einer alten Frau, die ihm seinen natürlichen Tod in hohem Alter vorhersagte, der tatsächlich dann auch eintrat, allerdings zu einem Zeitpunkt, als der Herbst des Patriarchen schon weit fortgeschritten war, jene einsame Phase seines Lebens also, als seine Diktatur sich verselbstständigt hatte und er sich vor seinem Volk nicht mehr blicken ließ, so wie Fidel Castro vielleicht, aber anders, denn Castro liebten die Leute, und diesen Patriarchen in dieser späten Phase niemand mehr, woran er sich, ein verstörter Greis, dem die Aasgeier das Gesicht aus dem Schädel pickten, auch gar nicht mehr erinnern konnte, in der Phase seines großen Ruhmes, als er noch Dinge veränderte in dem nicht näher benannten karibischen »Scheißland«, etwa die Exekutionsmethoden (vorübergehend) vom Vierteilen zum elektrischen Stuhl hin zu modernisieren oder das Meer zwecks Schuldentilgung an die Amerikaner zu verkaufen, da war er noch berüchtigt und konnte es sich so einrichten, dass die Menschen ihm Liebe entgegenbrachten, weil er in die gefährlichen Gegenden einen Doppelgänger schickte, der erst beim siebenten Attentat ums Leben kam, und sich zur Vergewaltigung zwölfjährige Schulmädchen aussuchte, die er tatsächlich auch zu beglücken vermochte, dieser fiese Diktator, der, wie man sich denken kann, ein Konglomerat aus allen lateinamerikanischen Diktatoren darstellt, die García Marquez im 20. Jahrhundert erlebt hat, und auch wenn er am Ende seines Lebens leidet, dahinsiecht und verwest, so wünscht man ihm doch einen karibischen Frühling an den Hals oder einen Halleyschen Kometen, der als Einziger groß genug ist, ihm den Garaus zu machen, und tatsächlich, es funktioniert, der Patriarch ist tot, der Winter ist da. ◼

HERKUNFT: karibisches Scheißland
ALTER: ca. 107 bis 232
BERUF: Diktator
HOBBY: Domino
MANKO: Hodenbruch
TEMPERAMENT: cholerischer Herrscher
EIGENHÄNDIGE MORDE: ★☆☆☆☆
VORBILDER: Perón, Trujillo, Stroessner, Somoza, Cabrera, Pinochet u. v. a.

75

DIE VOGONEN

AUTOR: Douglas Adams
TITEL: *Per Anhalter durch die Galaxis*
(aus dem Englischen von Benjamin Schwarz)
ORIGINALFASSUNG: 1979

>> Was muß man tun, wenn man von einem Vogonen als Anhalter mitgenommen werden möchte? Man kann es sich aus dem Kopf schlagen. Sie sind eine der unausstehlichsten Rassen in der Galaxis – nicht direkt böse, aber mies gelaunt, bürokratisch, aufdringlich und gefühllos.

Es gibt die weltherrschaftssüchtigen Bösewichte, und es gibt diejenigen, die die Welt zerstören wollen – aber nicht einfach so, sondern weil es Vorschrift ist. Letztere sind Beamte, und das Schlimmste, was man über sie sagen kann, ist, dass sie verdammt gut sind in ihrem Job.

Als prominentester Obervogone fungiert Prostetnic Vogon Jeltz, der sadistischer und widerlicher ist als seine Mitvogonen und selbst diese gerne beleidigt und zur Schnecke macht. Die Vogonen, einst vom Planeten Vogsphere ausgezogen (von wo sie immer noch gerne Krabben importieren), wollen die Erde aus dem Weg haben, damit eine intergalaktische Autobahn gebaut werden kann. Sie sind Bürokraten wie Bulldozer, Schlägertypen wie Schläfertypen, Exekutoren des mobilen Fortschritts und der allumfassenden Korinthenkackerei.

Und dabei haben sie eine so poetische Seele. Stopp, ja, genau, wahrscheinlich ist *das* das Schlimmste, was man über die Vogonen sagen kann. Sie sind nämlich für die weltallweit drittschlechteste Lyrik verantwortlich. Und da sie richtig fies sind, kann es passieren, dass sie dich fesseln und dir ein Gedicht vortragen, das du dann auch noch in gewähltem Kritikervokabular preisen musst. Aus dem Raumschiff werfen werden sie dich trotzdem. Denn die Dichtkunst ist für sie kein Mittel, um unter der gefühlskalten, herzlosen Schale einen einfühlsamen Kern zum Vorschein zu bringen, sondern um die gefühlskalte, herzlose Schale besonders wirkungsvoll zur Schau zu stellen.

Ihre Raumschiffe, komische gelbe Planetenplanierraupendinger, sehen eher geronnen als designt aus. Sichtungen hässlicherer Objekte im Weltraum wurden zwar gemeldet, »aber nicht von zuverlässigen Zeugen«. Dabei sind die Vogonen selbst schon von konkurrenzfähiger Hässlichkeit: die Nase oberhalb der Augenbrauen, die massige Statur, die grünliche oder eher gräuliche Haut, die Stimme, die klingt wie jemand, der gurgelt, während er versucht, ein Rudel Wölfe abzuwehren.

Vielleicht darf man sich diese Vollstrecker nach der Radio- und Romanserie von Douglas Adams wie mit Wackelpudding überzogene Faultiere vorstellen, in denen auch Beethovens Fünfte keinerlei Gefühlsregung auslöst. Und vielleicht ist *das* ja das Schlimmste, was man über sie sagen kann. ∎

ANFÜHRER: Jeltz
HERKUNFT: Vogsphere
BERUF: intergalaktische Straßenbauamtsvollstrecker
FARBE: gräulich-grün
VERKEHRSMITTEL: gelbe Bulldozer-Dingsdis
LITERARISCHES TALENT: keines
SEXAPPEAL: wie ein Verkehrsunfall
SLOGAN: Widerstand ist zwecklos!
ERZFEINDE: Planeten

DER HERRSCHER

AUTOR: Ngũgĩ wa Thiong'o
TITEL: *Herr der Krähen*
(ursprünglich Giyuku, aus dem Englischen von Thomas Brückner)
ORIGINALFASSUNG: 2006

>> Diese Kammer war eine Mischung aus Museum und Tempel, und der Herrscher betrat sie jeden Morgen – nachdem er zunächst ein Bad im konservierten Blut seiner Feinde genommen hatte – ausgestattet mit Zeremonienstab und Fliegenwedel und schritt stumm umher, wobei er die Ausstellungsgegenstände in Augenschein nahm. Beim Hinausgehen drehte er sich gewöhnlich an der Tür noch einmal um, ließ einen kurzen Blick durch die Kammer schweifen und winkte mit höhnischer Geste triumphierender Verachtung den dunklen Löchern und grinsenden Zähnen zu, an deren Stelle sich früher Augen und Münder befunden hatten.

In sechs Bücher hat Ngũgĩ wa Thiong'o seine monumentale Romankomödie unterteilt, und alle haben sie Dämonen im Titel: männliche, weibliche, bärtige Dämonen, Dämonen in Warteschlangen usw. Das Böse ist hier etwas, das von den zahlreichen machtbesessenen und gierigen Cholerikern, die die Freie Republik Aburiria bevölkern, auf undurchschaubare Götterwelten projiziert wird. In Wahrheit sitzt ihnen die Niedertracht selbst im Blute und verschleiert, was an Weitsicht oder Intelligenz noch da sein könnte. Am allermeisten gilt das für den Despoten himself, den imposanten Herrscher von Aburiria, dessen Namen keiner kennt und an dessen Amtsantritt sich niemand mehr erinnern kann. Man munkelt, er berherberge die Dämonen in einer Kammer im State House.

Die eigene Frau hat er weggesperrt und mit Tonaufnahmen seiner Reden gefoltert, als sie kritisierte, dass er sich Schulmädchen ins Schlafgemach bringen ließ. Während die Bevölkerung hungert, will er sich buchstäblich ein Denkmal setzen: Sein Land soll im All das Monopol der Amerikaner brechen, und zwar nicht mit Raumschiffen, sondern mit einem gigantischen Turm, der das Himmelszelt durchbricht. »Marching to Heaven« nennt er die Idee, und alle einflussreichen Männer stehen Schlange für Posten in dem fantastischen Bauprojekt.

Um es sich finanzieren zu lassen, fährt der Herrscher nach New York, um dort die Global Bank und eine Reihe von Botschaftern zu überzeugen, während daheim in Aburiria ein junger Arbeitsloser sich eher zufällig zu einem sagenumwobenen Zauberer, dem Herrn der Krähen mausert,

der das Selbstbewusstsein der afrikanischen Machtmenschen gehörig durcheinanderbringt. Diese werden auf einmal von der Weißen Krankheit befallen, die im Prinzip nichts anderes ist als ein Minderwertigkeitskomplex gegenüber dem ach so demokratischen Westen.

Auch der Herrscher selbst zieht sich plötzlich ein merkwürdiges Leiden zu, das sein Schurkenstaatsmännertum satirisch brilliant auf den Punkt bringt: Er bläht sich auf, verliert die Bodenhaftung und schwebt wie ein grotesker Ballon über seinen ratlosen Beratern. Als er dann, vom Westen unter Druck gesetzt und in seiner Bedeutungslosigkeit bestätigt, wieder gesund wird, erklärt er dem Volk: »Ich war schwanger.« Geboren habe er Baby D, ein Symbol für die Mehrparteiendemokratie, die er hiermit einführe. Freilich wissen wir aus der Geschichte, derer sich der Kenianer Ngũgĩ wa Thiong'o hier bei aller Zauberei geschickt bedient: Wenn ein Despot mit der D-Keule kommt, heißt das noch lange nichts. ■

NAME: irrelevant
RUFNAME: Seine Allmächtige Vortrefflichkeit
HERKUNFT: Freie Republik Aburiria
BERUF: Diktator
REGIERT SEIT: Ewigkeiten
LIEBLINGSZAHL: sieben
SLOGAN: »Wer die Macht hat, hat das Recht«
SUPERMACHT: kann fliegen (oder so)
PRESTIGEPROJEKT: »Marching to Heaven«
VORBILD: Daniel arap Moi, Kenia

79

Die
Berserker

Wo es etwas zu schlachten
oder niederzumetzeln gibt,
sind sie zur Stelle und spucken Galle. Sofort bereit, in
den Kampf zu ziehen, lassen
sie den Verstand oft zu Hause.

ENKIDU

AUTOR: womöglich Sîn-leqe-unnīnī
TITEL: *Das Gilgamesch-Epos*
(aus dem Babylonischen von Alfred Jeremias)
ORIGINALFASSUNG: spätestens 18. Jh. v. Chr.

》》Enkidu, dir, der du das Leben nicht kennst, / Will ich Gilgamesch zeigen, den so ungleich Gestimmten! / Sieh ihn, schau auf sein Angesicht: / An Männlichkeit schön ist er, Würde hat er, / An Fülle überreich an seinem ganzen Leibe; / Stärke, gewalt'gere, hat er denn du, /Ohne Ruhe bei Tag und bei Nacht.

Während die Zivilisation sich noch selbst zu finden sucht, ist es schwierig, eine Einteilung in Gut und Böse zu treffen. Im sehr, sehr alten *Gilgamesch-Epos* geschieht das auf eine erfrischend unvoreingenommene Art auch tatsächlich nicht, und dennoch haben wir Enkidu zunächst als den typischen Gegenspieler eingespeichert: ihn, den der mächtige König von Uruk als Antithese zu sich selbst erträumte, um ihn sich dann heranzuzivilisieren.

Bald schon werden Gilgamesch – selbst als Tyrann aus heutiger Sicht nicht unbedingt ein Sympathieträger – und Enkidu Freunde sein. Aber zuvor muss das urwüchsige Naturwesen, das sie »Sprössling der Stille«, »Maulesel auf der Flucht«, »Wildesel aus dem Gebirge« und manchmal auch »Panther aus der Steppe« rufen, erst mal ein richtiger Mensch werden: ein recht schmerzhafter, immerhin aber durch tagelanges Liebesspiel mit der entzückenden Tempeldienerin Schamchat versüßter Prozess, der die Frage aufwirft: Was ist schurkischer? Das Viehische, Unkontrollierte? Oder die Überforderung durch das berechnet Zivile, das sich beispielsweise im Genuss von Bier manifestiert?

Doch der Reihe nach: Geboren ward Enkidu aus Lehm, geformt von seiner »Mutter«, der göttlichen Aruru. Zu zwei Dritteln Mensch, zu einem Drittel Gott verkörpert er einen höhnischen Protest gegen die im 2. Jahrtausend v. Chr. freilich noch nicht einmal erahnte Logik der Vererbungslehre. Zunächst findet er sich in der Tierwelt heimisch, läuft bevorzugt »mit dem Wild in der Steppe herum« und legt sich mit dem menschlichen Fallensteller an, dessen verantwortungsvolle Aufgabe als erster Jäger der Literaturgeschichte durch Enkidus Tierliebe sabotiert wird.

Dann beginnt die königliche Gehirnwäsche, exekutiert durch eine Frau: Schamchat, die ihm von Gilgamesch, von der Stadt, von den Menschen erzählt. Enkidu wird seinem Gegenstück Gilgamesch immer näher herangeführt. Die Begegung mündet konsequenterweise in einen Kampf mit unentschiedenem Ausgang. Danach ziehen die beiden Kumpel – sogar Brüder, weil Gilgameschs Mutter Enkidu adoptiert – gemeinsam um die Häuser. Dass Enkidu sich mit fatalem Ausgang gegen die eigenen Ursprünge wendet und den Himmelsstier massakriert, sein Inneres ausweidet, wird ihm letztlich zum Verhängnis: Die Götter »lehmen« ihn wieder, er zerfällt zu Staub.

Und was lernen wir daraus? Wild soll wild bleiben? Mensch und Natur sind auf ewig unvereinbar? Der epischen Verstörung jedenfalls ist Enkidu schuldig zu sprechen. ∎

NAMENSBEDEUTUNG: Mann der guten Erde
BEINAME: Sprössling der Stille
MUTTER: Aruru
HERKUNFT: Babylonien
STOFF: Lehm
TIERE: Maulesel, Wildesel, Panther
BEHAARUNGSFAKTOR: ★★★★
MENSCHLICHKEITSFAKTOR: ★★☆
ANTITHESE: Gilgamesch

83

TURNUS

AUTOR: Publius Vergilius Maro
TITEL: *Aeneis*
(aus dem Lateinischen von Wilhelm Plankl)
ORIGINALFASSUNG: 19 v. Chr.

》》Über ihn tritt nun Turnus und rief:
»Arkader, merket wohl auf und bringet mein Wort dem
Euander!
Wie er den Pallas verdient, so send ich ihn, gerne gewährend,
Was an Ehre das Grab, an Trost die Beerdigung bietet.
Teuer bezahlt er fürwahr die Freundschaft mit seinem Aeneas.«
Also sprach er und trat mit dem linken Fuß auf den Toten,
Raubte den Gürtel sodann, den herrlichen mit dem Gepräge
Jener greulichen Tat, wie in einer schrecklichen Brautnacht
Graunhaft fiel der Jünglinge Schar, und die blutigen Kammern,
Eingemeißelt in Gold von Eurytus' Sohne, dem Klonus.
Dieses errungenen Raubes frohlockt nun Turnus als Sieger.

Das gehört sich wirklich nicht: den übermütigen Duellaufruf eines eindeutig unterlegenen Jünglings annehmen, ihm unter großmäuligem Geschimpf die Brust spalten, dann ihn auch noch verhöhnen, seine Kleidung stehlen und seinen Leichnam mit Füßen treten. Da geschieht es nur recht, dass Turnus, König der Rutuler, später aus ähnlich impulsivem Jähzorn heraus die Rache des Aeneas, des Freundes des gefallenen Pallas, in die Brust gestoßen bekommt, stets brav im Hexametersound: »Pallas nimmt am Blut, dem verruchten, die Rache!«

Niemand behauptet, dem Turnus sei immer Gerechtigkeit widerfahren. Die eigentlich seit jeher ihm versprochene Lavinia geht plötzlich auf Befehl ihres Vaters an einen zugereisten Trojaner, da kann einem schon der Kragen platzen. *Furor impius* heißt das bei den alten Römern: gottlose Tollwut, unheilige Raserei. Turnus ist kein überlegter Stratege, nicht der Typ gerissener Intrigant, sondern im Gegenteil: ein wilder Stur- und Hitzkopf, der erst nach- und die Frau freigibt, als er schon tödlich verletzt im Staube liegt. Als zweiter Achilles ist er bezeichnet worden, ein ebenso aufbrausender Grieche, nur, soweit man weiß, mit zwei völlig intakten Fersen.

Manchmal ist der rasende Rutuler vielleicht selbst überrascht ob seiner cholerischen Überreaktion, hängt er doch stark am Rockzipfel seiner Schutzgöttin. Juno, die Gattin des Jupiter, hat einen Narren an ihm gefressen, steht ihm zur Seite und stachelt ihn zu feindseligen Handlungen an.

Mehrmals muss sie ihm das Leben retten, weil er in seinem Heldenmut etwas zu weit in trojanische Gefilde vorgedrungen ist und dort die Klappe zu weit aufgerissen hat: »Auf denn, wohnt in der Seele dir Mut, dann schreite zum Zweikampf«, provoziert er da. Der Gegner lässt sich das nicht zweimal sagen, sodass Juno dessen Lanze »aus verwundender Bahn« lenken muss, »und der Speer blieb stecken am Tore«. Nicht an dem rechten Tor freilich, als der Turnus sich hier präsentiert. Ein andermal lockt ihn die Göttin mit einem Trick in Sicherheit. Was den Wilden nur noch wütender macht. Peinlich, das! Dreimal will er sich das Schwert selbst in die Rippen rammen, und dreimal ist Mami zur Stelle und rettet den Zornigen vor sich selbst. ∎

HERKUNFT: Griechenland
VOLK: Rutuler
BERUF: König
SCHUTZGÖTTIN: Juno
SCHWÄCHE: Muttersöhnchen
KOPF: heiß
SCHÖNHEIT: ★★★★☆
ERZFEIND: Aeneas

GRENDEL

AUTOR: *a learned man writing of old times* (Zitat J.R.R. Tolkien)
TITEL: *Beowulf*
(aus dem Altenglischen von Martin Lehnert)
ORIGINALFASSUNG: 8. Jh.

» Da war am Morgen mit Tagesanbruch / Grendels Kampf-kraft den Männern unverborgen. / Da wurde nach dem Festmahl Klage erhoben, / ein großes Morgengejammer. Der berühmte Fürst, / der altgute Edeling saß unfroh, / duldete, kraftvoll, trug Degensorge, / nachdem sie des Bösen Spur gesehen hatten, / des elenden Geistes. Das Leid war zu stark, / abscheulich und langwährend. Nicht war es eine längere Frist, / sondern nach einer Nacht führte er wiederum / mehr der Mordtaten aus – und er trauerte nicht deswegen –, / Feindschaft und Frevel; er war zu fest in ihnen.

Das *Beowulf-Epos* aus dem alten, dem sehr alten England ist so ein Werk, über das wenig wirklich bekannt ist und über das daher wesentlich mehr Worte der Spekulation geschrieben wurden, als im eigentlichen Text enthalten sind. Der ultimative Gegenspieler ist trotzdem da, denkbar simpel: ein Ungeheuer, geschaffen im Geiste Kains, der den Abel erschlug.

Auf Abbildungen sieht Grendel ein bisschen aus wie King Kong (oder Frankensteins Monster), Beschreibungen machen ihn zum skandinavischen (Riesen-)Troll, und der hehre Held Beowulf muss aus Schweden anreisen, um ihm im Moore den Garaus zu machen.

Das tut er auch und braucht dazu gut 100 Verse, dann ist der sogenannte »Grendelkampf« zu Beowulfs Gunsten entschieden. »Gottes Zorn« als Waffe hat dem Monster nicht gereicht, und auch, dass mit einem unheimlichen Licht im Auge »trottete auf den bunten Boden der Feind«, kann Beowulf nicht schockieren. Er reißt dem Armen den Arm aus, der als Trophäe dient und eine Schulterwunde hinterlässt, mit der sich der tödlich Verwundete davon-, genau: -trollt.

Und was macht man als großes, gefährliches Scheusal, wenn man nicht mehr weiterweiß? Man schickt seine Mami in den analog so betitelten »Grendelmutterkampf«. Die hält schon mehr als 600 Verse durch, bis sie vom tapferen Schlächter mithilfe eines zufällig genau im richtigen Moment bereitstehenden Wunderschwertes heldenhaft beseitigt wird. Ebenfalls zufäl-lig im Weg liegt dann Grendels Leiche, die sicherheitshalber noch enthauptet wird.

Experten vermuten, dass der Name Grendel sich auf »grindan«, »grindel« bezieht, was Zähneknirschen bedeutet und auf ein effizientes Werkzeug zum Hervorrufen von Schrecken hinweist. Der amerikanische Autor John Gardner erzählte die Geschichte 1971 aus Grendels Sicht, die 1981 als Animationsfilm und 2006 als Oper erschien (jeweilige Titel: *Grendel, Grendel Grendel Grendel* bzw. *Grendel, Transcendence of the Great Big Bad*). In einer anderen Verfilmung hat der Unhold gar so etwas wie eine Freundin, die Hexe Selma. Ob das dem unbekannten Verfasser des *Beowulf-Epos* gefallen hätte? ■

HERKUNFT: Jütland
BERUFUNG: Ungeheuer
MARKENZEICHEN: Zähneknirschen
LIEBLINGSLIED: Trollalala
SCHWÄCHE: Muttersöhnchen
ANZAHL DER ARME: ungerade
VORBILD: Kain
ERZFEIND: Beowulf

87

HAGEN VON TRONJE

AUTOR: ungeklärt
TITEL: *Das Nibelungenlied*
(aus dem Mittelhochdeutschen von Siegfried Grosse)
ORIGINALFASSUNG: 13. Jh.

>> Da der Herr Siegfried an der Quelle trank, traf Hagen ihn durch das Zeichen hindurch mit dem Speer, daß sein Herzblut im hohen Bogen aus der Wunde an Hagens Wams spritzte. Eine so schwere Untat kann heute kein Held mehr begehen.

Hagen ließ ihm den Speer im Herzen stecken. Er selbst wendete sich in solch rasender Hast zur Flucht, wie er niemals vor einem Menschen geflohen war.

Treue schützt nicht vor einem düsteren Gemüt. Loyalität, schön und gut, aber zu wem? Wozu? Hagen von Tronje ist der Unbeugsame der germanischen Sagenwelt. Im *Nibelungenlied* zumindest fungiert er als konsequent konservativer Held – beziehungsweise Antiheld. So wechselten die Nazis nach der verlorenen Schlacht von Stalingrad 1943 schlagartig ihre Sympathien in Bezug auf ihr »Nationalepos« – aus »Team Siegfried« wurde »Team Hagen«.

Am Hof in Worms dient dieser Hagen dem König ohne Furcht und Tadel, dafür mit Rat und Tat. Dabei ist ihm die Wahrung des Status quo so wichtig wie physischer Besitz. Der Nibelungenhort, jener Schatz, dessen der wackere Siegfried habhaft geworden ist, ist Hagens Begehr. Um diesen zu erlangen, ist er zwar bereit, nach den Sagenbegriffen des 13. Jahrhunderts (und die Sage selbst ist ja noch viel älter) heldenhaftes Verhalten an den Tag zu legen, spitzt dabei aber etwas zu sehr und zu offensichtlich auf den Nachruhm, den ihm das bringen könnte.

Dabei trägt er die Nase doch recht hoch: Einst als Geisel an den Hunnenhof Etzels (Attilas) entsandt, ist sich der stolze Hagen (siehe: Hagestolz!) heute für simple Botengänge zu gut. Obendrein hat er, was man heute ein Frauenproblem nennt: Die Aussicht, Gefolgsmann einer Köni*gin* sein zu müssen – geht gar nicht. Peinlicherweise wird ebendiese Frau am Ende auch seine Mörderin sein: Kriemhild erschlägt Hagen symbolgeladen mit dem Schwert ihres Siegfrieds, den er auf dem Gewissen hat, quasi durch ihre Schuld, weil sie ihm seine einzige verwundbare Stelle verriet. Umgekehrt gründet die Feindschaft zwischen Hagen und Siegfried auf dessen uncharmanter Überwindung der Brünhild, die nach Rache verlangt. Da haben wir es wieder: Galantes Rittertum schützt vor gestrigem Sexismus nicht.

Die längste Zeit aber – und Hagen bekommt im *Nibelungenlied* immerhin doppelt so viel Erzählzeit zugesprochen wie sein Widersacher mit dem letztlich irreführenden Namen Siegfried – darf er sich als tapferer Kämpfer und schlauer Stratege präsentieren. Besagter erfolgreicher Anschlag ist eine berühmte Mischung aus List und Tücke: Letztere, weil er den Gegner schließlich von hinten angreift und dann Hals über Kopf davonläuft.

Dann gibt es noch jede Menge andere Sagen mit Hagen: Die Biografie variiert jeweils leicht, das Heldentum bleibt mehr oder weniger präsent. Im nach ihm benannten Epos-chen des Wolfgang Hohlbein aus dem 20. Jahrhundert schließlich scheint *Hagen von Tronje* vollständig rehabilitiert: ein gutmütiger Freund und Diener, der auf eigene Herrschaft verzichtet und ein bisschen schwermütig daherkommt. ∎

ALTERNATIVNAME: Hagen von Troja
VOLK: Burgunden
BERUF: Ritter
SCHWÄCHE: Gier
ISMUS: Sexismus
ERZFEINDE: Siegfried, Kriemhild
GRÖSSTER FAN: Wolfgang Hohlbein
FILMDARSTELLER: Julian Sands

BRIAN DE BOIS-GUILBERT

AUTOR: Walter Scott
TITEL: *Ivanhoe*
(aus dem Englischen von Christine Hoeppener)
ORIGINALFASSUNG: 1820

》》Bois-Guilbert wandte sein unentschlossenes Gesicht Rebecca zu und rief dann mit einem wütenden Blick auf Ivanhoe: »Hund von einem Angelsachsen! Nimm deine Lanze und bereite dich auf deinen Tod vor, den du auf dein Haupt herabgezogen hast!«

Wie so oft nach dem Schwunge großer Worte: Eine Buchseite später ist Brian de Bois-Guilbert tot, und man wird von ihm sagen: »Unverwundet von der Lanze seines Feindes war er als Opfer seiner eigenen heftigen und widerstreitenden Leidenschaften gestorben.« Der zornige Antagonist ist einfach vom Pferd gefallen.

Ähnlich wie sein germanischer Kollege Hagen von Tronje verdient der englische Tempel- und Kreuzritter

Bois-Guilbert (französisch mutet der Name nur aus einer damaligen Adelsmarotte heraus an: *noblesse oblige,* sich zu französisieren, wo's nur geht) zunächst Vorschusslorbeeren: Er ist ein stolzer und furchtloser Ritter. Wenn es zu kämpfen gilt, wird gekämpft. Man könnte das aber – wieder wie bei Hagen – auch anders ausdrücken: Er hat seine Galle nicht unter Kontrolle.

Zum Beispiel was Frauen betrifft: Aufbrausend und fatalistisch schwor er einst der Liebe ab, als die Französin Adelaide trotz mannhafter Versuche seinerseits, vor ihr als stolzer Kreuzzügler Eindruck zu schinden, einem Kleinbauern aus der Nachbarschaft den Vorzug gab. Kaum erblickt er die gütige und strahlend schöne Rebecca, ist es um die heilige Abstinenz geschehen, und er entführt sie. Dass er sie nicht sofort vergewaltigt und (theoretisch) bereit ist, alles für seine Geliebte zu opfern, wird gemeinhin als rehabilitierende Eigenschaft dieses sonst doch ziemlich finsteren Bösewichts ins Feld geführt. Stattdessen versucht er, sie zu megalomanen Weltherrschaftsabenteuern zu überreden, lässt zu, dass sie unschuldig einen Hexenprozess an den Hals gehängt bekommt, und beleidigt in einem fort ihr Volk, die Juden – genau, Antisemit ist er auch.

Noch mehr als die Juden hasst Bois-Guilbert die Sachsen, die in Walter Scotts halb historisch verbrieftem, halb Robin-Hood-inspiriertem Bestseller (Robin und Bruder Tuck kommen sogar persönlich vor!) ihrem geschassten König Richard Löwenherz auf den englischen Thron zurückhelfen wollen, den ein gewisser Johann Ohneland usurpiert hat.

Brian wirft die sächsischen Kollegen mit auf Kreuzzügen versklavten »Untermenschen« aus anderen Völkern in einen Topf: »Ich bin gewohnt, mit solchen Gemütern umzugehen. Unsere türkischen Gefangenen sind heftig und halsstarrig wie Odin selbst; doch zwei Monate in meinem Haushalt unter der geschickten Behandlung meines Sklavenaufsehers haben sie demütig, unterwürfig, dienstwillig und gehorsam gemacht. Allerdings muß man sich in Acht nehmen vor Gift und Dolch, denn sie benutzen beides nach Belieben, wenn man ihnen nur die geringste Gelegenheit bietet.«

Ein grantiger Schwarzseher und tollpatschiger Romantiker mit Schwert und Pferd. In einem Clint-Eastwood-Film könnte dieser Charakter am Ende sein Herz öffnen und der wahre Held sein. Hier jedoch sind wir bei Sherwood Forest, nicht Eastwood Clint, in einem guten alten klassischen Ritterroman. Da bleibt böse böse. ∎

HERKUNFT: England

BERUF: Tempelritter

HAUSTIER: Pferd

BESONDERES KENNZEICHEN: mörserförmiger Hut

SONNENBRÄUNE: ★★★★★

WELTHERRSCHAFTSFAKTOR: ★★★☆☆

ZORNFAKTOR: ★★★★☆

CHARME: ★☆☆☆☆

ERZFEIND: Sir Wilfred of Ivanhoe

91

JACK MERRIDEW

AUTOR: William Golding
TITEL: *Herr der Fliegen*
(aus dem Englischen von Hermann Stiehl)
ORIGINALFASSUNG: 1954

>> Jack achtete seiner nicht, hob den Speer und begann laut zu rufen.

»Alle mal herhören! Ich und meine Jäger, wir sind da hinten am Strand bei einem flachen Felsen. Wir jagen und haben zu essen und spielen. Wenn ihr in meinen Stamm eintreten wollt, dann kommt mal rüber. Vielleicht lass ich euch mitmachen. Vielleicht auch nicht.«

Er hielt inne und blickte sich um. Unter seiner Farbmaske war er frei von Scham und Befangenheit und konnte jeden Einzelnen fest ansehen.

Mit Kriegsbemalung Indianer spielen und ein bisschen am Strand auf die Jagd gehen, wer will den präpubertierenden Buben diesen Spaß denn nehmen? Doch ist das hier schon längst kein Spaß mehr, bevor die Buben das überhaupt realisieren. Sie sind mit dem Flugzeug ins Meer gestürzt und haben sich auf eine Insel gerettet, dort in einem Anfall instinktiver Demokratie den klugen Ralph zum Anführer gewählt und erfreuen sich nun ihrer Freiheit, bis sie halt hoffentlich irgendwann jemand findet.

Nur Jack Merridew kann und will das nicht so einfach mitansehen, denn im behüteten, zivilisierten Leben war er es, der der Gruppe der Sängerknaben vorstand. Also kommt es erst unterschwellig, dann immer offener zu einem Machtkampf. Die Gruppe spaltet sich, Jack versammelt einen Gutteil der Jungs hinter sich, einige bleiben auf Ralphs Seite, andere sind unentschlossene Wechselwähler.

Denn wie das gesamte Buch eine Allegorie auf das Menschsein, eine Symbolik der Gruppendynamik ist, lässt sich auch Jack mit den Populisten der heutigen Politik vergleichen. Die lautstarke Opposition, die Proteststimmen durch schamlose Anbiederung an die niederen Instinkte der Bevölkerung akquiriert, fällt einem schnell einmal ein, wenn man die Agenda des Jack Merridew verfolgt. Während Ralph mit dem dicklichen und kurz-, aber im Vernunftsinne weitsichtigen Piggy einen weisen Berater um sich weiß, holt Jack diejenigen zu sich, die jagen wollen, die Spaß daran finden, ein Wildschwein mit lautem Triumphgeheul zu erlegen, und die schnell auf die Angst eingehen, die er schürt: ein blutrünstiges Ungeheuer befinde sich auf der Insel, Aufrüstung sei angesagt.

Jack symbolisiert das Irrationale, den Raubtierinstinkt im Menschen. Kein Wunder, dass dieser Aspekt immer stärker überhandnimmt, je länger die Buben von der Zivilisation entfernt sind. Folter und Bestrafung werden zu den Instrumenten von Jacks Politik, was Todesopfer fordert und letzten Endes zu Krieg und Mordkomplotten führt.

Die symbolische Entmenschlichung wird dabei durch ihre Schminke sogar äußerlich manifest: Immer dicker wird die Kriegsbemalung, immer unkenntlicher die kindliche Unschuld, die – so William Goldings Botschaft – ohnehin nur eine durch die Gesellschaft aufgezwungene Maske ist. Der Jäger wird selbst zum Biest. Als die überlebenden Buben am Ende doch noch aufgefunden werden und in Tränen ausbrechen, da sie nun wieder Kinder sein dürfen, wird das eine kurze Erleichterung sein. Der hässliche Ernst des Erwachsenenlebens hat, ein bisschen früher als sonst, längst begonnen. ∎

HERKUNFT: Großbritannien

FUNKTION: einst Chorleiter, nun Choleriker

HOBBY: Make-up-Kunst

ALTER: einer von den Großen

HAARFARBE: rot

VEGETARISMUS: ☆☆☆☆☆

WAFFE: Speer

WAHLSPRUCH: »Vielleicht lass ich euch mitmachen. Vielleicht auch nicht.«

ERZFEIND: Ralph

YU ZHAN'AO

AUTOR: Mo Yan
TITEL: *Das rote Kornfeld*
(aus dem Chinesischen von Peter Weber-Schäfer)
ORIGINALFASSUNG: 1986

》》Ein Rudel aasfressender Hunde kauerte im Feld, sie
starrten Vater und Kommandanten Yu aus glühenden
Augen an. Kommandant Yu zog die Pistole und feuerte; ein
Paar Augen schloß sich. Noch ein Schuß, noch ein Paar Augen. Aufheulend stoben die Hunde auseinander, dann, außer Schußweite, kauerten sie auf den Hinterläufen, begann-
nen wütend zu bellen und starrten gierig lechzend auf die
Leichen. Der ekelerregende Geruch wurde immer stärker.

》Japanische Hunde!« schrie Kommandant Yu. Er leerte das
94 Magazin seiner Pistole, und die Hunde verschwanden spurlos.

Hilfe! Was tun mit diesem Yu? Einerseits ist er der Großvater des Ich-Erzählers, und Großvätern muss man mit Respekt und wohliger Wollwestennostalgie begegnen. Außerdem hat er diese geradezu kitschige Liebesgeschichte mit der Dai Fenglian laufen: er Sänftenträger, sie Landwirtschaftserbin und, hach, wunderschön! Durch Charme und Schlagfertigkeit gewinnt er ihr Herz und schwängert sie im roten Hirsefeld; Scherze, wie dass er die heimische Schnapsproduktion mit einem Schuss Eigenurin veredelt, sind ein schlimmstenfalls pubertäres Extra. Jedoch bleibt das halt nicht Opis einziger Schuss. »Kommandant Yu feuerte noch einen Schuß ab. Diesmal war er so laut, daß es schien, als bebe die Erde und der Himmel erzittere. Die Kugel traf eine Hirsepflanze und riß ihr die Rispen vom Stengel wie einen Kopf vom Körper.« Auch das ist eigentlich noch harmlos, nimmt aber die krasse Brutalität vorweg, mit der hier im Bürgerkrieg der Chinesen gegen die Japaner agiert werden wird.

Yu Zhan'ao wird Dai Fenglians Familie abfackeln, um die Mutter seines Kindes auch wirklich heiraten zu können. Den Räuberhauptmann Blatternacken wird er auch umbringen, aber nur, um seinen Platz einnehmen und raubend und brandschatzend durch die Landschaft Nordost-Gaomis ziehen zu können. Bald schon wird er seine blutig erkämpfte Frau mit der Dienstmagd betrügen. Und als dann die Hunde kommen – ein wenig subtiles, aber umso bildgewaltigeres Symbol für die Japaner –, wird er als patriotischer Kommandant seiner Kampftruppe dafür sorgen,

dass das rote Kornfeld auch dann in Rot getränkt wäre, würden dort blaue Veilchen wachsen.

Die Japaner werden hier als rücksichtslose kannibalistische Killermaschinen und Vergewaltiger dargestellt. Nach dieser Logik muss man Zhan'aos Einsatz im Freiheitskampf würdigen. Dass er selbst als Räuber, Schießnarr, Mörder, Schnapspisser und Ehebrecher ein Schurke ist, darauf kann man sich trotzdem einigen. Wie man das aber als Leser finden soll – Juhu-Schurke wie Felix Krull oder Buh-Schurke wie Fürst Ravana –, das lässt Mo Yans berüchtigter (und berühmt verfilmter) Roman auf betörende Weise offen.

Bei der Entscheidung helfen auch nicht die vielen drastischen und in ihrer grotesken Körperlichkeit komischen Szenen, beispielsweise Yus Versuch, mitten im Kampf seinen Hodensack zuzunähen. ■

HERKUNFT: China
BERUF: Sänftenträger, Räuberhauptmann, Kommandant
WITZ: ★★★★☆
PATRIOTISMUS: ★★★★★
HANDWERK: Hodensacknähen
GETRÄNK: angereicherter Schnaps
ERZFEINDE: Blatternacken, die Japaner
FILMDARSTELLER: Wen Jiang

Die Egoschweine

Ego, ergo Schurke. Vielleicht
wären sie gar nicht so böse,
wenn sie sich nicht selbst
so besonders lieben – oder
besonders liebevoll
hassen – würden.

RASKOLNIKOW

AUTOR: Fjodor M. Dostojewskij
TITEL: *Verbrechen und Strafe*
(aus dem Russischen von Swetlana Geier)
ORIGINALFASSUNG: 1866

》》 Wenn jemand um seiner Idee willen sogar eine
Leiche in Kauf, sogar Blutvergießen auf sich nehmen
muß, so sollte er, meiner Meinung nach, in seinem Herzen,
im Einklang mit seinem Gewissen, sich erlauben dürfen,
Blut zu vergießen – allerdings nach Maßgabe seiner Idee,
was ich zu beachten bitte. Nur in diesem Sinne spreche ich
in meinem Artikel von ihrem Recht auf Verbrechen.

Rrr! Wie das schon klingt: Rodion Romanowitsch Raskolnikow, ein gefährlicher Löwe! Oder doch eine armselige kleine Laus? Eine durchaus entscheidende Frage, die rabiat rotiert im Kopf des Petersburger Studenten, nachdem er 1.) einen Artikel veröffentlicht hat, wonach es gewöhnliche Menschen und außergewöhnliche Menschen gebe, wobei Letztere mehr dürfen sollten als Erstere; 2.) in einer Mischung aus Geldnot und dem Drang, diese These irgendwie in die Praxis umzusetzen, eine alte Frau und ihre Schwester mit einem Beil erschlagen hat.

Niemand kann behaupten, RRR habe kein schlechtes Gewissen; ganz krank macht es ihn, und die alte Pfandleiherin erscheint am helllichten Tag vor seinem geistigen Auge. Die Übermensch-Untermensch-Philosophie vertritt er sich selbst und anderen gegenüber trotzdem immer wieder wortreich. Raskolnikow ist eine dieser faszinierenden Hauptfiguren, mit denen wir von Anfang an mitleiden, um uns nach Hunderten von Seiten plötzlich zu fragen, warum eigentlich? »Je klüger der Mensch, desto weniger ist er darauf gefaßt, daß eine simple Kleinigkeit ihm zum Verhängnis wird«, erklärt ihm einmal sein Freund. Und ist Raskolnikow, den die zarte Sonja ebenso umschwärmt wie ein besorgter Pulk an Nachbarn und Studienkollegen, überhaupt wirklich so klug?

Klug genug zumindest, dass Unmengen an komplexen Gaunerepigonen sich ein Beispiel an ihm genommen haben. Du willst eine Figur kreieren, die nicht plakativ böse ist, aber doch den Niederungen des Menschseins erliegt? Lass dich von Rodion Romanowitsch inspirieren. Das galt für Woody Allens Chris Wilton in *Match Point*, aber auch für manch eine Geschichte, die den perfekten Mord zum Thema hat: einen Mord, der deshalb perfekt ist, weil sein wirkliches Motiv in abstrakten ideologischen Spielereien liegt, etwa im Stück *Rope* von Patrick Hamilton, das Hitchcock 1948 verfilmte.

»Wer sich über die höchste Schranke hinwegsetzt, der ist für sie der Gesetzgeber, und wer das meiste wagt, der hat das größte Recht!«, ruft Rodja. Große Worte, die vermuten lassen, dass der junge Mann wahrscheinlich mit dem Ensemble von Ayn Rands *Der Streik* ganz nett einen Schnaps trinken könnte (obwohl, denen ist er vielleicht zu arm). Sein reales Umfeld interessiert sich nicht wirklich dafür. Sie verstehen ihn nicht, sie sind eben zu gewöhnlich, gehören nicht der Kategorie an, die das Talent hat, »ihrer Mitwelt ein neues Wort zu sagen«, ja, nicht einmal ein solches gutzuheißen. Deshalb stellt sich der Mörder nach viel Ermittlungsarbeit und gutem Zuspruch widerwillig. Mithilfe seiner Sonja findet er in der sibirischen Verbannung ein bisschen von seinem hohen Ross herunter. Aber so richtig reumütig ist der räudige Rodion Romanowitsch nicht. ∎

VORNAMEN: Rodion Romanowitsch

NAMENSBEDEUTUNG: zerspalten, knacken

BERUF: Bummelstudent

WAFFE: Beil

HOBBY: Besserwisser

PHILOSOPHIEFAKTOR: ★★★★★

WELTHERRSCHAFTSFAKTOR: ★★★☆☆

ERZFEIND: Ermittlungsrichter Porfirij

DORIAN GRAY

AUTOR: Oscar Wilde
TITEL: *Das Bildnis des Dorian Gray*
(aus dem Englischen von Ingrid Rein)
ORIGINALFASSUNG: 1891

»Wie traurig das ist! Ich werde alt werden und hässlich und abstoßend. Dieses Bildnis dagegen wird immer jung bleiben. Es wird nie älter sein, als es heute, an diesem bestimmten Tag im Juni, ist ... Wäre es doch nur umgekehrt! Wäre ich es doch, der ewig jung bliebe, und wäre es das Bildnis, das alterte! Dafür – dafür – gäbe ich alles!

Der sprechende Name ist gütig zu ihm: Dorian Black müsste er heißen, denn es wäre gar finster, könnte man in diesen Mann hineinschauen, egal, wie man es dreht oder wendet. Wer zweifelt, kann sich ja das Porträt des Malers Basil Hallward auf seinem Dachboden ansehen, das jede moralische Verwerfungslinie als Falte verzeichnet, jede Ergrauung, jeden grausamen Zug plastisch abbildet – *fifty shades of cruelty* sozusagen. Indessen kommt der Porträtierte selbst mit unbeschädigter Oberfläche davon: schön, mit einem Wort. Aber was ist schon schön? Eine Frage, die kaum je so pointiert behandelt wurde wie in diesem Meisterwerk und einzigen Roman von Oscar Wilde.

Dorian hat ein Teufelchen auf der Schulter sitzen: den ewigen Dandy, Sir Henry Wotton, der ihm die Idee einhaucht, Hedonismus sei alles und Schönheit das einzig wahre Kriterium. Der gute Engel auf der anderen Schulter ist der Maler Basil selbst, der, von der Schönheit des Jünglings inspiriert, mit seiner Anfertigung des verhängnisvollen Porträts ungewollt an allem schuld ist. Als er angesichts der magischen Kräfte seines Bildes als Moralapostel auftreten will, ermordet ihn Dorian und löst seine Leiche in Chemikalien auf. Kurz zuvor hat sich Sibyl Vane das Leben genommen: Sie hatte für eine Beziehung zum makellos schillernden Dorian ihre Schauspielkarriere aufgegeben, worauf er sie fallenließ. War es doch gerade ihre Liebe zum Theater, die ihre Schönheit für ihn ausmachte. Pech gehabt. Auch Sibyl Vane hat übrigens so einen sprechenden Namen: »vain« heißt auf Englisch »eitel«, aber eben auch »vergeblich«.

Wilde, der Gottseibeiuns der Moralisten, hat mit dem ach so puren Ästheten Gray auch der Kunst selbst einen gräulich gealterten Spiegel vorgehalten. »Alle Kunst ist völlig nutzlos«, heißt es am Ende, wenn der angeblich geläuterte Ewigjunge (heute würde man vielleicht Berufsjugend-

licher sagen) sich angesichts seines Bildnisses das Leben nimmt und sein Butler das makellose Porträt eines schönen Menschen vorfindet. Dorian Gray ist böse, weil er die Verantwortung des Guten dem Schein des Ästhetischen anlastet.

Er und seine Stellvertreterdegeneration finden sich unter anderem in einem witzigen Zusammenhang wieder: In Jasper Ffordes noch nicht auf Deutsch erschienener Metakrimiparodie *The Fourth Bear* kauft Inspektor Spratt einen Gebrauchtwagen – bei einem gewissen Dorian Gray. Die rückwärts laufende Kilometeranzeige macht den Käufer nur leicht stutzig, dann aber erweist sich das Auto als resistent gegen Unfälle und Vandalismus aller Art. Selbst als der brutale Gingerbreadman es in die Finger kriegt, strahlt es innerhalb kürzester Zeit wieder wie neu. Wie Wildes Dorian Gray nimmt das Fahrzeug kein gutes Ende. Traue also keinem Gebrauchtwarenhändler – schon gar nicht mit diesem Namen. ∎

HERKUNFT: Großbritannien
BERUF: Lebemann
AUGEN: ★★★★★
HAARE: ★★★★★
STATUR: ★★★★★
REGELMÄSSIGKEIT DER ZÜGE: ★★★★★
NASE: ★★★★★
OHREN: ★★★★★
MALERISCHER CHARAKTER: ★★★★★
FILMDARSTELLER: Benjamin Barnes

TOM BUCHANAN

AUTOR: F. Scott Fitzgerald
TITEL: *Der große Gatsby*
(aus dem Amerikanischen von Bettina Abarbanell)
ORIGINALFASSUNG: 1925

»Die Zivilisation geht vor die Hunde«, brach es leidenschaftlich aus Tom hervor. »Ich bin in letzter Zeit ein furchtbarer Pessimist geworden. Habt ihr *Der Aufstieg der farbigen Völker* von diesem Goddard gelesen?«

»Nein«, antwortete ich, etwas erstaunt über seinen Ton.

»Nun, das ist ein gutes Buch, und jeder sollte es lesen. Wenn wir nicht aufpassen, lautet die These, wird – wird die weiße Rasse vollständig unterjocht werden. Das ist alles wissenschaftlich; alles erwiesen.«

»Tom wird neuerdings immer tiefsinniger«, sagte Daisy mit einem Ausdruck gedankenleerer Traurigkeit. »Er liest schlaue Bücher mit langen Wörtern darin. (...)«

Hier haben wir also einen lupenreinen Rassisten, und das mitten in den Goldenen Zwanzigern in New York, zu einer Zeit, als es das Wort »Nazi« noch nicht gab, höchstens »Narziss«. Und so einer ist Tom Buchanan durchaus auch: von sich selbst überzeugt, weil er ja aus einer guten (sprich: traditionell stinkreichen) Familie stammt und weil er auf sich achtet: Der »Polospieler«, wie Nebenbuhler Gatsby ihn freundlich nennen wird, verfolgt einen gewissen Körperkult. Wenn man seiner ansichtig wird, kommt man kaum umhin, sein »gewaltiges Muskelpaket« zu bestaunen. »Es war ein Körper, der ungeheure Wucht entfalten konnte – ein unbarmherziger Körper«, beschreibt ihn Nick Carraway, der Erzähler, der Tom, das muss man fairerweise sagen, schon seit Studienzeiten nicht mag. Und zwar zu Recht.

Den Körperkult pflegt Tom auch gerne im Verein mit dem weiblichen Geschlecht. Immer wieder gönnt er sich neben seiner Frau Daisy Affären und ist auch überzeugt, ein Recht darauf zu haben (im Gegensatz zu ihr natürlich). Die aktuelle Favoritin, die vitale, aber dämliche Tankwartsgattin Myrtle Wilson, präsentiert er bei jeder Gelegenheit stolz in der Stadt, und wenn sie ihn ärgert, bricht er ihr die Nase. Hauptsache Stärke beweisen.

Den Kampf um seine Frau Daisy, die im lange aus den Augen verlorenen und mittlerweile zu Reichtum gelangten Gatsby (pah, diese Neureichen!) ihre große Liebe wiedergefunden hat, wird Tom gewinnen – unter tragischen Umständen, aber bezeichnenderweise nicht ohne die richtige Intrige zum richtigen Zeitpunkt. Daisy hat die stürmische Myrtle – unabsichtlich – überfahren. Tom ist die Geliebte los, nutzt die Gunst der Stunde und informiert Myrtles Witwer beiläufig darüber, dass das Unfallauto dem großen Gatsby gehört. Und dann ... Nein, es ist nicht Tom Buchanans Körper, der dann mit der Flinte in griechischer Tragödienmanier Rache nimmt. Und doch bekommt er, was er will.

Jüngst von Joel Edgerton beachtlich unschurkisch im Kino verkörpert, ist Tom Buchanan das perfekte Hassobjekt für die, die gerne Romane über die Reichen lesen: einer, der für sein Geld nie arbeiten musste, gar nicht so recht weiß, was er damit anfangen soll, und alle anderen deswegen von weit oben herab behandelt. Aber warum um alles in der Welt musste dieser Bizeps-Angeber dann auch noch anfangen, Bücher zu lesen? ■

HERKUNFT: USA
BERUF: Millionär
HOBBY: Polo
NEUES HOBBY: Lesen
STÄRKE: Muskeln
SCHWÄCHE: Frauen
INTELLIGENZ: ★★☆☆☆
ERZFEIND: Jay Gatsby
FILMDARSTELLER: Joel Edgerton

103

WADIM MASLENNIKOW

AUTOR: M. Agejew (Mark Lasarewitsch Levi)
TITEL: *Roman mit Kokain*
(aus dem Russischen von Norma Cassau und Valerie Engler)
ORIGINALFASSUNG: 1936

❱❱ Ich war zwar recht häufig bei Stein zu Hause, aber er machte sich nie die Mühe, mich seinen Eltern vorzustellen. In der Tat, wäre Stein einmal zu mir gekommen, hätte ich ihn meiner Mutter auch nicht vorgestellt. Doch hatten die Analogien unseres Benehmens völlig unterschiedliche Gründe: Stein machte mich seiner Familie nicht bekannt, damit er sich vor ihr nicht für mich schämen musste; ich hätte Stein meiner Mutter nie vorgestellt, damit ich mich vor ihm nicht für meine Mutter schämen musste.

Was für ein überheblicher Ich-Erzähler! Ein solch abstoßender Gymnasiastenschnösel, dass man immer wieder versucht ist, das Buch wegzulegen, es aber nicht tut, weil er seine eigene Arroganz und Verächtlichkeit mit so treffenden Worten schildert. »Ich, Wadim Maslennikow«, bildet er sich gleich zu Beginn seiner Aufzeichnungen ein, jemand zu sein, und schon auf der ersten Seite verhassliebt man sich in ihn, wobei damit nicht eine Liebe gemeint ist, die sich mit Hass abwechselt, nein, man liebt es, ihn zu hassen und dabei direkt in ihn hineinzublicken. Ob die Schilderung verlässlich ist, bleibt dabei angesichts von Wadims späterer Kokainsucht allerdings fraglich.

Wadim geht also kurz vor Ausbruch der Russischen Revolution in Moskau aufs Gymnasium beziehungsweise ins Internat und spielt sich dort durch die gesamte Klaviatur männlicher Pubertät. Mit den Freunden politisiert er und gebärdet sich als großer Zampano, zur Mutter ist er gemein und herablassend. Sie alle lügt er nach Belieben an, um sich selbst besser dastehen zu lassen. Dabei greift er einmal tatsächlich zum erbärmlichsten Slapstick-Element prototypischer Verwechslungskomödien: der vorgetäuschten Ohnmacht! Mädchen verführt Wadim erfolgreich und ohne Rücksicht auf Geschlechtskrankheiten. Bis auf Sonja. Denn in Sonja verliebt er sich (und sie heißt bestimmt nicht zufällig so wie die unschuldig ins Leiden gezogene Angebetete von Raskolnikow aus *Verbrechen und Strafe*).

Die Beziehung zu ihr zeigt schön auf, was am Typ dekadenter Gymnasiast so schäbig, aber eben auch so lächerlich ist. Letztendlich benennt sie es nämlich selbst in ihrem wohltuend auf den Punkt gebrachten Schlussmach-Brief: »Eine irrationale Tat, rational begangen – das ist niederträchtig«, steht da. Und: »Dein Verhältnis zu mir (...) ist eine unaufhörliche Talfahrt.« Erst aus Eifersucht und nach innerlicher Überwindung seiner Gefühle für die Verheiratete war Wadim in der Lage gewesen, als Liebhaber aktiv zu werden: brutal, schmutzig, egozentrisch.

Und dann ist es aus, und es lockt eine neue Affäre: mit dem Kokain. So beginnt ein für die Dreißigerjahre mit derart erstaunlichem Detailreichtum und so krass geschilderter Drogenexzess, dass der damals anonyme Verfasser ungeschaut mit Vladimir Nabokov gleichgesetzt wurde. Maslennikow stirbt, weil sein im Zuge der Revolution aufgestiegener Schulkollege Burkewitz dem unwürdigen Versager keine Behandlung zukommen lassen will. »Burkewitz hat abgelehnt«, sind dann auch kühl und nüchtern seine letzten Worte. Abblende bei einem knallharten Blick in den Kopf des Schurken als junger Mann. ∎

TATORT: Moskau
BERUF: Gymnasiast
LIEBLINGSWORT: Mannesmut
CHARME: ★☆☆☆☆
AUSSEHEN: ★★★☆☆
LOVE INTERESTS: Sonja, Kokain
ERZFEIND: Burkewitz

105

HUMBERT HUMBERT

AUTOR: Vladimir Nabokov
TITEL: *Lolita*
(aus dem Amerikanischen von Helen Hessel et al.)
ORIGINALFASSUNG: 1955

>> Wenn ich so ausgiebig bei dem ängstlichen Tasten jener fernen Nacht verweile, so geschieht es, weil ich unbedingt beweisen muß, daß ich kein brutaler Schurke bin, noch es je war, noch es jemals hätte sein können. Die milden, träumerischen Regionen, durch die ich kroch, waren die Gefilde der Poesie – nicht die Jagdgründe des Verbrechens.

Er macht es einem schon schwer, ihn zu verurteilen, wie er da selbstironisch, eloquent und mit (scheinbar) großem Mut zur Ehrlichkeit vor uns lesenden Geschworenen auf und ab schreitet. Sympathisch, nein, ist er nicht. Es sei denn, man besönne sich des Umstands, dass »Sym-pathie« eigentlich Mitleid bedeutet.

Aber fallen wir bloß nicht zu sehr auf den Mann herein, der sich selbst Humbert Humbert nennt und eine

106

(wenngleich er die Rechtslage nie genau recherchiert hat) kriminelle Schwäche für schlanke Mädchen zwischen neun und 14 hegt, eine Kategorie, die er als »Nymphetten« beschreibt. Humbert Humbert kann plädieren, so viel er will, er ist schon ein echter Gauner: ein Manipulator der erwachsenen Frauen, die ihm seiner Körpergröße und seines guten Aussehens wegen verfallen, darüber hinaus ein Kinderschänder und einzig an der Erfüllung dieser seiner »Leidenschaft« interessiert (sodass er darüber fantasiert, mit seiner Eroberung Töchter zu zeugen, die dann gerade im Nymphettenalter sind, solange er noch ... kann) – und in letzter Konsequenz: ein Mörder.

Auf der anderen Seite: ein jämmerlicher Mann, der sich verliebt hat: »Wir vergewaltigen nicht, wie gute Soldaten es tun. Wir sind unglückliche, sanfte, hundsäugige Gentlemen (...).« Lolita hat es ihm angetan, ein Name, der seitdem legendär ist und sogar im Duden steht. Um Lolita nahe zu sein, mietet Humbert ein Zimmer bei ihrer Mutter. Um ihr noch näher zu sein, heiratet er besagte Mutter, und als die bei einem Unfall ums Leben kommt (nachdem sie fatalerweise seine lüstern-strategischen Tagebücher entdeckt hat), ist er im Paradies.

Denn da darf er Lolita (eigentlich Dolores) aus dem Feriencamp holen und als ihr umsichtiger Daddy Amerikas Motels austesten. Und plötzlich ist es Lolita, die ihn verführt. Behauptet er zumindest. Denn was wir nicht vergessen dürfen: Humbert Humbert ist auch ein unzuverlässiger Erzähler. Warum sollte er die Wahrheit sagen?

Er sitzt in einer Anstalt für geistig abnorme Rechtsbrecher und hat nichts mehr zu verlieren, seit Lolita mit dem Theaterautor und Pornofilmer Clare Quilty durchgebrannt ist und er diesen erschossen hat.

Er ist ein ganz schwerer Fall. Schon vom »Herausgeber« des Manuskripts wird Humbert Humbert eingangs als abscheulich, verworfen und »ein leuchtendes Beispiel moralischen Aussatzes« beschrieben, er sei »auf mühsame Art kapriziös«. Er selbst erklärt, das Pseudonym gewählt zu haben, weil es »am besten meine Abscheulichkeit zum Ausdruck bringt«. (Ganz nebenbei lieferte es die Steilvorlage zu Umberto Ecos Parodie *Granita,* in der ein gewisser Umberto Umberto es ungehörigerweise auf eine Greisin abgesehen hat.) Andererseits: Wer kann einem böse sein, der zwischendurch plötzlich Dinge schreibt wie: »Oh, lassen Sie mich dies eine Mal gefühlvoll sein! Ich bin des Zynismus so müde!«? ■

HERKUNFT: Schweiz
BERUF: Werbetexter
HOBBY: Nymphetten
SCHÖNHEIT: ★★★★☆
INTELLIGENZ: ★★★☆☆
LIEB ZU KINDERN: nun ja
ERZFEIND: Clare Quilty
FIMDARSTELLER: James Mason, Jeremy Irons

DAGNY TAGGART

AUTORIN: Ayn Rand
TITEL: *Der Streik*
(aus dem Amerikanischen von Claudia Amor, Alice Jakubeit und Leila Kais)
ORIGINALFASSUNG: 1957

»Ich bin gänzlich unschuldig, schließlich habe ich all mein Geld für eine gute Sache verloren. Meine Absichten waren rein. Ich wollte nichts für mich. Ich wollte nie etwas für mich. Miss Taggart, ich kann stolz von mir behaupten, in meinem ganzen Leben nie einen Gewinn erzielt zu haben!«

Ihre Stimme war ruhig, fest und ernst: »Mr. Lawson, ich glaube, Sie sollten wissen, dass ich unter allen Äußerungen, die ein Mensch tun kann, diese als die verachtenswerteste betrachte.«

Einmal andersherum denken bitte. Auf den Kopf stellen und los. Das Romanmonstrum *Der Streik* (vormals bekannt als *Atlas wirft die Welt ab oder Wer ist John Galt?*) schurkt das Pferd von hinten auf. Hier sind die Braven die Bösen, die Gutmenschen die Zerstörer. Und aufpassen: Wer sich durch 1260 Seiten Pathos gekämpft hat, ist am Ende womöglich indoktriniert – so wie sehr, sehr viele Anhänger der republikanischen Partei in den USA, die die Egoismus- und Objektivismusverfechterin Ayn Rand verehren und den *Streik* als ihr Lieblingsbuch bezeichnen (bis sie feststellen, dass Rands Egoismus konsequenterweise auch eine strikte Ablehnung jeglichen Gottesglaubens nach sich zog).

US-Republikaner sind jedenfalls die Hauptursache für den andauernden Erfolg dieses Werks, dessen Heldin hiermit als Ihr-könnt-mich-mal-Einzelkämpferin gegen die Welt in die Riege der Hauptrollengauner aufgenommen sei – auch wenn Ayn Rand selbst ganz andere Gestalten für diese Liste anbieten würde. In ihrer kapitalistischen Fantasy-Welt steht halt alles auf dem Kopf.

Vielleicht braucht es aber auch eine märchenhafte Sichtweise, um bei *Der Streik* nicht zu streiken. Dagny Taggart, Vizepräsidentin der von ihrem Bruder geleiteten Eisenbahngesellschaft *Taggart Transcontinental*, hält es in dieser von Menschlichkeit und Gemeinsinn geprägten Männerwelt nicht mehr aus und verschafft sich eine Prise gepfefferten Kapitalismus. Sie erpresst ihren sozialistisch herausgeforderten Bruder James, bis die kriselnde Bahnlinie zum Entsetzen des Landes wieder Gewinn einfährt, und ruiniert die Konkurrenz mit links. Mit ihrer Affäre, einem Stahlhersteller (den sie eh nicht wirklich liebt, das wäre zu weichlich), entdeckt sie zufällig den Bauplan zum genialsten Motor der Welt und macht sich auf die Suche nach dessen Erfinder, der der ideale Mann sein muss.

Dagny ist selbstsüchtig (nicht vergessen, für Ayn Rand ist das etwas Gutes!) und »nicht imstande, ein Gefühl von grundsätzlicher Schuld zu empfinden« (auch das). Wo andere Blumen und Wasserfälle als romantisch erachten, durchstreift sie Betonwüsten und Autobahnen und vermisst Werbetafeln: »Aber denke nur daran, wie oft wir die Beschwerden der Leute anhören mussten, die sagten, Reklametafeln zerstörten die Landschaft. (...) Das sind die Leute, die ich hasse.« Meist schweigt sie, während erbärmliche Männer von Chefsesseln aus monologisieren, und vernichtet sie dann mit einem kurzen Satz. Zur Vollendung der Miesmacherutopie gehen in ganz New York die Lichter aus, und Dagny und eine Reihe anderer leidgeprüfter Kapitalisten brechen auf, die Welt neu zu organisieren. Das Netteste, was man dabei über sie sagen kann, ist: Sie glauben unbestreitbar – und unbestreikbar – an sich selbst. ■

HERKUNFT: USA

BERUF: Eisenbahnchefin

HOBBY: Stahl

PHILOSOPHISCHE HALTUNG: objektive Egoistin

CHARMEFAKTOR: ★★☆☆☆

WELTHERRSCHAFTSFAKTOR: ★★★☆☆

ERZFEIND: James Taggart

FILMDARSTELLERIN: Taylor Schilling

109

BOB EWELL

AUTORIN: Harper Lee
TITEL: *Wer die Nachtigall stört ...*
(aus dem Amerikanischen von Claire Malignon)
ORIGINALFASSUNG: 1960

》》Das Einzige, was der kleine Mann im Zeugenstand seinen nächsten Nachbarn voraushatte, war die weiße Haut, die zum Vorschein kam, wenn er sich gründlich mit Schmierseife und heißem Wasser abschrubbte.

Wir befinden uns in der berühmtesten Schwarz-Weiß-Malerei der Literaturgeschichte: Es ist der tiefe Süden der USA, Weiße und Schwarze leben nicht gerade harmonisch nebeneinander, Martin Luther King sollte seinen »Dream« erst drei Jahre später haben, und der Rassismus blüht. Und doch sind in Harper Lees Geschichte alle auf herzerwärmende Weise aus Kindesaugen geschilderte gute Menschen. Bis auf einen.

Aber weil das auch die netteste Schwarz-Weiß-Malerei aller Zeiten ist, sei Robert E. Lee »Bob« Ewell vorab etwas zugutegehalten: Er ist arm. Schon seine Eltern waren arm. Als Angehöriger einer Familie, die »seit drei Generationen die Schande von Maycomb«, Alabama ist, hat er es bestimmt nicht leicht. Er ... na ja, das war es wohl auch schon.

Denn manchmal hat es halt auch einen Grund, wenn einen keiner leiden kann. Quartalssäufer Ewell schickt seine acht Kinder nicht in die Schule, sondern lässt sie von Würmern verseucht hinter der Mülldeponie zurück, wo sie in einer »ehemaligen Negerhütte« hausen, während er seine Sozialhilfe in Whiskey investiert.

Eines Abends stürmt Ewell zu Sheriff Tate ins Büro und behauptet, »irgendein Nigger« habe seine Tochter Mayella vergewaltigt. Tom Robinson wird daraufhin verhaftet und vor Gericht gestellt, wo Bob Ewell im Zeugenstand sogar seinem eigenen Anwalt eine patzige Antwort gibt: »Sind Sie der Vater von Mayella Ewell?« – »Na, wenn ich's nicht bin, kann ich nichts mehr dagegen tun, meine Alte ist tot.« Im Laufe der Verhandlung wird immer klarer, dass Ewell und seine Tochter lügen. Da aber der kollektive Hass der südstaatlichen Bevölkerung lieber schwarz als weiß malt, wird Robinson dennoch zum Tode verurteilt und wenig später auf der Flucht erschossen.

Einem Mann mit dem verqueren Unrechtsbewusstsein eines Bob Ewell genügt das alles nicht. Er fühlt sich gedemütigt und schwört Rache an Robinsons Verteidiger Atticus Finch, dem – zumindest bis 2015, als Harper Lees Pre-Sequel *Gehe hin, stelle einen Wächter* alles in Frage stellte – größten fiktiven Antirassismus-Helden ever. Ewell spuckt in Gesichter, bedroht Witwen und überfällt unschuldige Kinder beim Halloweenumzug. Ausgerechnet an Halloween, wo sie doch selber ein bisschen grausam sein wollen!

So muss es aber auch sein. Denn wenn *Wer die Nachtigall stört ...* nicht diesen richtig widerwärtigen Fiesling hätte, wäre die Nachtigall wohl ungestört davongeflattert und das Buch in einem Meer aus Milde und Menschlichkeit untergegangen, anstatt umgehend Bestseller und Pulitzer-Preisträger zu werden.

Immerhin ereilt den Bösen hier das Schicksal, das ihm in einem schönen Schwarz-Weiß-Gemälde gebührt: Er stirbt. Serves you well, Ewell! ■

HERKUNFT: Alabama, USA

POSITION: Sozialhilfeempfänger

ERSCHEINUNGSBILD: sieht aus wie ein frisch gerupfter Hahn

HUMOR: fragwürdig

SEXISMUSFAKTOR: sogar knapp über dem Rassismusfaktor

LIEB ZU KINDERN: nicht mal zu den eigenen

ERZFEINDE: erst Tom Robinson, dann Atticus Finch

111

COLONEL CATHCART

AUTOR: Joseph Heller
TITEL: *Catch 22*
(aus dem Amerikanischen von Irene und Günther Danehl)
ORIGINALFASSUNG: 1961

>> Colonel Cathcart war eingebildet, weil er bereits im Alter von sechsunddreißig Jahren Colonel war und ein Kampfkommando innehatte; Colonel Cathcart war niedergeschlagen, weil er, obgleich schon sechsunddreißig Jahre alt, doch erst Colonel war.

Wenn der einzige Mensch in einem Buch, der noch bei Verstand ist, Mühe hat, Argumente gegen deine Ermordung aus dem Hinterhalt zu finden, dann hast du es geschafft.

Colonel Cathcart ist Gruppenkommandant einer Fliegertruppe des US-Militärs auf der Mittelmeerinsel Pianosa im Zweiten Weltkrieg. Er tut alles, um gemocht, nun ja: gefeiert zu werden. Es kann passieren, dass er mit dem Jeep um die Ecke biegt, irgendwem zuruft: »Sie sind der neue Staffelkommandeur. Glauben Sie aber ja nicht, daß das etwas zu bedeuten hätte, das hat es nämlich nicht. Es bedeutet nichts weiter, als daß Sie der neue Staffelkommandeur sind«, und wieder wegdüst. Er will unbedingt in die Zeitung kommen und schlägt daher dem verzweifelten Feldkuraten vor, Gebetsrunden vor dem Kampf einzuführen. Den Angehörigen verunglückter Soldaten (auch wenn diese steif und fest behaupten, nicht tot zu sein) schickt er zutiefst persönliche Kondolenzschreiben: »Sehr geehrte Frau, Herr, Fräulein oder Herr und Frau: Worte können nicht den tiefen, persönlichen Schmerz ausdrücken, den ich empfand, als Ihr Gatte, Sohn, Vater oder Bruder gefallen, verwundet oder vermißt gemeldet wurde.«

Sein größtes Verbrechen aber – das, was Captain Yossarián fast um seinen rundherum einzigartigen klaren Verstand bringt – ist sein unerschöpflicher Mut. »Colonel Cathcart war mutig, und er zögerte nie, seine Männer für einen Kampfauftrag freiwillig zu melden.« Als Colonel Nevers noch das Kommando hatte, musste jeder 25 Feindflüge absolvieren, bevor er nach Hause durfte. Dann kam Nevers ums Leben, und Cathcart übernahm. Cathcart erhöhte die Anzahl der zu absolvierenden Missionen graduell, meist um fünf, manchmal (wenn er besonders erschüttert war) gleich um zehn, und er schaffte es, sie immer dann zu erhöhen, wenn Yossarián gerade kurz davor war, das neue Pensum zu erfüllen. Am Ende des Romans – das noch lange nicht

das Ende des Krieges bedeutet – steht die Truppe vor 80 zu absolvierenden Feindflügen. Für Yossarián gilt daher: »Der Feind ist jeder, der es auf dein Leben abgesehen hat, ganz gleich auf welcher Seite er steht, einschließlich Colonel Cathcart.«

Derlei unbestechliche Logiken prägen Joseph Hellers Catch 22, das den Irrsinn von Krieg und Militär in Dialogen wie M.-C.-Escher-Bilder um sich selbst kreisen lässt. Dazu passend ist dem Colonel alles Absolute fremd, nur in Relation zu anderen weiß er, ob er zufrieden oder zornig sein muss. Der titelgebende Haken 22 ist nicht seine Idee (weil er auch nicht wirklich existiert), könnte aber von einem Hardcore-Opportunisten wie ihm stammen: Wer entlassen werden will, muss geisteskrank sein. Wer sich aber geisteskrank meldet, ist nicht geisteskrank und muss weiter und weiter und weiter seine Cathcart-beorderten Bombenangriffe fliegen. Das ist absolut relativ furchtbar. ■

<u>**HERKUNFT:**</u> USA
<u>**LIEBLINGSSPEISE:**</u> Eiertomate
<u>**ATTRIBUT:**</u> die Zigarettenspitze
<u>**STÄRKE:**</u> Fremdmut
<u>**EMPATHIEFÄHIGKEIT:**</u> ★☆☆☆☆
<u>**ATTRAKTIVITÄT:**</u> ☆☆☆☆☆
<u>**TRAUM:**</u> Erwähnung in der Saturday Evening Post
<u>**ERZFEIND:**</u> Yossarián

113

DER BANDWURM

AUTOR: Irvine Welsh
TITEL: *Drecksau*
(aus dem Englischen von Clara Drechsler und Harald Hellmann)
ORIGINALFASSUNG: 1998

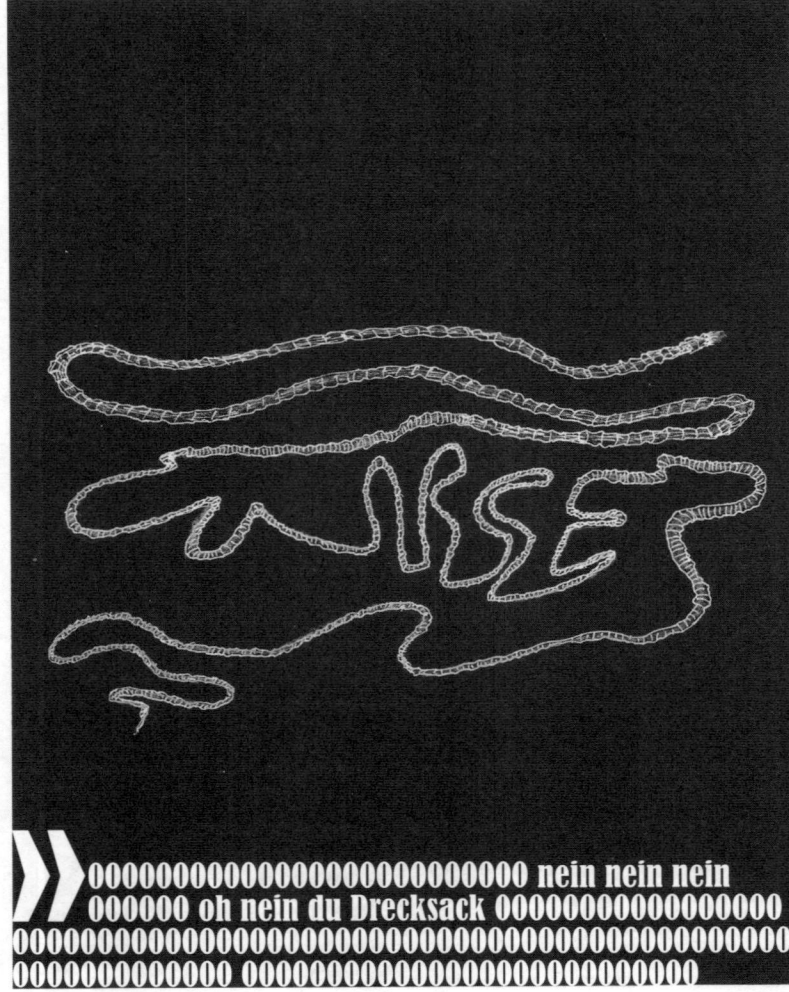

oooooooooooooooooooooooooooooo nein nein nein
oooooo oh nein du Drecksack ooooooooooooooooo
ooooooooooooooooooooooooooooooooooooooooooo
ooooooooooooo ooooooooooooooooooooooooooooo

Auf die Frage, was seiner Meinung nach das Coolste an der von ihm in der Verfilmung aus dem Jahr 2013 verkörperten Figur des schottischen Polizisten DS Bruce Robertson sei, antwortete Schauspieler James McAvoy: »Dass er gleichzeitig masturbieren und weinen kann.« In der Tat ist der greifbare Widerling hier Bruce Robertson selbst, der Kollegen und »Klienten« misshandelt, verarscht, beschimpft und gelegentlich ermordet, noch dazu aus unverzeihlichen Motiven wie Rassenhass heraus. Aber Bruce ist, wie von McAvoy angedeutet, neben einer Dreck- auch einfach eine arme Sau. Daran schuld sind: die miserable Kindheit mit einem Vater, der ihn zwang, Kohle zu fressen, die Trennung von der Ex – und der Bandwurm, der das alles wieder aufwurmt, äh, aufwärmt.

So ein Bandwurm ist ohnedies eine der ekelhaftesten Krankheiten, die man sich vorstellen kann: ein Parasit von länglicher Ausdehnung, der sich mithilfe von Saugnäpfen oder Hakenkränzen an der Darmwand seines Wirts festklammert und Nährstoffe, kaum hat dieser sie zu sich genommen, gleich einmal selbst vertilgt.

Bruces Exemplar präsentiert sich als ganz besondere Nervensäge. Zunächst ist er unersättlich, fordert Bruce permanent von innen heraus zur Nahrungsaufnahme auf: »0000iß000-iß0000iß«. Obendrein entwickelt er im Zuge des Buches aber auch noch ein Selbstbewusstsein und kommuniziert mit irgendwelchen anderen Würmern ebenso wie mit dem Wirt, nach dem Motto »Darm ohne jeglichen Charme«: »Du bist ein schrecklicher Mensch!«, wirft er Bruce an den Kopf

(oder besser: an die Darminnenwand) und psychoanalysiert sich zusammen, was den Wirt so wurmt: »Du bist zurückgewiesen worden und bist stolz.«

Dieser Bandwurm ist ein typografisches und narratives Kunstwerk: Er enthüllt und verbirgt zugleich. Autor Irvine Welsh stellt ihn nämlich durch fett und kursiv gedruckte Einschübe in bandförmigen Sprechblasen dar, die die eigenen inneren Monologe des Polizisten parasitär überlagern, sodass nur noch die Absatzränder zu lesen sind. Was steht unter dem Wurmfortsatz? Wenn wir es wüssten, kämen wir dann schon früher dahinter, dass dieser fluchende Ich-Erzähler sich nicht nur manchmal schizophren als die eigene Exfrau verkleidet, sondern auch den Kriminalfall, in dem er ermittelt, selbst verursacht hat?

Mit der großen (Selbst-)Erkenntnis am Ende hat der Bandwurm – pardon! – ausgeschissen. In exkrementeller Konsequenz fallen ihm die letzten Worte dieser nihilistischen schottischen Saga zu: »00000000000000000000000000000 00000000000000000000000000000000 00000000000000000000000000000000 00000000000000000000000000000000 00000000000000000000000000.« ∎

NAME: Das Selbst
HERKUNFT: Großbritannien
SPRACHE: schottisch
WAFFE: Analyse
STÄRKE: Gedächtnis
SCHWÄCHE: Hunger
EINGEWEIDEFAKTOR: ★★★★
LIEBLINGSSPEISE: DS Bruce Robertson
ERZFEIND: DS Bruce Robertson

115

DIE FIESEN MÄNNER

AUTOR: David Foster Wallace
TITEL: *Kurze Interviews mit fiesen Männern* (aus dem Amerikanischen von
Marcus Ingendaay, Clara Drechsler, Bernhard Robben und Christa Schuenke)
ORIGINALFASSUNG: 1999

» Weil, ich sag mal so, normalerweise ist es eher am
Ende, dass ich wirklich über meine Ängste reden
kann und über die lange Liste derer, denen ich damit so
wehgetan habe. Was natürlich wiederum ein schmerzhafter
Prozess ist, also für die Frau, und mich aus einer Beziehung
befreit, die ich unbewusst schon lange abgeschrieben habe,
bloß dass ich dem Thema bisher immer ausgewichen bin,
vielleicht weil ich einfach zu einer entsprechenden Offen-
heit nicht im Stande war, keine Ahnung.

Aber sie sind doch so ehrlich und so reflektiert! Ja, und genau das macht sie so fies. David Foster Wallace blickt in die Psyche von Männern. Je tiefer er blickt, desto mehr Berechnung und Schlechtigkeit holt er hervor, und je weiter er sie hervorholt, desto mehr stehen diese Bekenntnisse plötzlich wie Ausreden da, die nichts anderes bereinigen als nur das schlechte Gewissen dieser Männer, die bei diesen heute so beliebten Anmachworkshops unterrichten könnten. Tatsächlich macht die Selbsterkenntnis hier alles nur noch schlimmer und bringt ein eigenes Schurkenkollektiv hervor: fiese Männer à la David Foster Wallace.

Wobei es gar nicht unbedingt in der Absicht des großen modernen Sezierers postmoderner Reflektiertheit lag, die Männer in seinen Storys geradeheraus als »fies« zu beschimpfen. Wallace gab der Reihe den Titel *Brief Interviews with Hideous Men*, und Chefübersetzer Marcus Ingendaay dürfte so seine Schwierigkeiten mit dem Wort »hideous« gehabt haben. Auf den ersten Blick ließe es sich mit »hässlich« wiedergeben, einschließlich einer fratzenhaft-widerlichen, in jeder Hinsicht abscheulichen Komponente.

In den titelgebenden Kapiteln werden diese Männer interviewt, von einer Frau, deren Fragen aber nie ausformuliert, sondern nur durch ein F. für Frage markiert sind. Das macht aus den Gesprächen Beichten, die den österreichischen Filmemacher Ulrich Seidl 2012 zu einem Theaterstück und in weiterer Folge zu seiner Doku *Im Keller* inspirierte.

Da ist zum Beispiel Einarm-Johnny, der seinen fehlenden Arm ganz gezielt einsetzt, um das Mitleid und die Zuneigung von Frauen zu erlangen. Da ist der Fiesheitsgenosse, der die Angst der Seinen, er möge sie verlassen, elaboriert als Grund hinstellt, warum er sie tatsächlich verlässt. Da ist der, der so oft »Du bist mir wirklich sehr wichtig« und »bei Gottes wahrer Ehrlichkeit« sagt, dass man eigentlich mit Sicherheit das Gegenteil annehmen kann. Besonders elegant die Episode um den Typen, der an der neuen Bekanntschaft vor allem ihre Schilderung einer grausamen Vergewaltigung liebte, die ihr zugestoßen war. Bevor der Interviewerin noch der Kragen platzt, nimmt er ihr schon gekonnt den Wind aus den Segeln und beschimpft sie, um ihr Bild von ihm vorbeugend zu bestätigen. Zu gütig. Aber eben auch fies. Die Meta-Männer, diese Gruppe derer, die gar nicht anders können, als genau zu wissen, was sie tun – die erscheinen uns besonders fies, weil sie eben auch gar nicht anders können, als so zu sein wie wir. ∎

NAMEN: unbekannt
HERKUNFT: USA
SEXUELLE NEIGUNG: unterschiedlich, aber originell
SUMME DER ARME: ungerade
WAFFE: ehrliche Selbstanalyse
METHODE: Chicken-Sexing

117

ANTÓNIO CLARO

AUTOR: José Saramago
TITEL: *Der Doppelgänger*
(aus dem Portugiesischen von Marianne Gareis)
ORIGINALFASSUNG: 2002

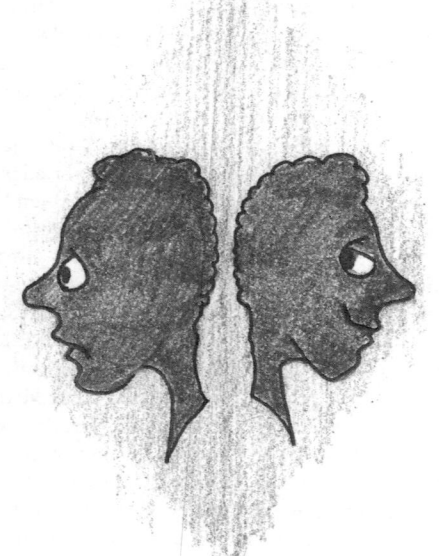

>> Warum machen Sie das, fragte er und bemerkte erneut
zu spät, dass er einen weiteren Schritt in Richtung Aufgabe getan hatte, Das lässt sich nicht so leicht erklären, aber
ich werde es versuchen, antwortete António Claro, vielleicht
ist es eine Art Rache für die Störung meines Ehelebens, die
Ihr Auftauchen bewirkt hat und die Sie sich gar nicht vorstellen können, vielleicht ist es auch nur die donjuaneske
Laune eines fanatischen Schürzenjägers, vielleicht mache ich
es auch, und das ist gewiss die wahrscheinlichste Variante,
einfach nur aus purem Hass, Hass, ja, Hass (...)

Was bei E.T.A. Hoffmann immer wieder als märchenhaft gruseliges Motiv herumschwirrt, ist in dieser Geschichte brutale Realität: der Doppelgänger. Der Geschichtslehrer Tertuliano Máximo Afonso hat seinen zufällig in einem Videofilm entdeckt, wo er eine unbedeutende Nebenrolle spielt: Es ist der Schauspieler António Claro vulgo Daniel Santa-Clara. Der sieht genau gleich aus wie er selbst, und seine Stimme hört sich genau gleich an.

Per se schon einmal eine unangenehme Vorstellung: seiner Einzigartigkeit beraubt zu werden. Nun könnte man zwei Dinge einwenden: dass das ja kein schuldhaftes Vergehen ist, mit jemandem identisch zu sein, und dass die Gleichung ja in beide Richtungen gültig ist. Wenn António Claro der Doppelgänger von Tertuliano Máximo Afonso ist, dann ist Tertuliano Máximo Afonso auch der Doppelgänger von António Claro.

In seiner unerbittlichen *Doppelgänger*-Version hat uns Autor José Saramago aber nun einmal auf die Seite des Geschichtslehrers gestellt. Er ist es, der die kosmische Zwillingserscheinung entdeckt hat, und er ist ihr – großer Fehler! – auf den Grund gegangen, hat den Gesichtsgenossen in mühsamer Recherche aufgespürt und, vorerst sachlich und wertfrei, mit der Situation konfrontiert.

Dann aber brodelt es, in beiden. Die unmögliche Situation kann so nicht einfach stehen gelassen werden. Während der eine (Tertuliano Máximo Afonso) fantasiert, es sei nur für einen von ihnen Platz auf dieser Welt, erwachen in dem anderen Pläne von äußerster Niedertracht. Ein bisschen wie Bill Murray in *Und täglich grüßt das Murmeltier* die vertrackte Situation des sich täglich wiederholenden Tages letztlich zu seinem Vorteil nutzt, sehen wir António Claro dabei zu, wie er einen perfiden, geradezu logisch aus der Ausgangslage hervorgehenden Plan umsetzt. Er erpresst den Rivalen, lässt sich dessen Kleidung geben und erspielt sich dadurch eine Liebesnacht mit dessen liebreizender Freundin. Weder sie noch die eigene genervte Ehefrau sollen je merken, dass Betrug herrschte. Es ist ja auch alles genau gleich. Und doch so fies!, freut sich der Leser.

Und selbst aus der Reaktion des Geschichtslehrers schimmert eine gewisse Anerkennung hervor. »Ich hätte nie gedacht, dass du zu so etwas fähig bist, das ist ein absolut teuflischer Plan«, worauf der andere die große pessimistische Wahrheit dieses Romans verkünden darf: »Menschlich ist er, mein Lieber, einfach nur menschlich, der Teufel macht keine Pläne, und überhaupt, wenn die Menschen gut wären, gäbe es ihn gar nicht«. Klaro! ∎

KÜNSTLERNAME: Daniel Santa-Clara

HERKUNFT: Spanien oder Portugal

BERUF: Schauspieler

FUNKTION: böser Doppelgänger

WICHTIGSTE ROLLE: irgendein Kellner

TRAUMROLLE: Don Juan

OSCARCHANCEN: ☆☆☆☆☆

SKRUPELLOSIGKEIT: ★★★★☆

ERZFEIND: Tertuliano Máximo Afonso

FILMDARSTELLER: Jake Gyllenhaal

119

REBEL

AUTOR: Matias Faldbakken
TITEL: *Macht und Rebel*
(aus dem Norwegischen von Hinrich Schmidt-Henkel)
ORIGINALFASSUNG: 2002

>> Alle Menschen, denen ich über den Weg laufe, hasse ich abgrundtief. Ich hasse verflucht noch mal alle. Seit kurzem hasse ich sogar Dinge. Und Geräusche. Das Geräusch, das mich nicht nervt, gibt es gar nicht. Ich finde alles abscheulich. Ungelogen. Meine Interessen sterben aus wie die Insassen eines Altersheims, eines nach dem anderen. Und last but not least: Ich habe mich selber und mein eigenes Gewinsel derart satt, dass ich kotzen könnte. Es ist sozusagen unmöglich geworden, auf individuelle Weise zu winseln. Viel zu viele Leute winseln GENAU so wie ich.

Wer es schafft, sich sogar selbst zuwider zu sein, dem ist die Quadratur des Widersacherkreises gelungen. Und es ist nur logisch, dass dieser Mann in Norwegen herumwidert: im Wohlfahrtsstaat, der alles unter Kontrolle hat und wo, so malen es sich zumindest die weiter südlich lebenden Europäer neiderfüllt aus, liberales Denken und soziale Fairness sich die perfekte Waage halten. Ausgerechnet dieses skandinavische Land hat sich seinen ganz speziellen Rebellen herangezüchtet: Rebel, bitte englisch auszusprechen (obwohl das den Gleichklang des Titels *Macht und Rebel* mit der Nazi-Anspielung an Hitlers Nacht-und-Nebel-Erlass korrumpiert).

Rebel ist der umgedrehte Spieß. Er liest Bücher wie *Mein Kampf* (wegen des Umschlagdesigns!), *Herpes Nation* und *The Race Race: A History of Careerist Racism* oder das Genre der Assays (Essays aus der Arschlochperspektive). Soziale Interaktionen kategorisiert er nach den neun Kreisen der Hölle. Wenn er sich schon aufrafft, etwas zu tun, arbeitet er hin und wieder für Frank »Fatty« Leiderstam, der die Schmugglerfirma PUSH betreibt und aus subversiver Energie heraus Marken untergräbt, »Uma« aus »Puma« macht und den amüsanten Slogan »Paranokia. Confusing People« entwirft. Aber auch dieser Arbeit wohnt aus der Sicht des professionellen Misanthropen das Grausen inne. Rebel ist einer, den wir fast lieben müssen, weil er uns so sehr hasst – schon alleine, um ihn zu ärgern, damit er sich noch mehr von uns angekotzt fühlt.

Es ist nur auch recht schwierig, ihn zu lieben mit seiner Nazikoketterie, die er philosophisch mit dem Gefühl untermauert, bei so viel Gutem rundherum lasse sich so etwas wie Gesellschaftskritik anders gar nicht formulieren. Und dann findet Rebel plötzlich seine Bestimmung – etwas Neues, noch nicht Abgelutschtes, das ihm die misanthropischen Augen öffnet: Sex mit Minderjährigen. Und so lässt er sich mit der frühreifen 14-Jährigen mit dem Spitznamen Thong (genau, wie die Unterwäsche) ein – aus rein gegenkulturell-intellektuell-ethischen Motiven heraus natürlich.

Dem Schwarzseher Rebel eröffnen sich damit ungeahnte Aussichten, vor allem weil seine »Idee« dem Marketingexperten Macht so gut gefällt. Daraus lässt sich doch etwas machen, zum Beispiel ein Porno. Wie praktisch, dass Thong auch noch eine zwei Jahre jüngere Schwester hat: Thong Jr.!

Und so gewinnt Rebel neuen Lebensmut, und beleidigende Witze über Behinderte – die wir hier nicht wiedergeben – machen ihm wieder ein bisschen Spaß. ∎

HERKUNFT: Norwegen
BERUF: Untergrundmarkenpirat
AUSSEHEN: durchschnittlich
SELBSTBESCHREIBUNG: zapplig wie ein Höllenfurz
LIEBLINGSVORSILBE: Anti
FRAUENTYP: Problemkind
ERZFEINDIN: Gwyneth Paltrow

121

Die Erziehungs-berechtigten

Warum die größten Gefahren in der Familie lauern und die meisten Unfälle im Haushalt passieren, und was man in der Schule fürs Leben lernt, zeigen diese Gestalten.

———

DIE STIEFMÜTTER

AUTOREN: Jakob und Wilhelm Grimm
TITEL: *Grimms Märchen*
ORIGINALFASSUNGEN: ab 1810

》》 Brüderchen nahm sein Schwesterchen an der Hand
und sagte: »seit die Mutter todt ist, haben wir keine
gute Stunde mehr, die Stiefmutter schlägt uns alle Tage, und
wenn wir zu ihr kommen, stößt sie uns mit dem Fuß fort; sie
gibt uns auch nichts zu essen, als harte Brotkrusten; dem
Hündlein unter dem Tisch geht's besser, dem wirft sie doch
manchmal was Gutes zu, dass Gott erbarm, wenn das unsere Mutter wüsste! Komm lass uns miteinander fortgehen.«

(Brüderchen und Schwesterchen)

Heute, von Steven-Spielberg-Filmen geprägt, ist der Fall klar: Stiefmütter, das bedeutet unklare Verhältnisse, das heißt oft, dass es eine Scheidung gab und ein »richtiges« Familienleben durch Achtlosigkeit verschwendet wurde. Daddy hat sich eine andere Frau genommen – ein Sakrileg. Klar, dass die keine Chance hat. Und dass ihr unterstellt wird, grundsätzlich Böses im Schilde zu führen.

Vor 200 Jahren, als die Menschen zusammenblieben, bis dass der Tod sie schied, dies jedoch oft sehr früh geschah, da war es freilich noch ganz normal, dass Kinder ohne ihre leibliche Mutter aufwuchsen. Was also hatten die Gebrüder Grimm gegen die Stiefmutter, dass sie sie so hässlich, gemein und oft grundlos böse eingestellt zeichneten? Die Germanistin Sigrid Dirnberger hat eine Analyse aller 13 Märchen erstellt, in denen Stiefmütter vorkommen. »Die Stiefmutter agiert gegen das Stiefkind« trifft demnach in 100 Prozent aller Fälle zu.

Wie sie das tut, variiert ebenso wie ihre Gründe dafür. Schneewittchens Stiefmutter ist eifersüchtig auf den ästhetischen Geschmack ihres Spiegels, jene von Hänsel findet es einfach überflüssig, weitere hungrige Mäuler durchzufüttern. Manchmal bringt die Stiefmutter eigene Kinder (immer Töchter, fast immer hässlich) in die Ehe mit und fürchtet um deren vorrangige Behandlung. In *Die drei Männlein im Walde* hat eine Frau sogar freundliche Worte für ihre künftige Stieftochter übrig. Kaum hat sie deren Vater jedoch geheiratet, hasst sie sie wie die Pest und will sie umbringen. Es lässt sich, so scheint es, einfach nicht vermeiden.

Gar nicht wenige unter den Stiefmüttern besitzen Zauberkräfte oder verfluchen ihr Stiefkind, und nur mithilfe barmherziger Jäger im Wald, emsiger Zwerge oder verliebter Prinzen kann der Fluch aufgehoben werden. Andere (etwa in *Die wahre Braut*) begnügen sich damit, ihre Stieftöchter als Arbeitssklavinnen zu missbrauchen und sich zu ärgern, wenn ihnen die Arbeit nicht genug Mühsal bereitet. Und dann gibt es die, die sich selbst einigen Aufwand machen, um Schaden anzurichten. Die Stiefmutter in *Brüderchen und Schwesterchen* zum Beispiel verkleidet sich als Kammerfrau und zündet ein »Höllenfeuer« in den Gemächern der Königin an, an dem diese erstickt. Dieselbe hat in einer anderen Fassung übrigens auch eine kannibalistische Veranlagung: Sie verwandelt die verhasste Königin in einen Hirschen und führt diesen zum Metzger.

Recht geschieht dem bösen Weib, dass es später selbst von wilden Tieren gefressen wird. Das ist aber keineswegs die Regel: Laut Sigrid Dirnbergers Berechnungen werden nur 53,85 Prozent der bösen Stiefmütter für ihre Gemeinheiten bestraft. ∎

NAMEN: unbekannt
HERKUNFT: mitteleuropäisches Märchenland (oft auch: Ausland)
MORDLUSTIGSTE: die aus *Brüderchen und Schwesterchen*
SCHÖNSTE: die aus *Schneewittchen*
SCHLIMMSTE STRAFE: in mit Nadeln beschlagenem Fass gerollt werden (*Die drei Männlein im Walde*)
ERZFEINDE: Stiefkinder

125

FRÄULEIN ROTTENMEIER

AUTORIN: Johanna Spyri
TITEL: *Heidis Lehr- und Wanderjahre*
ORIGINALFASSUNG: 1880

»Das hast du einmal getan, ein zweites Mal tust du's nicht wieder«, sagte Fräulein Rottenmeier, auf den Boden zeigend; »zum Lernen sitzt man still auf seinem Sessel und gibt acht. Kannst du das nicht selbst fertigbringen, so muß ich dich an deinen Stuhl festbinden. Kannst du das verstehen?«

Im Rahmen einer Kunstaktion des Tokyo-Festivals 2010 wurde als Persiflage auf den japanischen Jugendwahn ein Café eröffnet: das Café Rottenmeier. Darin wurden die Kellnerinnen ungeachtet ihres wahren Alters als alte Jungfern geschminkt, die ihren Service barsch und streng verrichteten.

Fräulein Rottenmeier ist Kult. Das Wort »Gouvernante« haben wir aus einem der erfolgreichsten Kinderbücher aller Zeiten in einem Atemzug mit dem Namen Rottenmeier gelernt. Und was das schon für ein Wort ist, »Gouvernante«! Da knöpft es einem gleich das Korsett bis oben zu!

Im Hause Sesemann führt die Wirtschafterin Rottenmeier seit dem Tod der Mutter das Regiment. Niemand traut sich, sie zu stören, alle Bediensteten scheuen die »Art von hochgebauter Kuppel, die sie auf dem Kopf trug«, ihre Frisur.

Als wahrscheinlich akkurates Symbol der im 19. Jahrhundert herrschenden Biedermeierwerte ist sie der Grund, warum sich Kinder vor Menschen fürchten, die sie »erziehen« wollen. Und obwohl die meisten Kinder keine Ahnung haben, was Lebertran eigentlich ist, hat sie dem gelblichen Fischöl mit ihrer Drohung, es kranken Kindern einzuflößen, einen nachhaltig schlechten Ruf beschert.

Zudem dient Fräulein Rottenmeier hier als städtisch-arroganter Gegenpol zum heilen Almleben, vielleicht ein bisschen auch als Projektionsfläche einer schweizerisch-deutschen Rivalität. Wessen Welt die Schweizer Berge sind, der kann sich im spießigen Muff des Frankfurter Bürgerhauses nicht wohlfühlen, und daran ist hier allein die permanent entrüstete, sich empörende und einfach ziemlich unrunde alte Dame schuld.

Dass »Adelheid« bei ihrem Großvater auf der Alm aufgewachsen ist und im Alter von acht Jahren noch kein einziges Buch in der Hand hatte, schockiert die Gouvernante – vielleicht zu Recht. Dennoch würde die Aussage »Wie konnten Sie mir dieses Wesen zuführen?« heute wohl als unangemessene Überreaktion gewertet werden. Schlimm wirkt das selbst im Vergleich zum Erzählstil von Johanna Spyris Buch, in dem »das Mädchen« Heidi konsequent mit dem Fürwort »es« beschrieben wird.

Wer nicht brav ist, dem droht Einsperren im Keller mit Molchen und Ratten. Weinen zum Beispiel ist verboten. Das Fräulein Rottenmeier agiert dabei nicht mit böser Absicht, sondern aus Überzeugung, was aus Kinder- (und Leser-)sicht die Sache keineswegs besser macht. Dass die freundliche Sesemann-Großmutter ins Haus kommt und sie ohne jegliche »Titulatur« einfach »werteste Rottenmeier« nennt, wobei sie ihr die Autorität abgräbt, befriedigt Kinder wie Leserschaft. ■

HERKUNFT: Deutschland
BERUF: Gouvernante
TITULATUR: Fräulein (ganz wichtig)
WAFFE: Lebertran
PHOBIE: Tiere (und Pflanzen)
ATTRIBUT: Turmfrisur
CHARME: ★☆☆☆☆
ERZFEINDINNEN: Heidi, die Großmama

FRANGOJOANNOÚ

AUTOR: Alexandros Papadiamantis
TITEL: *Die Mörderin*
(aus dem Neugriechischen von Andrea Schellinger)
ORIGINALFASSUNG: 1903

》》Aus dem Becken hörte sie deutlich einen dunklen, tiefdunklen, absonderlichen Laut steigen. Das Wasser war in Wallung, als wühle ein Unwetter in ihm, es rief laut und redete schier wie ein Mensch. Klar und deutlich hörte sie das Wort, welches das sprechende Wasser von sich gab: »Mörderin! ... Mörderin! ...«

Das Bild allein ist schon einzigartig bizarr: eine alte Frau auf der Flucht über Stock und Stein, eine griechische Granny, die aus Fenstern springt und sich in Höhlen versteckt, um den »Bütten«, der uniformierten Inselpolizei von Skiathos, zu entgehen.

Der Hintergrund dazu ist noch eigenwilliger: Diese angesehene Frau, die stets hilfsbereit und verständig ihren eher minderbemittelten Zwangsehemann über die Runden brachte, sieben Kinder gebar und aufzog – die meint auf ihre alten Tage urplötzlich, eine neue Berufung gefunden zu haben: Mädchen killen. Und damit ist nicht ihre ebenfalls erfolgreiche Karriere als Engelmacherin gemeint, die mit ihren Salben, Kräutern und Latwergen außereheliche Fehltritte ihrer Dorfgenossinnen vertuscht. Nein, nein, diese alte Frau murkst kleine, unschuldige, lebende Mädchen ab.

Es ist das Griechenland des 19. Jahrhunderts, Töchter und Schwestern müssen krampfhaft mit stolzen Mitgiften ausgestattet werden, um unter die Haube zu gelangen – da kann man schon auf solche Gedanken kommen. Den Verfasser Papadiamantis inspirierte zu seiner *Mörderin* auch eine stets lautstark, aber eben nur mit Worten ihre Enkelinnen mordende Nachbarin. Frangojoannoú (wahlweise Hadoúla gerufen) »stopft« eines Nachts, da sie über ihr entbehrungsreiches Leben sinnierend am Wochenbette ihrer ältesten Tochter wacht, deren Neugeborenem »das Maul«: »Darauf nahm sie die Finger aus dem kleinen Mund, dem der Atem abgeschnitten war, packte das Kindchen am Hals und drückte diesen ein paar Sekunden zu. Das war alles.«

Nur ist es eben nicht alles. Denn die tiefreligiöse Großmutter, der Tat keineswegs verdächtigt (Neugeborene sterben halt manchmal: »Schade«, sagt der Vater), wird einerseits von einem schlechten Gewissen geplagt und empfindet »ein Herzeleid«, während sie andererseits irgendwie auf den Geschmack gekommen zu sein scheint. Das akute Ausbleiben einer göttlichen Strafe lässt sie gar annehmen, das Richtige zu tun und den Familien jede Menge Geld und Arbeit zu ersparen. Da werden dann schon einmal zwei spielende Mädchen ins Becken gestoßen und ertrinken.

Die bittere Ironie ist, dass Frangojoannoú erst dann panisch, verdächtig und flüchtig wird, als ein weiteres Mädchen unter ihrer Aufsicht in den Brunnen fällt, das sie zwar verwünscht, aber wirklich nicht hineingestoßen hat. Diese Hadoúla steht genau zwischen der bösen Großmutter in Horváths *Geschichten aus dem Wiener Wald* und den naiv wohlmeinenden alten Damen in Joseph Kesselrings *Arsen und Spitzenhäubchen*. Barmherzigkeit trifft Bosheit trifft Paranoia: die perfekte literarische Schurken-Latwerge. ∎

RUFNAME: Hadoúla (= Liebkosung, Streicheln)

HERKUNFT: Griechenland

BERUF: autodidaktische Kräuterheilerin

BERUFUNG: Engelmacherin

SPEZIALITÄT: Latwerge

SCHWÄCHE: Zwerge

ANZAHL GEBURTEN: 7

ANZAHL MORDE: 4–5

MAD-GRANNY-FAKTOR: ★★★★★

RELIGIÖSER FANATISMUS: ★★★★☆

129

PROF. ARTUR KUPFER

AUTOR: Friedrich Torberg
TITEL: *Der Schüler Gerber* (ursprünglich: *Der Schüler Gerber hat absolviert*)
ORIGINALFASSUNG: 1930

❯❯ Überhaupt war er bemüht, sich so irdisch wie möglich darzubieten. Aber die Ersichtlichkeit, mit der er es tat, ließ die Absicht deutlich werden: daß man merken solle, wie tief er von den Höhen, auf denen er zu thronen gewohnt war, herabschauen mußte, um den Schülern halbwegs als ihresgleichen, als homo sapiens, zu erscheinen.

An der Außenfassade des Bundesgymnasiums in der Wiener Wasagasse hängt eine Tafel, die erinnert: »Der Schriftsteller Friedrich Torberg 1908–1979 besuchte von 1919 bis 1921 diese Schule.« Mit Filzstift hat einmal jemand darunter geschrieben: »Und hier kam er auf die Idee zu seinem Schüler Gerber«. Kein schmeichelhaftes Urteil über das Gymnasium, obwohl man fairerweise sagen muss, dass das Gros der Lehrerschaft, die Torberg in seinem autobiografisch durchsetzten Buch beschreibt, die exzessivsten Auswüchse autoritärer Allmacht überwunden zu haben scheint.

Nicht aber Artur Kupfer, der für seine umfassende, aber auch selektive Gemeinheit schlichtweg keine Ausrede hat, schon gar nicht Floskeln wie »Fordern heißt fördern« oder »Harte Schale, weicher Kern«. Dieser Professor Kupfer, so gesteht es auch der auktoriale Erzähler abseits subjektiver Schüleraugen ein, ist ein »Schurke aus Passion«.

Das zeigt ein kurzer Einblick in sein privates Umfeld: In Kupfers Wohnzimmer prangen unter dem krummen Sarazenensäbel drei Fotografien von ihm selbst. Er ist ein Poseur, stets auf den Eindruck bedacht, den er bei anderen erweckt. Jämmerlich! Denn wenn diese anderen zu einem Gutteil Schüler sind, die man in Mathematik und darstellender Geometrie unterrichtet, dann gibt es einen sehr einfachen Weg, Eindruck zu schinden: das Hervorrufen nackter Angst. Zwar wird er nur hinter seinem Rücken spöttisch »seiner von ihm oft betonten Unfehlbarkeit wegen im Schülermund ›Gott Kupfer‹ geheißen«, aber der Herr Klassenvorstand weiß genau darum und genießt den zweifelhaften Ruhm.

Und so zehrt er davon auch im schnöden Privatleben. »Den Leuten war er kein Gott. Aber sie wußten immerhin, daß er irgendwo als Gott behandelt wurde. Und nun kam es darauf an: ob ihnen wenigstens das imponierte.« Andernorts heißt es: »Denn Artur Kupfer hatte eines Tages beschlossen, Bohemien zu sein. Er nahm sich vor, jeden Tag dieses für sich zu sprechen: ›Wie wohl tut es doch, nach der starren, langweiligen Schulordnung in den unregelmäßigen Wasserflächen der Saloppheit zu baden. Es entspricht meiner eigentlichen Natur viel besser!‹« Um sich also einen kontrollierbaren Anstrich von Menschlichkeit zu geben, legt der Prof. besonderen Wert darauf, seinen Schreibtisch nicht aufzuräumen.

In einer aus reiner Machtgier geführten persönlichen Fehde mit dem Maturanten (also Abiturienten) Kurt Gerber wird er diesen mühelos in den Selbstmord treiben. Dass er Gerber bei der Matura dann ja eh durchgelassen hat, kriegt dieser gar nicht mehr mit. Der Roman endet mit einer entsprechenden Zeitungsnotiz. Ob Kupfer dadurch geläutert oder endgültig auf seinem Olymp angekommen ist, wird nicht mehr beschrieben. Schlimmstes ist zu befürchten. ∎

RUFNAME: Gott Kupfer
HERKUNFT: Österreich
BERUF: Mathelehrer
HOBBY: Schurke aus Passion
STATUR: für die Mittelgröße zu korpulent
BELIEBTHEIT: ★☆☆☆☆
LIEBLINGSNOTE: ★★★★
ERZFEIND: Kurt Gerber

131

PAULE REZEAU

AUTOR: Hervé Bazin
TITEL: *Viper im Würgegriff*
(aus dem Französischen von Johannes Hübner)
ORIGINALFASSUNG: 1948

》》Du bist als Rezeau geboren, aber zum Glück hat man
dir nicht beibringen können, zu lieben, was du bist.
Du hast in deinem Hause die Un-Mutter gefunden, deren
beide Brüste voll Säure sind. Das Lab der Zärtlichkeit, das
im Magen der Glückskinder die Milch gerinnen läßt – du
kennst es nicht. Dein ganzes Leben lang wirst du diese
Kindheit Gott ins Gesicht spucken, der sich erdreistet hat,
dies Experiment mit dir zu machen.

Im Film *French Kiss* sagt Meg Ryans Figur: »Alle Menschen lieben ihre Mutter. Sogar die Menschen, die ihre Mutter hassen, lieben ihre Mutter.« Ja. Vielleicht. Aber nicht diese Mutter. Paule Rezeau, geborene Pluvignec, ist der Albtraum ihrer Söhne. Lois aus der TV-Serie *Malcolm mittendrin* ist eine empathische, wohlig umsorgende Glucke gegen sie. Ihre Söhne nennen sie Wildsau, »Rache an Wildsau!« lautet ihr täglicher Schlachtruf (seltener ersetzt durch: »Wildsau krepiere!«), und bisweilen beneiden sie wehmütig die mit ihnen verschwisterten Fehlgeburten dafür, »das Embryonalstadium eines Rezeau nicht zu überleben«.

Aus reichem Hause kommend, ihrerseits als Kind eher vernachlässigt, nutzt Paule die Charakterschwäche ihres Mannes, um mit sinnlosen Regeln ihre Söhne zu terrorisieren, etwa Grenzlinien im Garten, die die Kinder nicht überschreiten dürfen, und den Tatbestand der körperlichen Misshandlung erfüllenden Strafen (Nahrungsentzug, dem Diebstahl ihrer Ersparnisse und Schlägen mit der Gabel – der Vorderseite wohlgemerkt).

Selbst der erzkatholische Glaube im Hintergrund dient ihr im Endeffekt nur als Ausrede für Schikane. Gewinnt sie etwa den Eindruck, ein Hauslehrer übe den Kindern gegenüber zu viel Milde, wird er durch einen neuen ersetzt. Die logische Folge: Das trickreiche Brüdertrio muss gerade über die grausamsten Erzieher einschlägige Gerüchte streuen. Je weiter die Söhne in die Pubertät und somit ins Erwachsenwerden vordringen, desto panischer versucht sie das zu verhindern, und desto höher ist das Niveau der strategischen Kriegsführung.

Dass Ich-Erzähler Jean am Ende ins Internat geschickt wird, ist sein großer Sieg, aber auch ihrer.

Viper im Würgegriff, der erste Roman der autobiografischen Trilogie von Hervé Bazin, wäre eine heitere Rachekomödie mit herrlich bösartiger Heldin – in Frankreich ist sie auch Kult, das Wort »Folcoche« (Wildsau) eine Typenbezeichnung –, würde einem der arme Hervé aufgrund des Wörtchens »autobiografisch« nicht schrecklich leidtun. Er ist Schriftsteller. Er hat bestimmt übertrieben.

Hoffentlich.

Bis ins hohe Alter hinein wird Wildsau – auch in den Folgeromanen *Das Tischtuch ist zerschnitten* und *Die Eule ruft* – innerfamiliär Zwietracht säen. Dann wird sie alles bereuen und sterben. Aber schon vorher wird Hervé Bazin in seinem adoleszenten Sprachrohr Jean all seine freudianische Verkorkstheit auf den Punkt bringend dieser Mutter zur Last legen: »Du bist auch nur eine Frau, und alle Frauen müssen mehr oder weniger für dich büßen. Ich übertreibe? Höre (...) Der Mann, der eine Frau besudelt, besudelt immer auch seine Mutter. Man spuckt nicht nur mit dem Munde.« ∎

RUFNAME: Wildsau
HERKUNFT: Frankreich
BERUF: Mutter
HOBBY: Briefmarkensammeln (sic!)
RELIGION: röm.-kath.
LIEB ZU KINDERN: äh, nein
SÖHNE: ★★★
ERZFEIND: Jean (»Brasse-Bouillon«)
ÜBERSTANDENE MORDVERSUCHE: ★★

133

MUTTER KOHUT

AUTORIN: Elfriede Jelinek
TITEL: *Die Klavierspielerin*
ORIGINALFASSUNG: 1983

>> Doch da steht schon die Mama groß davor und stellt Erika. Zur Rede und an die Wand, Inquisitor und Erschießungskommando in einer Person, in Staat und Familie einstimmig als Mutter anerkannt. Die Mutter forscht, weshalb Erika erst jetzt, so spät, nach Hause finde? Der letzte Schüler ist bereits vor drei Stunden heimgegangen, von Erika mit Hohn überhäuft. Du glaubst wohl, ich erfahre nicht, wo du gewesen bist, Erika. Ein Kind steht seiner Mutter unaufgefordert Antwort, die ihm jedoch nicht geglaubt wird, weil das Kind gern lügt.

134

Das Kind ist in diesem Fall Ende 30, kommt den Fängen der klammernden Mutter aber nicht aus. Die ist schon so alt, dass sie auch ihre Großmutter sein könnte, übt aber immer noch psychologisch Macht über die Tochter aus. Dabei ist sie unbarmherziger Kontrollfreak und Drill-Sergeant.

Lange hat diese Mutter offenbar daran gearbeitet, ein Kind zu bekommen, kaum war es da, starb der Ehemann, weil er nicht mehr gebraucht wurde. Danach waren sie und ihre eigene Mutter es, die das Mädchen Erika zur Toppianistin heranzüchteten.

Denn die Mutter wusste stets – nicht anders hatte sie es geplant –, dass ihre Erika etwas ganz Besonderes ist. Sie ließ sie üben und üben und verweigerte ihr jede andere Art von Leben. Jetzt ist das Wunderkind zwar kein Superstar geworden, sondern eine Klavierlehrerin, die ihre Schüler und deren Familien durch Androhung schlechter Noten zum Besuch ihrer Konzerte zwingt und sich sexuell nur in Peepshows und mit Rasierklingen Befriedigung verschaffen kann. Aber Tochter ist sie immer noch, hauptberuflich, dafür hat die Mutter gesorgt. Männerbesuche sind implizit verboten und wären auch einigermaßen peinlich, da Erika kein eigenes Zimmer hat. Dazu kommt es aber schon deshalb nicht, weil die Mutter alle von Erikas Versuchen, sich hübsch zu machen, vereitelt, und die Anzahl ihrer Kleider auf einem notwendigen Minimum hält, indem sie alte versteckt und neue zerreißt.

Immerhin für die Musik empfindet diese Frau eine Leidenschaft. Doch auch die treibt sie ad absurdum: »Ein Lied singen sie nicht, weil sie, die von Musik etwas verstehen, die Musik nicht mit ihrem Gesang schänden wollen.« Der Tochter hat sie die Freude am Klavierspiel mit ihrem Fremdehrgeiz längst vergällt.

Der Name Kohut bezieht sich auf Heinz K., Theoretiker narzisstischer Persönlichkeitsstörungen. Elfriede Jelinek, die in ihren 1983 erschienenen bekanntesten Roman wohl manches Autobiografische eingeflochten hat, gönnt der Mutter jedoch keinen Vornamen – ihre Rache am bösen Weib, das somit seinerseits nur Mutter ist und sonst nichts. Man sollte meinen, dass, wenn Erika sich gegen Ende eines Messers bedient, ein durchaus verständlicher Muttermord die Folge sei. Nein, auf einen ihr Avancen machenden Schüler hat Erika es abgesehen, rammt sich das Messer dann aber ohnedies nur selbst in die Schulter. Wie die Mutter reagieren wird, wenn Erika blutend nach Hause kommt, lässt sich nur spekulieren. Den Kreislauf der verhinderten Abnabelung wird es kaum durchbrechen. ∎

VORNAME: unbekannt
HERKUNFT: Österreich
BERUF: Pensionistin
TRAUM: Eigentumswohnung
HOBBYS: Musik, Modeberatung
PSYCHOPATHENFAKTOR: ★★★☆
ERZFEINDIN: die Tochter
FILMDARSTELLERIN: Annie Girardot

135

FRÄULEIN KNÜPPELKUH

AUTOR: Roald Dahl
TITEL: *Matilda*
(aus dem Englischen von Sybil Gräfin Schönfeldt)
ORIGINALFASSUNG: 1988

>> Sie war ein Riesenweib, ein heiliger Schrecken, ein wildes tyrannisches Ungeheuer, das Kinder und Lehrer gleichermaßen in Panik versetzte. Selbst aus der Entfernung hatte sie etwas Drohendes, und wenn sie einem dicht auf den Leib rückte, konnte man ihre gefährliche Hitze so wahrnehmen, als ob sie ein Stück glühendes Eisen wäre. Wenn sie marschierte – Fräulein Knüppelkuh ging niemals, sondern marschierte immer wie eine Sturmtruppe mit langen Schritten und schwingenden Armen –, wenn sie also einen Korridor entlangmarschierte, konnte man sie tatsächlich bei jedem Schritt schnauben hören, und wenn ihr einmal eine Kinderschar im Wege war, pflügte sie sich querbeet durch wie ein Panzer, sodass die Kleinen nach rechts und links zur Seite spritzten.

Roald Dahl ist mit Sicherheit der nachtragendste Mensch, der je Kinderbücher geschrieben hat. Seine Kindheit war bestimmt nicht die angenehmste, und die Charaktere, die daran schuld sind, holen sich bei ihm beinhart die Rechnung ab, und die heißt künstlerische Freiheit. Sie erhalten höchst unvorteilhafte Namen wie Knüppelkuh (Agatha Trunchbull im englischen Original) und werden als personifiziertes Grauen geschildert.

Besagte Schuldirektorin zum Beispiel ist so grausam, dass selbst ihre eigenen Angestellten dies ganz offiziell zugeben. Knüppelkuh könne die Schüler »wie eine Mohrrübe durchs Schnitzelwerk treiben«, warnt Fräulein Honig, ihrerseits deren von ihr an der kurzen Leine gehaltene Nichte. Und der Autor selbst legt genüsslich nach und findet unzählige Vergleiche, etwa »ziemlich verrückter und blutdürstiger Jäger hinter der Meute scharfer Jagdhunde«.

Ganz abgesehen von ihrem sinnlosen Sadismus und ihrer wirklich schon lächerlich konstanten schlechten Laune macht sie ihren Job nicht gut und verbietet unter Berufung auf selbst aufgestellte Regeln, dass die telekinetisch, aber auch sonst hochbegabte Matilda eine Klasse überspringt. Sie misshandelt (Zöpfeziehen) und beleidigt (»Du picklige Pestbeule, du mottenzerfressener Murks«) die Schülerinnen aus chronischem Zorn heraus und zeigt sich dabei immerhin treffsicher: »Wenn sie nicht weiß, wer der Schuldige ist, dann rät sie einfach drauflos, und es ist ein Jammer, wie Recht sie meistens hat.« Die naheliegende Frage, wie die ehemalige Schwergewichtssportlerin ihre aktuelle Stellung erlangt hat, ließe sich höchstens auf Basis einer sehr pessimistischen Einschätzung des englischen Schulsystems im 20. Jahrhundert beantworten, doch so weit geht der Verfasser nicht: Es sei ihm ein Rätsel, erklärt er an einer Stelle achselzuckend.

Worauf man sich bei Dahl jedenfalls verlassen kann, ist, dass seine Peiniger gebührende Strafen für ihre Terrorregime kassieren. Die meisten sterben entweder eines unsäglich widerwärtigen Todes oder werden mit einem nassen Fetzen davongejagt. Fräulein Knüppelkuh kommt im Vergleich dazu körperlich unversehrt und mit dem Schrecken davon, hat aber eine gesalzene moralische Lektion präsentiert bekommen. Matilda benutzt mitten im Unterricht ein Stück Kreide, um der Knüppelkuh weiszumachen, sie müsse ihrer Nichte sofort Geld und Haus übergeben und die Stadt verlassen. Und weg ist sie. Muh! ∎

HERKUNFT: Großbritannien
BERUF: Schuldirektorin (vormals Athletin)
STÄRKE: Instinkt
SCHWÄCHE: pädagogische Unfähigkeit
ERZFEINDIN: Matilda Wurmwald
EMPFOHLENES FLUCHTSZENARIO: wie bei Begegnung mit Rhinozeros
FILMDARSTELLERIN: Pam Ferris

137

DOLORES UMBRIDGE

AUTORIN: Joanne K. Rowling
TITEL: *Harry Potter und der Orden des Phönix*
(aus dem Englischen von Klaus Fritz)
ORIGINALFASSUNG: 2003

Sie reichte ihm eine lange, dünne schwarze Feder mit ungewöhnlich scharfer Spitze.

»Ich möchte, dass Sie schreiben: Ich soll keine Lügen erzählen«, befahl sie leise. »Wie oft?«, fragte Harry, glaubwürdig Höflichkeit heuchelnd.

»Oh, so lange es dauert, bis die Botschaft sich einprägt«, sagte Umbridge mit ihrer süßlichen Stimme.

»Fangen Sie an.« Sie ging hinüber zu ihrem Schreibtisch, setzte sich und beugte sich über einen Stapel Pergamente, offenbar Aufsätze, die es zu benoten galt. Harry hob die scharfe schwarze Feder, dann fiel ihm auf, was fehlte.

»Sie haben mir keine Tinte gegeben«, sagte er.

»Sie werden keine Tinte brauchen«, sagte Professor Umbridge mit dem leisen Anflug eines Lachens in der Stimme.

Harry-Potter-Kenner wissen natürlich, dass der schlimmste Bösewicht aus dieser Reihe (ach was, der ganzen Welt) der ist, dessen Name nicht genannt werden darf. Er weist Merkmale verschiedenster Entitäten des Grauens aus der realen und fiktiven Geschichte auf, und wir alle gewöhnen uns rasch daran, uns ganz schrecklich vor dem Dunklen Lord zu fürchten, auch wenn wir erst allmählich erfahren, wieso.

Als dann aber im fünften Band aus dem Nichts Dolores Umbridge auftaucht, den Lehrstuhl für die Verteidigung gegen die Dunklen Mächte übernimmt und eine ganz reale, physisch (auch für Leser spürbar) unter die Haut gehende Terrorherrschaft aufzieht, erstrahlt das Harry-Potter-Grauen plötzlich nicht in finsterem Grauschwarz, sondern in einem Heppipeppi-Gutschigu-Pink, das man so schnell nicht vergisst. Denn das pinke Monster benutzt eine Feder, die einem die Worte, die man schreibt, in die Haut kratzt. Eine andere Waffe, die sie unbekümmert einsetzt, ist der Folterzauberspruch »Crucio«, der einem ganz unmittelbar höllische Schmerzen zufügt. Dass J. K. Rowling in ihrer elaborierten Parallelwelt aus Zauberern und Muggeln von Entwicklungen in der echten Geschichte des 20. Jahrhunderts beeinflusst war, wird selten so deutlich wie am Beispiel von Professor Umbridge: Äußerlich klein gewachsen, gibt sie sich als Kätzchenfan und auch sonst ziemlich kitschig. Das Frustrierende: Die niedliche Mädchenwelt ist keineswegs Fassade. Dolores ist halt eher dümmlich, was sie nicht davon ab-

hält, intellektuell zu tun und Manifeste zu verfassen *(SCHLAMMBLÜTER und die Gefahren, die sie für eine friedliche reinblütige Gesellschaft darstellen)*. Den eigenen Gelegenheitssadismus vertritt sie gewiss auch vor sich selbst als loyale Überzeugung. Ausleben darf sie ihn nur als zufällige Profiteurin komplexer Machtspiele im Hintergrund, sodass man baff vor ihr steht wie vor einem unangekündigt ausbrechenden Vulkan.

Der Nazi-Analogie folgend wird Umbridge, als dann »alles gut ist« (die berühmten letzten Worte der Saga), der Verbrechen gegen die Muggelheit angeklagt, wie die Autorin mitgeteilt hat. Ebenfalls passend zur bitteren Ironie so manchen verbohrten Verfechters absoluter Reinblütigkeit: Es stellt sich heraus, sie ist selbst ein Halbblut. ∎

ZWEITER VORNAME: Jane

HERKUNFT: Großbritannien

BERUFE: Lehrerin, Großinquisitorin, Ministerialbeamtin

HOBBY: Tät(owier)erin

TIER: Kröte

FARBE: pink

BIBLIOGRAFIE: *SCHLAMMBLÜTER und die Gefahren, die sie für eine friedliche reinblütige Gesellschaft darstellen*

FILMDARSTELLERIN: Imelda Staunton

139

Die fatalen Frauen

Die Kategorie der Femme fatale
beruht auf einem Männerblick.
Erst becirct, dann vernichtet werden – es gibt schlimmere Albträume. Über die Brutalität der Liebe,
wie sie Spaß macht zu lesen.

———◦◆◦———

CIRCE

AUTOR: Homer
TITEL: *Odyssee*
(aus dem Altgriechischen von Johann Heinrich Voß)
ORIGINALFASSUNG: 8. Jh. v. Chr. (oder früher)

>>Und sie fanden im Tal des Gebirgs die Wohnung der Kirke,
Von gehauenen Steinen, in weitumschauender Gegend.
Ihn umwandelten rings Bergwölfe und mähnichte Löwen,
Durch die verderblichen Säfte der mächtigen Kirke bezaubert.
Diese sprangen nicht wild auf die Männer, sondern sie stiegen
Schmeichelnd an ihnen empor mit langen wedelnden
Schwänzen.

In ihren Haustieren spiegelt sich die Erfolgsstrategie der weltersten Becircerin wider: nicht wild anspringen, sondern schmeichelnd emporsteigen, bis die Schwänze wedeln. Dann noch ein verderblicher Saft, eine anmutige Melodie, und die tapfersten Krieger werden zu zahmen Katzen. Oder Spechten. Oder Schweinen. Irgendwelchen Tieren eben, die ganz im Banne der schöngelockten, melodischen Göttin stehen und tun, was sie befiehlt.

Circe (oder Kirke, oder auch Zirze – ein alter Altphilologenstreit) lebt in einer Villa inmitten der Natur auf einer Insel mit dem wunderbar lautmalerischen Namen Aiaia. Die Götter haben ihr einen Webstuhl vorgesetzt, auf dem sie munter vor sich hin spinnt – eine Spinnerin des Menschenschicksals. Nebenbei experimentiert sie mit Kräutern und braut Zaubertränke, die es in sich haben.

Im zehnten Gesang der *Odyssee* hat Circe ihren großen Auftritt. Odysseus und seine Mannen werden von den Winden auf ihre Insel gespült. Ein erster Spähtrupp findet ihr Haus, lässt sich von ihr bewirten und wird prompt in einen Haufen Schweine verwandelt, den sie sich in den Kobel sperrt. Nur ein gewisser Eurylochos ist ihrem Charme gegenüber resistent, wittert das Übel und geht bei Odysseus petzen. Der Listige wendet nun allerlei Tricks an, um nicht auch versaut zu werden, besteigt aber dennoch »mit Kirke das köstlichbereitete Lager«. Erst nach einem Jahr lässt sie ihn und seine wieder entrüsselte Mannschaft – unter diversen Auflagen – ziehen.

Diese frühe Femme fatale und Vorgängerin der ebenfalls unheilvoll betörenden Loreley treibt aber nicht nur bei Homer ihr Unwesen. In der *Aeneis* und in der *Argonautensage* kommt sie vor, bei Sophokles und Ovid, heute auch in Opern, in der Botanik und gar der Astronomie. Von ihrem Namen stammen Kirche wie Zirkus ab, die eine Symbol des unreflektierten Banns, der andere Sinnbild für die ganz unterhaltsame Prokrastination.

Frauen bejubeln die Figur für ihre Unabhängigkeit und ihre Macht über Männer. Männer finden es einfach nur böse: den armen Odysseus so lange von der Heimkehr zu seiner treuen Gemahlin abzuhalten! Wenn sie unglücklich verliebt ist, kann sie freilich mit ihren Zauberkräften ganz objektiv betrachtet zu weit gehen, wenn sie etwa die Nebenbuhlerin Skylla in ein Seeungeheuer verwandelt oder einen gewissen Picus zum Specht macht, weil er sie verschmäht. Das ist dann nicht mehr so betörend. Da kommt die Allzu-Menschlichkeit der griechischen Göttergestalten wieder einmal aufs Amüsanteste zum Vorschein. ∎

RUFNAMEN: Die verliebte Buhlerin, Die Umwandlerin, Die schöngelockte, Die hehre melodische Göttin

ELTERN: Helios und Perse

HERKUNFT: Aiaia, Griechenland

BERUF: Weberin

NEBENJOB: Halbgöttin

HOBBY: schweinische Zaubertricks

CHARME: tierisch verführerisch

LIEBLINGSTIER: Männer

143

MARQUISE DE MERTEUIL

AUTOR: Pierre-Ambroise-François Choderlos de Laclos
TITEL: *Gefährliche Liebschaften*
(aus dem Französischen von Wolfgang Tschöke)
ORIGINALFASSUNG: 1782

>>Ich rate ihm artig zu sein; denn in diesem Augenblick würde es mich nichts kosten, ihm den Laufpaß zu geben. Ich bin sicher, wenn ich die Klugheit besäße, ihn gegenwärtig aufzugeben, fiele er darüber in Verzweiflung; und nichts belustigt mich mehr als eine Verzweiflung aus Verliebtheit. Er würde mich Treulose nennen und das Wort Treulose hat mir immer Freude bereitet; es ist nach dem Wort Grausame das süßeste im Ohr einer Frau, und weniger mühsam zu verdienen.

144

Sie ist die Rächerin der Frauen, gewissermaßen eine präfeministische Feministin mit sehr eigenwilligen Methoden. Während jede sexuelle Eroberung für einen Mann automatisch ein Vergnügen bedeutet, sei sie für eine Frau tendenziell eine Niederlage und Demütigung, findet die Marquise Isabelle de Merteuil. Etwas hart formuliert, aber natürlich haben Frauen es nicht leicht, gerade nicht im 18. Jahrhundert. Es sei denn, sie machen sich frisch verwitwet unabhängig, verdrehen gelegentlich Männern den Kopf und lassen sie wieder fallen, erheben sich weniger über gängige Konventionen als sie vielmehr schamlos für die eigenen Intrigen zu nutzen, lehnen sich dann zurück, schreiben eifrig Briefe und schauen mal, was passiert. Der schwierigste Trick dabei: die weiße Weste der femininen Ehrbarkeit anzubehalten.

Chaderlos de Laclos' *Gefährliche Liebschaften* sind der beste Beweis dafür, wie sehr wir Bösewichte lieben. Das ganze Buch ist ein Briefroman, besteht also aus intimen Schriftstücken, die nicht für die Augen einer Leserschaft bestimmt sind – der Reiz des Verbotenen. Zudem zeugt jeder dieser Briefe von einem einzigen feinmaschigen Intrigennetz der Marquise, deren Komplize und ehemaliger Liebhaber, der Vicomte de Valmont, zwar willfährig als Verführer unschuldiger Mädchen auftritt, seine Handlungen aber eigentlich bereut und offenlegt, während die Marquise ihm geradewegs ins Gesicht sagt (also, na ja, in einem Brief eben): »Man muß siegen oder untergehen.« In diesem Fall werden am Ende tatsächlich fast alle Beteiligten untergegangen sein.

Durch ihren Stand – und ihr Geschlecht – zu Schweigen und Untätigkeit verurteilt (»(...) meine Gedanken gehörten nur mir«), lernte sie zuerst zu beobachten, dann zu durchschauen, und, als das allein ihr keinen Spaß mehr machte, Rollen zu spielen. Je leichter sie erregbar war, desto gefühlloser musste sie sich präsentieren. Authentizität, pah! Das ist so voriges Jahrtausend: »(...) und ich kann sagen, ich bin mein Werk.« Schurkentum als Ausdruck der Freiheit.

Ein Teil der Freiheit erwächst freilich auch aus der souveränen Beherrschung der Sprache. Elegante Wendungen, höchstes Niveau im Ausdruck – kein Wunder, dass die Marquise und ihr Gefolge es dem deutschen Dramatiker Heiner Müller besonders angetan haben, der die Sprachschrauben in seinem Stück *Quartett* noch fester zieht. Die Filmwelt liebt die Merteuil ebenfalls: Es existieren bestimmt zehn Adaptionen. Glenn Close durfte sich 1988 in zeitgerechte Roben werfen und mit steinernem Blick tödliche Intrigen spinnen; zehn Jahre später war es dann Sarah Michelle Gellar in der – verblüffend zeitgemäßen – US-High-School-Variante *Eiskalte Engel*. ∎

VORNAME: Isabelle
HERKUNFT: Frankreich
HOBBYS: Briefe schreiben, Menschen entehren
INTRIGANTENFAKTOR: ★★★★★
SCHÖNHEIT: ★★★★☆
BRIEFFREUND UND ERZFEIND: Vicomte de Valmont
FILMDARSTELLERINNEN: Glenn Close, Sarah Michelle Gellar, Catherine Deneuve

145

JULIETTE

AUTOR: Marquis de Sade
TITEL: *Juliette oder Vom Segen des Lasters*
(aus dem Französischen von Stefan Zweifel und Michael Pfister)
ORIGINALFASSUNG: 1796

>> Nimm dir Messalina und Theodora zum Vorbild; halte dir, nach dem Beispiel dieser ruhmreichen Dirnen des Altertums, Hurenkreise beiderlei Geschlechts, in die du, so oft du willst, eintauchen kannst wie in ein Meer der Unkeuschheit: suhle dich in Schmutz und Schande; all das, was es an Schmutzigstem und Abscheulichstem gibt, an Beschämendstem und Ruchlosestem, an Kynischstem und Empörendstem, all das, was der Natur, Gesetzgebung und Religion am stärksten darwiderläuft, möge allein schon aus diesem Grund zu deiner Lieblingsbeschäftigung werden; besudle alle Teile deines schönen Körpers nach Lust und Laune; bedenke, daß es keine einzige Stelle gibt, an der man der Geilheit nicht einen Tempel errichten könnte, und daß stets jene Lustbarkeiten am göttlichsten ausfallen, von denen du glaubst, sie seien am widernatürlichsten.

O, welch Feier der Gewalt! Was für eine Ausgeburt an unwidersprochener Lasterlust! Auf über 4000 Seiten und zehn Bände verteilt argumentiert der hochwohlgeborene Marquis de Sade die Vorteile des Böseseins gegenüber jenen der Tugend. Justine, die Liebe, hat nur Pech und wird vom Blitz getroffen, während ihre Schwester Juliette gestützt auf einen großen philosophischen Unterbau verdirbt, verprügelt und vergiftet und dabei im Glück erstrahlt. Wozu tugendhaft sein in einer Welt, die es von Natur aus nicht ist und nicht belohnt? Nur wer noch grausamer auftritt als alle anderen, kann überleben.

Juliette liest sich wie ein darwinistischer Erfolgsratgeber für Schurken. Der 220 Jahre alte Wälzer ist eine Orgie für sich und enthält eine ganze Reihe davon, mit Opferzahlen oft im vierstelligen Bereich. Während Juliettes Morde anfangs jedoch aus Frust erfolgten (eine begehrte Gespielin entzog sich ihr) oder politisch angestiftet waren, lernt sie in der »Gesellschaft der Freunde des Verbrechens« bald, was gute Gründe für Morde sind: Es braucht nämlich keine. Mit dieser L'art-pour-l'art-Haltung ist Juliette würdige Ahnin und Vorbild für Lafcadio Wluiki.

Dazu ist sie nicht nur bekennende, sondern auch glühende Atheistin – zu ihrer Zeit fast noch ungebührlicher als Sex und Gewalt – und entsagt sich Gott aufgrund seiner Unwahrscheinlichkeit durchaus pointiert in einer Fußnote.

Den Überschwang hebt sich die professionelle Prostituierte und hobbymäßige Giftmörderin für ihre kunstvollen Korrumpierungen unschuldiger oder auch nur der Verklemmtheit schuldiger Persönlichkeiten auf: Sogar der Papst wird eine schwarze Messe zu ihren Ehren lesen und dabei die Herzen junger Knaben verzehren.

Hermann Nitsch hätte seine Freude, und klarerweise sind es die pompös übersteigerten Sexszenen, deretwegen wir zu de Sade greifen (oder eben gerade nicht). Dass die kokette Juliette dabei mehr Menschenleben auf dem Gewissen hat als die meisten literarischen Bösewichte aus viel egoistischeren Motiven, geht auf dem Fleischtablett und im Samenregen gerne unter.

Einen Bonuspunkt erhält Juliette jedoch. Als sie dazu beitragen soll, einen Großteil des französischen Volks auszuhungern und dadurch die Überbevölkerung zu bekämpfen, schreckt sie erbleichend zurück. Man ist ja kein Unmensch. ∎

HERKUNFT: Frankreich
BERUF: Kurtisane
NEBENJOB: Mörderin
RELIGION: Atheismus
(dank Klosterschule)
VEREIN: Gesellschaft der Freunde des Verbrechens
MORDMOTIV: sexuelle Verweigerung
(wenn überhaupt)
FANS: Horkheimer / Adorno, Erich Fromm

147

MILADY DE WINTER

AUTOR: Alexandre Dumas d. Ä.
TITEL: *Die drei Musketiere*
(aus dem Französischen von August Zoller)
ORIGINALFASSUNG: 1844

»Ihr seid ein auf die Erde geschickter Teufel«, sagte Athos, »Eure Macht ist groß, ich weiß es, aber Ihr wißt auch, daß die Menschen oft mit Gottes Hülfe die furchtbarsten Teufel besiegt haben. Ihr habt Euch schon einmal auf meinem Wege gezeigt, ich glaubte Euch niedergeschmettert zu haben, aber wenn mich nicht Alles trügt, hat Euch die Hölle wiedererweckt.«

Ihre Augen können Blitze schleudern. Klingt brandheiß – im Sinne von gefährlich, aber eben auch im Sinne von sexy.

Die Verführungskunst dieser Schurkin macht auch vor Geistlichen nicht halt: Als sie mal Nonne war, brannte sie mit dem Konventpriester durch. Doch bleibt sie bei aller Hitzeproduktion selbst eiskalt: Liebe ist bei ihr mit Gier gleichgesetzt, der Glanz in ihren Augen spiegelt ausschließlich das Glitzern von Gold und Diamanten wider.

Unwiderstehlich, erbarmungslos und ohne Reue – diese Femme fatale ist eine Erfindung von Alexandre Dumas dem Älteren, und sie nennt sich Anne de Breuil oder Lady Clarick, war aber mal die Comtesse de la Fère und ist jetzt die Milady des Lord de Winter, dessen Bruder sie geheiratet und in weiterer Folge (vermutlich) ermordet hat.

Zwar hat sie ihm einen Erben geboren (dem in der Fortsetzung der *drei Musketiere* die Schurkenrolle zukommt), scharwenzelt nun aber beflissen um Kardinäle, Grafen und andere Intriganten herum.

Mit ihren zarten 22 hat die Frau eine beeindruckende Karriere hingelegt; diese umfasst auch einen Gefängnisaufenthalt, im Zuge dessen sie mit einem entehrenden Brandmal auf der Schulter versehen wurde. Sie verbarg das Mal – wohl unter dem Vorwand der Keuschheit – ihrem späteren Ehemann, dem Comte de la Fère. Als er es doch entdeckte, hängte er sie auf, rannte davon und nahm den Namen Athos an, unter dem er fürderhin als Musketier dem französischen König dienen wollte. Jedoch hielt der Lady hübscher Hals dem Stricke stand, und die beiden wandelten in dem Glauben auf Erden, ihr jeweiliger Partner sei tot.

Als Athos seine Verflossene wiedersieht und erwischt, überlässt er sie daher wohlweislich der Justiz, anstatt wieder selbst Hand anzulegen. Diesmal rollt der Kopf, das ist sicherer, schließlich haben die Franzosen die Guillotine erfunden.

Attentate auf hohe Würdenträger bietet Milady de Winter im Tausch gegen die Beseitigung ihrer eigenen Feinde an; ist sie eingesperrt, flirtet sie sich in Freiheit. Das gelingt nur aufgrund der selbstverständlichsten Waffe, die unsere Fantasie in Bewegung versetzt: Schönheit. Doch Milady ist nur schön, solange sie erfolgreich ist. Wähnt sie einen ihrer teuflischen Pläne durchkreuzt, hält sofort Hässlichkeit in ihrem blond gerahmten Antlitz Einzug. ∎

DECKNAMEN: Anne de Breuil, Comtesse de la Fère, Lady Clarick
HERKUNFT: Frankreich
BERUF: Spionin
BESONDERES KENNZEICHEN: Brandmal
WAFFE: Verführung
SEXAPPEAL: ★★★☆
FILMDARSTELLERINNEN: Faye Dunaway, Milla Jovovich, Emmanuelle Béart

149

WANDA VON DUNAJEW

AUTOR: Leopold von Sacher-Masoch
TITEL: *Venus im Pelz*
ORIGINALFASSUNG: 1870

» Vertrag zwischen Frau Wanda von Dunajew
und Herrn Severin von Kusiemski

Herr Severin von Kusiemski hört mit dem heutigen Tage
auf, der Bräutigam der Frau Wanda von Dunajew zu sein
und verzichtet auf alle seine Rechte als Geliebter; er ver-
pflichtet sich dagegen mit seinem Ehrenworte als Mann und
Edelmann, fortan der Sklave derselben zu sein und zwar
solange sie ihm nicht selbst die Freiheit zurückgibt. (...)

Frau von Dunajew darf ihren Sklaven nicht allein bei
dem geringsten Versehen oder Vergehen nach Gutdünken
strafen, sondern sie hat auch das Recht, ihn nach Laune
oder nur zu ihrem Zeitvertreib zu mißhandeln, wie es ihr
eben gefällt, ja sogar zu töten, wenn es ihr beliebt, kurz, er
ist ihr unbeschränktes Eigentum. (...)

Wer das unterschreibt, ist selber schuld, könnte man meinen. Und doch ist diese Wanda ein Hassobjekt sondergleichen, das es verdient hat, in die Schurkenriege der Kategorie Femme fatale aufgenommen zu werden. Severin ist verknallt. Auf den können wir nicht zählen bei der Verurteilung dieser egoistischen Privatdomina, der findet es toll, verstoßen und ausgepeitscht, verkannt und gedemütigt zu werden. Aber eigentlich leidet er darunter. Sicher? Ja, sicher! Holt ihn da raus!

Am Ende dieser prägenden frühsadomasochistischen Liebesgeschichte, deren Lektüre tatsächlich eine Kaskade von »Tu's nicht!«-»Lauf, so schnell du kannst!«-Zurufen auslöst, holt Severin sich selbst da raus. Oder anders gesagt: Wanda von Dunajew geht einen Schritt zu weit. Sie beteiligt einen Dritten am grausamen Spiel und offenbart sich damit als tatsächlich nicht (ihn) Liebende, sondern nur das Herrschen Genießende: Nicht nur macht sie Severin (dem sie aus unerfindlichen Gründen den Sklavennamen Gregor verleiht) schamlos mit Alexis Papadopolis eifersüchtig, der aussieht wie eine griechische Götterstatue. Als Teil ihrer Vereinbarung drückt sie dem Griechen die Peitsche in die Hand und lässt ihn auf Severin los. Eine außer Kontrolle geratene Sadomasofantasie – und Severin ist endlich weg, in den Bergen, entschlossen, in seinen Beziehungen künftig wieder selbst herrisch und erniedrigend aufzutreten. Hm.

Wanda sieht aus wie Venus, und sie beherrscht die Tricks manch einer Frau (»Liebst du mich denn gar nicht mehr?«), wendet sie aber bis zum Exzess und aus rein egoistischen Motiven an, um die Zärtlichkeit nicht erwidern zu müssen. Jeder Hund weiß, er wird gestreichelt, wenn er brav apportiert hat;»Gregor« bekommt zu hören:»Ich bin schläfrig, laß mich schlafen.« Um ihn richtig fest unter Kontrolle zu halten, hat Wanda, anstatt seinen Heiratsantrag anzunehmen, neben dem erwähnten Vertrag noch ein zweites Dokument aufgesetzt, einen Abschiedsbrief, an den sie ihn durchaus gerne erinnert: Sogar die Verpflichtung, sich selbst das Leben zu nehmen, ist der Mann eingegangen.

Wer unterschreibt so etwas? Nun, wie wir dank Leopold von Sacher-Masoch heute benennen können: hoffnungslose Masochisten. Deshalb weiß Wanda auch ganz genau, was die größte Grausamkeit ist, die sie ihm antun kann: ihn nicht zu züchtigen. ∎

HERKUNFT: Österreich
BERUF: reiche Witwe
LIEBLINGSNAME: Gregor
LOOKALIKE: Venus
SEXUELLE VERANLAGUNG: Sadismus
WAFFEN: Pelz und Peitsche
TIERSCHUTZBEWUSSTSEIN: ☆☆☆☆☆
FILMDARSTELLERIN: Emmanuelle Seigner

151

BICHETTE

AUTOR: Walter Serner
TITEL: *Die Tigerin*
ORIGINALFASSUNG: 1925

>> Sie hatte diesen Beinamen nicht nur erhalten, weil er im allgemeinen auf sie zutraf, sondern weil sie ihn tatsächlich vollauf rechtfertigte: sie war ausschweifend, grausam, hinterlistig, ja oft niederträchtig und von einem unhemmbaren Hang zum Vagabondieren besessen. Sie hatte kupferrotes Haar, schwarze von bläulichem Weiß umschlossene Augen und besaß jene scharfen Farben, welche die Pariserin sich anschminkt, teilweise von Natur aus.

Sollte es wirklich nur um Geld gegangen sein? Ganz Montmartre wundert sich, als die »Tigerin« Bichette plötzlich mit dem augenscheinlichen Taugenichts Fec anbandelt. Schadenfroh zählt man die Tage, bis er als hoffnungsloses Opfer verlassen, verhaftet oder anderweitig niedergestreckt wird. Niedergestreckt wird Fec am Ende dann tatsächlich. Aber auf recht komplizierten Umwegen und nicht von Bichette. Zumindest nicht direkt. Die Tigerin hat diesmal eine besonders raffinierte Strategie gewählt, so raffiniert, dass sie ein bisschen auf sich selbst hereingefallen ist. Oder? War wirklich alles Berechnung?

»Drei Männer waren ihretwegen ins Gefängnis gekommen, zwei hatten sich ihretwegen erschossen und der unzählbare Rest ihrer Liebhaber, die sie alle nach wenigen Nächten abgeschüttelt hatte, ohne von Beschwörungen oder Drohungen sich imponieren zu lassen, wäre ausnahmslos auf das kleinste Zeichen hin, zu allem bereit, zu ihr zurückgekehrt.« Diese durchtriebene Männerfresserin angelt sich nun also einen, der »mit allem fertig« ist, und schlägt vor: »Machen wir uns.« »Eine absonderliche Liebesgeschichte«, so der Untertitel des einzigen Romans von Dadaist Walter Serner, hebt an.

In anderen Worten, sie einigen sich darauf, zwar ihre absolute Abgebrühtheit dem Leben gegenüber anzuerkennen, aber trotzdem so zu tun, als könnten sie sich ineinander verlieben. Außerdem planen sie Betrügereien, die so aussehen, dass Bichette sich in Nizza an andere Männer heranwirft, Fec sie »in flagranti« erwischt und von den Freiern dann Schweigegeld erpresst. Eines morgens, nachdem sie Fec »um die Besorgung eines gewissen Toilettengegenstandes« (wie verdächtig das schon klingt!) gebeten hat, ist Bichette weg.

Fec reist ihr nach, und das später stattfindende ausführliche Gespräch ist eine famose Mischung aus kriminalistischen Ermittlungsgedankengängen und erster Begegnung nach herzzerreißender Trennung in einer Romantic Comedy. Aufs erheiternd Pedantischste wirft das Paar einander vor, sich entgegen der Vereinbarung doch in den anderen verliebt zu haben, und zieht einen Beweis nach dem anderen, nicht für Betrug, sondern für Ehrlichkeit aus dem Hut. Bichette scheint jedoch das Oberwasser zu behalten. Das Geld, das die beiden als Pfand noch füreinander horten, erweist sich als der wahre Kennwert dieser inszenierten Liebesaffäre. Scheinbar. Denn ganz genau werden wir es nie erfahren, da Fec plötzlich von einer Kugel getroffen wird, die ein eifersüchtiger Ex-Liebhaber eigentlich für Bichette vorgesehen hatte. Und somit hat die Tigerin ihr nächstes Opfer gerissen und darf beginnen, sich einzureden, dass es nichts Besonderes war. ∎

BEINAME: Die Tigerin
HERKUNFT: Frankreich
BERUF: Halbweltdame
HAARE: kupferrot
ERZFEIND: Fec
FILMDARSTELLERIN: Valentina Vargas

153

HELEN GLIESE

AUTOR: Wolfgang Herrndorf
TITEL: *Sand*
ORIGINALFASSUNG: 2011

»Du weißt es«, sagte Carl. »Du weißt, dass ich nichts weiß.«

»Ich weiß es, wenn wir hier zu Ende sind. Wenn wir hier zu Ende sind und alle unsere schönen Geräte ausprobiert haben, dann werde ich es wissen. Dann glaube ich dir und entschuldige mich – mit einer Wahrscheinlichkeit von einem Prozent. Aber du kannst mir auch glauben: Wenn wir hier zu Ende sind, hast du alles gesagt, was du weißt. Denn so leid es mir tut, wir sind die Guten in dieser Sache. Und du bist es nicht. Ob du das weißt oder nicht.«

Na ja, wer weiß. Das mit den Guten und den Bösen, das ist so eine Sache bei Helen Gliese, dieser angeblichen Kosmetikvertreterin, mit der irgendetwas nicht stimmt. Dass etwas nicht stimmt, vor allem, dass sie nicht wirklich auf der Schifffahrt von den USA nach Afrika leider ihren Kosmetikkoffer verloren hat, das spürt der Leser von Anfang an in Wolfgang Herrndorfs die Genres vernebelndem Roman *Sand*. Nur was es ist und wer sie wirklich ist, das lässt sich schwer festnageln, wenn man einem Autor ausgeliefert ist, der keinerlei Interesse hat, es einem leicht zu machen, und einem, genau, Sand in die Augen streut. Besonders schwer hat man es mit der Frau freilich dann, wenn man eine übergezogen bekommen hat und wirklich und wahrhaftig nichts weiß.

So wie »Carl«, dessen Amnesie einen Hunderte von Seiten hindurch regelrecht in den Wahnsinn treiben kann. Wie er eigentlich heißt, kann der Leser nur vermuten. Helen Gliese jedoch, ihrerseits US-amerikanische Agentin, meint es zu wissen. Sie kauft ihm die Amnesie keine Sekunde ab, tut aber doch tagelang erfolgreich so, als würde sie einem Verzweifelten bei der Suche nach Gedächtnis und Identität helfen. Sie entwirft komplexe Szenarien, die extrem schlüssig scheinen, und glaubt doch selbst nicht daran. Sie führt Carl, den Leser und ihre naive Freundin Michelle an der Nase herum und verdreht uns dabei allen ein bisschen den Kopf. Bis sie sich am Ende als eiskalter Folterknecht entpuppt.

Als wir ihr das erste Mal begegnen, lügt uns der Autor kokett etwas vor:»Es gibt nur wenige Menschen, die man in einem einzigen Satz beschreiben kann«, sagt er.»In der Regel braucht man mehrere, und für gewöhnliche Menschen reicht oft ein ganzer Roman nicht aus. Helen Gliese, die mit weißen Shorts, weißer Bluse, weißem Sonnenhut und riesiger Sonnenbrille an der Reling der MS Kungsholm lehnte, (...) konnte man in zwei Worten beschreiben: schön und dumm.«

Wenig später räumt er freilich ein, »dass diese Beschreibung nicht im mindesten zutraf.« Denn:»Helen war das genaue Gegenteil von dumm, und wenn nicht das Gegenteil von schön, so doch von einer klassischen Vorstellung von Schönheit sehr weit entfernt«. Gar betörend ist hier diese faszinierende Figur einer Femme fatale des 21. Jahrhunderts eingeführt, die sich als Projektionsfläche, aber auch Pragmatikerin herausstellen wird, weiß gekleidet, doch schwarz in Seele und Humor. Und natürlich ist sie eine von denen, für die in Wahrheit ein ganzer Roman nicht ausreicht. ∎

HERKUNFT: USA
BERUF: Kosmetikvertreterin
(= CIA-Agentin)
SCHÖNHEIT: ★★★☆☆
INTELLIGENZ: ★★★★☆
MANIPULATIONSKRAFT: ★★★★★
LIEBLINGSFARBE: weiß
LIEBLINGSSATZ: »Ich weiß nicht.«
WAFFE: Wasser

Die Psychopathen

Weil sie angeblich gar nicht
anders können, weil sie nichts
fühlen, haben sie in sich Platz
für die unglaublichsten Unta-
ten. Je kränker das Hirn, desto
gesünder das Lesevergnügen.

LAWRENCE WARGRAVE

AUTORIN: Agatha Christie
TITEL: *Letztes Weekend*
(aus dem Englischen von Anne-Katherina Rehmann-Salten)
ORIGINALFASSUNG: 1939

>> Außer meiner romantischen Phantasie sind mir noch andere seltsame Charakterzüge angeboren. Ich empfinde ein ausgesprochenes sadistisches Entzücken daran, einen Tod mitanzusehen oder zu verursachen. Ich erinnere mich an verschiedene Experimente mit Wespen – mit allerlei Insekten und Amphibien ... Von Kind auf kannte und empfand ich die Wollust zu töten mit großer Intensität ...

Neben dieser Veranlagung erfüllte mich ebenso stark ein entgegengesetzter Trieb: das ausgesprochene Bedürfnis nach Gerechtigkeit.

Spoileralarm! Jedoch ist es jetzt sowieso schon zu spät. Sorry. Musste aber sein. Denn von den unzähligen raffinierten Mördern, die Agatha Christie der dunklen Seite des weltliterarischen Figurenpersonals hinzugefügt hat, ist der ehrenwerte Richter Lawrence Wargrave nun eben der genialste.

Das liegt erstens daran, dass er nie überführt wird. Da kommt keine Miss Marple und säuselt etwas von der menschlichen Natur. Und kein Hercule Poirot verlautbart, es hätte der perfekte Mord sein können, wäre die Rechnung nicht ohne den unbesiegbaren Poirot gemacht worden. Wargraves Morde sind perfekt: Alle zehn Menschen auf einer Insel einen nach dem anderen zu töten, bis am Ende nicht einer, sondern gar keiner übrig bleibt – das ist nicht nur unsagbar spannend, es ist auch die Quadratur des mörderischen Kreises. Dass dabei die Auflösung durch den Täter selbst im Nachhinein per Flaschenpost erfolgt, deren Unterschrift (also die Nennung des Mörders) die allerletzten Worte des Romans bilden, ist die Kür absoluter Whodunit-Perfektion. »Mein Sinn steht nach Dramatik«, gibt Wargrave zu, »danach, das Unmögliche möglich zu machen!«

Zweitens ist dieser Richter, wiewohl sich kaum jemand seines Namens erinnert, prägend für die Psychopathenpopkultur. Die besondere Mischung aus Mordlust und Gerechtigkeitssinn treibt auch den Serien-Serienkiller Dexter an, und das Heranziehen eines vorhandenen literarischen Werkes als logische Grundlage für die Verbrechen hat unter anderem Kevin Spaceys John Doe aus *Sieben* beeinflusst. Bei ihm dienen die sieben Todsünden als Inspiration, bei Agatha Christie jener politisch höchst inkorrekte Auszählreim, der dafür verantwortlich ist, dass dieser Roman in seiner Geschichte mehrere Titel verliehen bekam: Im Englischen wurde aus *Ten Little Niggers* erst *Ten Little Indians* und dann *And Then There Were None,* die deutsche Übersetzung kannte *Zehn kleine Negerlein, Und dann gabs keines mehr* und in der allerersten Ausgabe 1944 die eher unspektakuläre (und irgendwie bekloppte) Variante *Letztes Weekend* (wobei die Insel im Buch weiterhin unbekümmert Neger-Insel genannt wurde).

Aber zurück zu Lawrence Wargrave und John Doe. Denn noch etwas Wichtiges haben sie gemeinsam. Im Sinne der Perfektion und – im Falle des Richters – der Gerechtigkeit opfern sie sich selbst: Der eigene Tod wird zum integralen Bestandteil des blutigen Gesamtkunstwerks. Alle Opfer, so die Logik, haben das Todesurteil aus diversen Gründen verdient, man selbst ebenso. Konsequent böse ist auch böse. Aber auch konsequent. ∎

DECKNAME: U. N. Owen
HERKUNFT: Großbritannien
BERUF: Richter
HOBBY: Qualen nach Zahlen
LIEBLINGSZAHL: 10
NACHFAHREN: Dexter, John Doe
FILMDARSTELLER: Donald Pleasance, Richard Attenborough

159

ALEX

AUTOR: Anthony Burgess
TITEL: *Die Uhrwerk-Orange*
(aus dem Englischen von Wolfgang Krege)
ORIGINALFASSUNG: 1962

>> Ging nicht anders, sie mußte richtig getollschockt werden, erst mit einem Gewicht von ihrer Waage und dann noch mal mit einer Brechstange, die zum Kistenöffnen dalag, und die rote Tinte kam raus wie eine alte Freundin. Das holte sie von den Füßen, und als sie am Boden lag, ratschten wir ihr zum Spaß die Plattis runter und gaben ihr behutsam die Stiefelspitzen zu kosten, damit sie zu stöhnen aufhörte.

Wenn der Ich-Erzähler der größte Schurke ist, verwirrt uns das am allermeisten. In diesem Fall ist er nicht nur ein ziemlich gewalttätiger, ja psychopathischer Kerl, sondern verkörpert die Natur des Bösen schlechthin. Oder? Der Widerstreit, den Anthony Burgess in seiner Hauptfigur Alex austrägt, ist ein alter: Gibt es die Erbsünde, sind wir also von Natur aus schlecht und somit konditionierbar wie ein Dressurhund? Oder müssen wir schon aus eigener Entscheidung darauf verzichten, »tollschockend« und »reinraus machend« um die Häuser zu ziehen? Letztere Ausdrücke entstammen dem von Burgess erfundenen, am Russischen angelehnten Jugendslang Nadsat, in dem das Buch verfasst ist und den der kultivierte Teenager Alex bis in shakespearesche Poesiehöhen perfektioniert hat.

Denn der 15-Jährige ist zwar ein rechter Hooligan, ein ganz besonders schlechtes Beispiel für die »Jugend von heute« im biederen England der frühen Sechziger. Aber eben intelligent und Fan des großen »Ludwig van«. Als sie ihn verknacken und einer neuen »Heilmethode« für Gewalttäter unterziehen, verwenden sie Beethovens Musik dann auch zur Konditionierung. Sie unterlegen damit Nazifilme und Folterszenen, die sie ihn anzusehen zwingen, bis Alex zwar immer noch den Drang verspürt reinzuhauen, ihm dabei aber eben schlecht wird.

Alex nennt sich gerne Alexander der Große, was ihm in der berühmten Verfilmung von Stanley Kubrick (1971) den Nachnamen DeLarge verschaffte. Im Buch hat er keinen, auch seine Freunde, die »Droogs« Pete und Doofie brauchen keine Nachnamen. Der Schriftsteller im Roman, Verfasser eines Buchs namens *Die Uhrwerk-Orange* über den Gegensatz zwischen Natürlichem und Mechanischem, dessen Frau das maskierte Trio mit Todesfolge brutal vergewaltigt hat, ist dafür eines vollständigen Vornamens beraubt: F. Alexander heißt er. Dieser Namenskreisel hat eine klare Botschaft: Wir sind alle gleich. Gleich brutal? Gleich unschuldig? Wie auf einer Orange fährt man hier mit dieser Frage im Kreis.

Die Ironie dabei ist, dass wir von unserem Ich-Erzähler bis zum Ende kein einziges Wort der Reue für seine Taten hören und daher annehmen, dass er nicht wirklich zu einer Erkenntnis gelangt ist. Höchstens etwas genervt sehnt er sich nach den alten Zeiten, als er seine Gewaltfantasien noch fröhlich ausleben konnte. Damals hätte er den selbstgerechten Ersatzsohn, der jetzt statt ihm bei seinen Eltern eingezogen ist, einfach zur Schnecke gemacht. Erst ganz am Ende, nach einem Selbstmordversuch, findet Alex, dass er jetzt, mit 18, mal erwachsen werden müsse. Sich eine »Dewotschka« (Frau) suchen und einen Sohn kriegen, dem er aber eigentlich ohnehin nichts beibringen könne fürs Leben. Wir, die Leser, seien dabei als Begleitung aber nicht mehr erwünscht. Und das – ist richtig böse. ∎

HERKUNFT: Großbritannien

POSITION: Vertreter der Jugend von heute

SKRUPELLOSIGKEIT: je nach Konditionierungsphase

SELBSTÜBERSCHÄTZUNG: massiv

MUSIKGESCHMACK: erlesen

LIEBLINGSGETRÄNK: Milch

ERZFEIND: der wohlwollende Staat

161

HANNIBAL LECTER

AUTOR: Thomas Harris
TITEL: *Roter Drache*
(aus dem Amerikanischen von Sepp Leeb)
ORIGINALFASSUNGEN: 1981

Lieber Will,
Da wären wir also, Sie und ich, und vegetieren in unseren Pflegeanstalten dahin. Sie haben Ihre Schmerzen, und ich bin ohne meine Bücher – dafür hat unserer hochgebildeter Dr. Chilton schon zu sorgen gewußt.

Wir leben in einer rohen und ungebildeten Zeit – oder etwa nicht, Will? – weder unverbildet primitiv noch weise. Halbherzige Maßnahmen sind ihr Fluch. Jede halbwegs vernünftige Gesellschaftsform würde mich entweder töten oder mir Bücher zur Verfügung stellen.

Ich wünsche Ihnen eine baldige Genesung und hoffe, Sie werden nachher nicht allzu häßlich aussehen.

Ich denke oft an Sie. Hannibal Lecter *(Roter Drache)*

Er ist der Dracula der Gegenwart, ein Mann mit Geschmack, dessen feiner Gaumen sich vom Menschen als Getränkequelle zu dessen kulinarischer Gesamtverwertung erweitert hat. Intelligent, gepflegt, gebildet und Ehrfurcht erweckend – der Pfähler und der Kannibale würden sich gut verstehen und könnten gemeinsam ein Gourmetmagazin herausgeben. Auch Letzterer hat es, hauptsächlich durch Anthony Hopkins' Kinopräsenz, rasch zur absoluten Ikone geschafft. Nenne mir aus dem Stand drei psychopathische Serienkiller, Lecter wird darunter sein. Nenne einen bekannten Kannibalen, es wird Hannibal Lecter sein.

Hannibal Lecter ist der Typ intelligenter Bösewicht, dem man die nächste Feinschmeckermahlzeit (siehe die berühmten letzten Worte aus dem *Schweigen der Lämmer:* »I'm having an old friend for dinner«) doch irgendwie vergönnt. Vielleicht liegt es daran, dass in den ersten beiden Romanen der Serie von Thomas Harris Lecter zwar als wahnsinnig gefährlich geschildert, aber nicht in Ausübung seiner Serienkillerschaft gezeigt wird, sondern im Gefängnis sitzt und dem FBI sogar bei der Jagd nach den (ihm natürlich geistig unterlegenen) Killerkollegen hilft. Er stellt immer die richtigen Fragen und weiß, wie er einer Kategorisierung durch die Profi-Profiler entgeht. Bei aller Mordlust fasziniert das, lässt uns wünschen, mehr von dem Mann zu lesen. Auch sind seine Opfer meist widerliche Kerle, Rassisten, Kinderschänder und andere, die für die Verrohung der Gesellschaft stehen.

Erst in *Hannibal* und *Hannibal Rising* wird Lecter zur Hauptfigur. Es hat einen bitteren Beigeschmack, dass seine Biografie einschließlich des Traumas, weswegen er seine Opfer verspeisen sollte – seine tote Schwester wurde aus Hungersnöten zur Suppeneinlage der Nazis –, auf einer gewissen Erpressung beruht. Der zurückgezogene Autor Harris, der vor 40 Jahren das letzte Interview gab und für den Schreiben angeblich eine Qual ist (sagt Stephen King), wurde in den Nullerjahren vor vollendete Tatsachen gestellt: Entweder er schreibt ein Prequel über Hannibals Jugend in Litauen, oder Produzent Dino De Laurentiis macht trotzdem einen Film darüber. So kannibalisierte sich der Hannibal-Kult ein bisschen selbst. Die Idee vom modernen Dracula, dem Psycho-Psychiater, ist dennoch nicht umzubringen. ∎

HERKUNFT: Litauen
BERUF: Psychiater
HOBBY: Lesen
ANZAHL FINGER: 11
LIEBLINGSGERICHT: Leber
INTELLIGENZ: ★★★★
ERZFEINDE: Will Graham *(Roter Drache)*, Mason Verger *(Hannibal)*
FILMDARSTELLER: Anthony Hopkins

163

JEAN-BAPTISTE GRENOUILLE

AUTOR: Patrick Süskind
TITEL: *Das Parfum: Die Geschichte eines Mörders*
ORIGINALFASSUNG: 1985

>> Im achtzehnten Jahrhundert lebte in Frankreich ein Mann, der zu den genialsten und abscheulichsten Gestalten dieser an genialen und abscheulichen Gestalten nicht armen Epoche gehörte. Seine Geschichte soll hier erzählt werden. Er hieß Jean-Baptiste Grenouille, und wenn sein Name im Gegensatz zu den Namen anderer genialer Scheusale, wie etwa de Sades, Saint-Justs, Fouchés, Bonapartes usw., heute in Vergessenheit geraten ist, so sicher nicht deshalb, weil Grenouille diesen berühmten Finstermännern an Selbstüberhebung, Menschenverachtung, Immoralität, kurz an Gottlosigkeit nachgestanden hätte ...

ondern, kurz gefasst, weil man ihn nicht riechen konnte. Was braucht es mehr? Der Anfang von Patrick Süskinds Klassiker liest sich alleine schon wie eine Verteidigungsschrift auf das Schurkentum seines Protagonisten. Kommt her und beschnuppert meinen soziopathischen Widerling – ich habe ihn zur Hauptfigur gemacht!

Lange bevor das Fernsehen die etwas autistisch veranlagten, gefühlsherausgeforderten Sonderlinge für sich entdeckte und meist sympathisch rüberbrachte, war da der »Frosch« (so die deutsche Übersetzung des Namens Grenouille). Alles, was ihn interessierte, waren Gerüche, vielleicht weil er selbst keinen hatte. Man verfolgt sein Leben so fasziniert wie angewidert. Hatte er doch schon als Baby seine Mutter auf dem Gewissen: Da er so markerschütternd schrie, kam man dahinter, dass sie ihre Neugeborenen stets auf den Müll warf, und richtete sie hin. Jean-Baptiste wurde gerettet und eher widerwillig, weil er nicht so hormonanregend babymäßig roch wie andere, am Leben erhalten.

Konsequenterweise ist auch die Sexualität bei diesem jungen Mann rein eine Sache der Nase. Was ihn anzieht, sind Gerüche, und wenn er die Mädchen dann erwürgt, saugt er das Olfaktorische ein, bis er sie »welkgerochen« hat. Nebenbei kann er so Ingredienzien für das großartigste Parfum der Welt sammeln. Es ist ein Parfum, das ihm erkauft, was er nur auf diesem Wege erlangen kann: die Liebe der Menschen.

Das Parfum kann »gewöhnliche« Riecher so betören, dass sie sich selbst vergessen und in Ohnmacht fallen. Es verschafft Grenouille Freiheit nach gestandenem Serienkillertum und bringt ihm am Ende schließlich den Tod – einen Tod mit dem vielleicht ungewöhnlichsten Beigeschmack (oder besser Beigeruch) der Literaturgeschichte. Denn weder fühlt man, dass dem Übeltäter nun endlich Recht geschehe, noch trauert man wirklich um ihn. Er stirbt, wie geplant, an der überbordenden Liebe der Menschheit – am absoluten Höhepunkt einer Macht, die rein körperlich ist und nichts mit Ruhm, Geld oder Wertschätzung zu tun hat.

Jean-Baptiste Grenouille und Patrick Süskind (der selbst als geheimnisvoller, nicht gerade herzlicher Mensch gilt) erinnern damit an die viehische Komponente, aus der alle zwischenmenschlichen Gefühlsregungen ursprünglich hervorgegangen sind: Wir beschnüffeln einander, und wenn es passt, ist es Liebe. ∎

NAMENSBEDEUTUNG: Frosch
HERKUNFT: Frankreich
BERUF: Parfumeur
LIEBLINGSWORT: olfaktorisch
ANZAHL DER OPFER: 25+
GERUCH: ☆☆☆☆☆
GRÖSSTER FAN: Kurt Cobain
FILMDARSTELLER: Ben Whishaw

165

ANNIE WILKES

AUTOR: Stephen King
TITEL: *Sie*
(aus dem Amerikanischen von Joachim Körber)
ORIGINALFASSUNG: 1987

>> Die erste wirkliche Erinnerung: aufzuhören und vom stinkenden Atem der Frau zurück ins Leben vergewaltigt zu werden.

Sie ist der Albtraum jedes Schriftstellers: sein größter Fan. Sie liebt seine Romane, aber leider die schlechten, die seichten, mit denen er Millionen verdient hat. Annie Wilkes ist gar nicht glücklich, als sie erfährt, dass Paul Sheldon seine Serienfigur, die 19.-Jahrhundert-Heldin Misery Chastain im neuesten Buch sterben lässt. Es wäre verkraftbar, würde sie einen wütenden Fanbrief schreiben und ihm die Anhängerschaft aufkündigen. Dummerweise hat sie ihm aber nach einem Verkehrsunfall das Leben gerettet, ihn zu sich mitgenommen und ihre Fähigkeiten als Krankenschwester an ihm angewandt. Seine Beine sind schwer verletzt und schmerzen höllisch, er ist in ihrem Haus in der Einöde von Colorado ans Bett gefesselt – und damit der Frau, die ihn liebt, völlig ausgeliefert.

Und Annie kennt keine Kompromisse. Nachdem sie Pauls neues, Pulitzerpreis-verdächtiges Manuskript gelesen und die derbe Sprache darin bemängelt hat, entzieht sie ihm die Medikamente, bis er den Text (von dem in Prä-Cloud-Schreibmaschinenzeiten nur ein einziges Exemplar existiert) verbrennt und Misery wieder ins Leben schreibt. Fluchtversuche werden mit dem Entzug von Körperteilen bestraft. Von Anfang an besteht kein Zweifel: Diese Frau ist psychisch herausgefordert. Etwas länger dauert es, bis Paul ihr Album findet, in das allerlei aufschlussreiche Zeitungsartikel eingeklebt sind. Wo immer Annie früher hinzog, gab es seltsame Unfälle mit Todesfolge. Sie tötete sie alle, weil sie in ihren Augen entweder »Bälger« waren oder – ein Anflug von Mitleid? – »Ratten in der Falle«, armselige Gestalten ohne Zukunft. Ja, diese Krankenschwester ist nicht frei von Menschlichkeit, aber halt auf ihre eigene Art, in ihrer eigenen, unberechenbaren, von der Lektüre viktorianischer Seifigkeit geprägten Welt.

Es entspinnt sich also ein Kampf um Leben und Tod. Die Psychopathin gegen ihr Opfer – so weit klassisches Thrillermaterial, für Stephen King eher untypisch ohne übersinnliche Beteiligung. Was diese Antagonistin aber richtig brutal macht, ist die Meta-ebene des Autor-Leser-Verhältnisses. Annie Wilkes ist grausam, weil sie den Schreiber nicht schreiben lässt, was ER will. Sie ist die stumpfe Konsumentin, die sich keinen Deut für den kreativen Arbeitsprozess interessiert – aber wehe, sie findet inhaltliche Inkohärenzen! Annie ist die personifizierte imaginäre Leserin, für die der Dichter schreibt, obwohl er doch lieber für die Ewigkeit schreiben würde. Sie ist die Strafe für die kontrollierte Gefälligkeit, für das vorhersehbare Lob der leicht zu unterhaltenden, minderbemittelten Schundromanleserschaft. Mit Annie Wilkes geißelt sich der Horrorschriftsteller Stephen King dafür, sich in der künstlerisch verpönten Welt der Genreliteratur eingenistet, bei seinen Fans angebiedert zu haben. »Lasst mich in Ruhe!«, ruft er den Annies dieser Welt schmerzerfüllt zu. »Ich will doch nur ein bedeutender Autor sein!«

Wer selber schreibt, hört Annies elektrische Säge besonders laut brummen, wenn sie sich Pauls Daumen nähert. ∎

HERKUNFT: USA
BERUF: Krankenschwester
LITERATURGESCHMACK: kriminell mies
DIAGNOSE: manisch-depressives Irresein
LEICHENANZAHL: müsste man zählen
MERKMALE: Übergewicht, Körpergeruch, Vermeidung derber Sprache
SÄGE: elektrisch
FILMDARSTELLERIN: Kathy Bates

167

CLAUDANDUS

AUTOR: Akif Pirinçci
TITEL: *Felidae*
ORIGINALFASSUNG: 1989

>> **Alles war für ihn so logisch, so einleuchtend, ja so harmlos. Die Morde waren gar nicht persönlich, gar nicht so böse gemeint gewesen. Sie hatten lediglich dem guten Zweck dienen sollen, ergo waren sie ausgeführt worden, als löse man auf diese Weise ein mathematisches Problem.**

In einer Welt, in der Katzen religiösen Kulten anhängen, Filme zitieren und ihre Herrchen und Frauchen mit liebevoller Herablassung »Dosenöffner« nennen, ist es nicht verwunderlich, dass ein besonderer (selbst ernannter) Klugscheißer unter den Katzen namens Francis schnell bei der Hand hat, was »Claudandus« bedeutet. Latein, Gerundiv, 1. Person Singular: »der zu Schließende«.

So nannte laut seinen Tagebüchern (klar können die Katzen lesen!) ein Professor Preterius vor vielen, vielen Jahren (kaum zehn, aber für die Felidae ist das ein halbes Leben) das einzige seiner Versuchstiere, an dem seine Erfindung, eine Substanz zur Wundheilung, einigermaßen funktionierte. Zu Versuchszwecken wurde der zu Schließende aber eben immer wieder zum zu Öffnenden und erlitt qualvolle Schmerzen – bis er dem Prof. an die Gurgel ging.

Ein Täter also, der einst ein Opfer war? »Ich bin böse geworden, aber ich war auch einmal gut«, sagt er selbst. Das ist freilich ein schwacher Trost, da der Kater seit seiner Selbstbefreiung ein Doppelleben als obskure Heiligenfigur Claudandus und als Mendelsche Vererbungslehre studierender – und anwendender – Edelzüchter Pascal führte und jahrelang Hunderte von Katzen ins Jenseits beförderte, die sich nicht seinen Vorstellungen entsprechend paarten. In dem neu in die Gegend gezogenen Francis meint der kranke Alte nun einen potenziellen Fortführer seines Lebenswerks gefunden zu haben. Der betätigt sich aber lieber als Detektiv und geht der Mordserie auf den Grund. Denn: »Das Böse hatte immer dort eine Chance, wo es mit wohlwollender Ignoranz rechnen konnte.«

Kaum ist er dem behaarten Eugeniker auf die Schliche gekommen, macht er ihm den härtesten aller Vorwürfe: »Du bist der wahre Mensch!« Denn nicht nur hat sich diese Katze – dieses banale Wort selbst kommt in Akif Pirinçcis Bestseller übrigens kein einziges Mal vor; es ist immer nur von »unserer Art« oder eben den »Felidae« die Rede – für seinen rassenhygienischen Masterplan hinter dem Rücken seines Herrchens Computerkenntnisse angeeignet und eine Datenbank des Todes angelegt. Um vom verrückten Professor Preterius aus dem Käfig geholt zu werden, hat er sogar mit ihm gesprochen, den Kiefer so bewegt, dass menschliche Worte herauskamen. Ein schwerer Verstoß gegen den Code feliner Unnahbarkeit! Und das Aller(un)menschlichste: »Dein Traum ist nicht die wirkliche Veränderung, sondern nur die Einführung einer neuen Diktatur, bezahlt mit Hunderten und Tausenden von Toten aus den eigenen Reihen.«

Nach dem überraschenden Erfolg seines ungewöhnlichen Krimis kam Pirinçci in Katerstimmung und schrieb sechs Fortsetzungen. Claudandus aber gab er nicht sieben Leben, sondern nur eines: Der größte Schnurrke der Felidenwelt findet gleich im ersten Teil in Francis seinen Meister und sein Ende. ∎

NAMENSBEDEUTUNG: der zu Schließende
DECKNAME: Pascal
GATTUNG: Havana, Unterart der Felidae
HERKUNFT: Deutschland
ANZAHL DER MORDOPFER 447
HOBBY: Eugenik
SONSTIGE FÄHIGKEITEN: PC-Kenntnisse, fortgeschritten
BESTER FREUND: Francis
GRÖSSTER GEGNER: Francis

PATRICK BATEMAN

AUTOR: Bret Easton Ellis
TITEL: *American Psycho*
(aus dem Amerikanischen von Clara Drechsler und Harald Hellmann)
ORIGINALFASSUNG: 1991

>> Was von Elizabeths Körper noch übrig ist, liegt zermatscht in der Wohnzimmerecke. Ihr fehlen der rechte Arm und große Bissen aus dem rechten Bein. (...) Ihr Kopf steht auf dem Küchentisch, und das blutverschmierte Gesicht zeigt – trotz ausgestochener Augen und einer Alain-Mikli-Sonnenbrille über den leeren Höhlen – noch immer einen mißbilligenden Ausdruck. Ich habe es bald leid, es anzusehen, und obwohl ich heute nacht keinen Schlaf bekommen habe und völlig erschöpft bin, habe ich um eins im Odeon noch immer eine Verabredung zum Lunch mit Jean Davies und Alana Burton. Sie ist sehr wichtig für mich, und ich ringe mit mir, ob ich sie absagen soll oder nicht.

Die gute Nachricht: Es ist nicht hundertprozentig sicher, dass Patrick Bateman diese grausige Tat wirklich begangen hat. Er lässt laufend Geständnisse seiner Serienmorde fallen, aber niemand scheint ihm zu glauben, und auch sein Anwalt tut sie als Scherz ab. Die schlechte Nachricht: Hm, die völlig gleichgeschaltete Wall-Street-Welt, die Bateman uns leidenschaftslos und unter zwänglicher, geradezu mittelalterlicher Auflistung aller Markennamen und Besitztümer schildert, sieht so aus, dass hier die Absage eines inhaltsleeren Business-Lunchs eindeutig ernster genommen würde als ein paar private Massaker.

Einer von den ganz Üblen ist Bateman schon deshalb, weil er seinen eigenen Autor so lange plagt, bis dieser keine andere Wahl sieht, als ihn umzubringen. In *Lunar Park,* 18 Jahre nach seinem ersten, recht harmlosen Auftritt in *Einfach unwiderstehlich* und 14 Jahre, nachdem er in *American Psycho,* nennen wir es: zur Hochform aufgelaufen ist, setzt Bateman den Autor Bret Easton Ellis in dessen Albträumen zu, bis der Verfasser schließlich seinen schöpferischen Vorsprung nutzt und die Figur verbrennen lässt.

Zuvor aber durfte der verwechselbarste aller Serienkiller, den selbst seine Arbeitskollegen aufgrund der immer gleichen Anzüge, Krawatten, Visitenkarten und gegelten Haare nicht von den anderen Investmentbankern unterscheiden können, in Buch, Film (Christian Bale), Hörbuch (Moritz Bleibtreu) und Musical (Matt Stone) Amerika schockieren: Tagsüber am Anschlag in der Finanzwelt, abgestumpft von der Leere des Lebens und der Fülle an Kohle, dennoch um kein Blabla zu gesellschaftspolitischen Headlines wie AIDS verlegen; nachts Drogen, Vergewaltigung, Mord und Kannibalismus in den buntesten Farben. Die Frauen killt Bateman (der natürlich ein Bates-Man, also ein Norman Bates entsprechend dem Original-*Psycho* sein möchte) aus sexuellem Sadismus, die Männer, weil sie ihm auf den Geist gehen, und das Kind zur Abwechslung (macht ihm aber keinen Spaß).

Warum finden wir Patrick Bateman zwar abstoßend, aber auch kultig cool? Vielleicht aus Solidarität mit dem armen, gejagten Bret Easton? Weil er so Prä-Finanzkrise ist? Oder weil wir einfach beeindruckend finden, was er sich für geile Sachen leisten kann? Tja, so sind wir. Der Teufel trägt Brioni. ■

HERKUNFT: USA
BERUF: Investmentbanker
BERUFLICHER AUSGLEICH: Serienmord
MARKENZEICHEN: sieht aus wie alle anderen
SEXUELLE VERANLAGUNG: Sadismus
ERZFEIND: Bret Easton Ellis
DARSTELLER: Christian Bale, Moritz Bleibtreu, Matt Stone

KAZUO KIRIYAMA

AUTOR: Koushun Takami
TITEL: *Battle Royale*
(aus dem Japanischen von Jens und Akiko Altmann)
ORIGINALFASSUNG: 1999

》》》Dieser (...) dumme Toshinori Oda hatte den Wert seiner kugelsicheren Weste über- und Kazuo Kiriyamas lässige Art unterschätzt. Deshalb war er ein leichtes Opfer. Wenn er sich daran erinnert hätte, wie Yumiko Kusaka und Yukiko Kitano gestern Morgen gestorben waren, hätte er gewusst, dass sein Gegner mit einem Coup de grâce nachsetzte. Aber so aufmerksam war er nicht. Außerdem – das war jetzt zwar irrelevant – wusste er nicht, dass sein Mörder, Kazuo Kiriyama, in seiner Villa, die viel größer als Toshinoris Heim war, schon vor langer Zeit die Violine mit einer Eleganz gemeistert hatte, die weit über Toshinoris lag. Und seine Violine dann in den Müll geworfen hatte.

»Bei Zahl wollte ich das Spiel mitspielen«, sagt Kazuo. Sieht so aus, als wäre Zahl gekommen. Bei diesen Leuten ist Zahl immer schlecht. Siehe Anton Chigurh.

Es ist schon verdrießlich genug, im letzten Schuljahr zu erfahren, dass man als Klasse an einem von der Regierung Großostasien erdachten sadistischen Kill-Spiel teilnehmen muss (Marke »Hier sind Waffen, bringt einander um, der einzige Überlebende hat gewonnen!«). Wenn einer das dann aber auch noch ernst nimmt und, ohne mit der Wimper zu zucken, eine Blutspur hinter sich herzieht – mit 14 Todesopfern von 44 Schülern ist Kazuo Kiriyama, wenngleich eingangs nur mit einem Messer ausgestattet, der unangefochtene Schützenkönig –, dann kommt einem schon mindestens eine Gänsehaut. Umso mehr, wenn man sich vorstellt, dass dieser Kazuo Kiriyama sich das mit der Gänsehaut nicht einmal vorstellen kann. »Ein hohler Mensch«, sagt einmal jemand über ihn.

Als seine Mutter mit ihm schwanger ging, hatte sie einen Autounfall. Der dadurch am Embryo entstandene Hirnschaden verhinderte nicht, ihn zu einem Genie zu machen, mit der Intuition eines wilden Tieres, mit Musikalität und sportlicher Geschicklichkeit, aber er raubte ihm sein Empathievermögen. Er, der Münzen wirft in lebensentscheidenden Fragen, weil sie ihm gar so gleichgültig sind, ist also erschreckend perfekt für ein Mörderspiel, in dem deine Emotionen und Hemmungen dein unmittelbar erster Gegner sind. Dein unmittelbar zweiter Gegner wird dann nämlich Kazuo Kiriyama sein.

Seine Gang aus Schulzeiten liebt ihn abgöttisch, und er kriegt gar nichts davon mit. Ihre Loyalität macht sie zu seinen unkompliziertesten Opfern. Andere erfordern größere Genialität. Einmal zum Beispiel lässt Kazuo zu, dass ein Kollege ihm »insgeheim« folgt, nur um dann genau in dem Moment, als die Verbotenen Zonen, deren Insassen automatisch explodieren, neu definiert werden, ein paar Meter vor der Grenze zu stehen, während der andere noch dahinter hockt und sich quasi selbst eliminiert. Dieser Junge tötet mit ganz schön viel Stil für jemanden ganz ohne Herz und Geschmack.

Der Sensationserfolg *Battle Royale* (ein Begriff aus dem Wrestling) lebt von den in der Extremsituation auf die Spitze getriebenen Charakteren. So ist auch der Schurke eine absolute Maschine. Dass er nicht als Sieger aus dem Spiel hervorgeht, hat ausschließlich mit dramaturgischen Verpflichtungen eines Autors gegenüber seinem Bestseller zu tun. ■

BERUF: Schüler
SCHÜLERNUMMER: 16
HERKUNFT: Großostasien
DIAGNOSE: Empathieunfähigkeit
STÄRKEN: Intuition, hohe Schmerztoleranz
FRISUR: geschleckt
WAFFE: Messer
MUSIKINSTRUMENT: Violine
OPFERZAHL: 14

173

DER KAMERAMÖRDER

AUTOR: Thomas Glavinic
TITEL: *Der Kameramörder*
ORIGINALFASSUNG: 2001

>> Die Kamerastimme fragte ihn, ob es ihm Vergnügen bereiten würde, das Gehirn seiner Brüder oder seiner Eltern zu betrachten. Dies wurde von dem Jungen verneint. Auch die Erkundigung, ob die Möglichkeit, einem Bruder eine ganze Hand in den Rücken oder in den Bauchraum zu schieben, Freude auslösen würde, wurde von dem Buben abschlägig beantwortet.

Böse Zungen möchten behaupten, das größte Verbrechen dieses Mannes sei sein Schreibstil. Seine Mischung der Zeiten und Modi sei skandalös, die Interpunktion habe er ebenso auf dem Gewissen wie die beiden Kinder, die er in den Tod trieb. Was er da schreibe, lese sich wie ein übereifrig detailgenaues Polizeiprotokoll.

Nun, das ist es auch, wie wir am Ende, aber wirklich ganz am Ende dieses formal ausgefeilten und sprachlich natürlich ganz bewusst verkorksten dritten Romans von Thomas Glavinic erfahren. Der namenlose Ich-Erzähler ist mit seiner Lebensgefährtin bei Freunden in der Weststeiermark zu Gast. Die dabei verfolgten, für die Beteiligten sicher erholsamen, für Außenstehende nicht wirklich krimigerechten Zeitvertreibsaktivitäten schildert er sehr ausführlich und mit köstlich überzogener Dramatik:»Nachdem sie geduscht hatte, bat sie mich, ihr ein Handtuch zu reichen. Ich willfahrte ihr.« Den Grund für das Geschwätz liefert er gleich im ersten Satz:»Ich wurde gebeten, alles aufzuschreiben.«

Nun hat sich ganz in der Nähe vor einigen Tagen ein übles Verbrechen zugetragen: Ein Mann hat zwei siebenbzw. achtjährige Jungen dabei gefilmt, wie er sie zwang, auf einen Baum zu klettern und dann in den Tod zu springen. Sämtliche Nachrichtenblätter und sogar die deutschen Privatsender berichten in schillerndster Drastik von der unsäglichen Tat, strahlen sogar das entsprechende Video aus und berichten vom Entsetzen der Freiheitlichen Partei, die den Anlass gekommen sieht, die Todesstrafe wieder einführen zu wollen.

So wird die Sensationslust der urlaubenden Pärchen angestachelt. Die können sich auf nichts anderes mehr konzentrieren und verfolgen schließlich live im Fernsehen, wie die Polizei den Täter immer mehr einkreist. Es ist der Ich-Erzähler, der seine eigene Verhaftung tatsächlich lieber auf dem TV-Schirm ansieht als aus der Ich-Perspektive. Ein literarischer Salto, der mittels einer kurzen Schlusspointe ganz viel über Mediengeilheit, Realitätsverschiebungen und die Form des Kriminalromans erzählt:»Hinter mir begann meine Lebensgefährtin zu schreien. Ich sah im Fernsehen, daß Handschellen gezückt wurden, und wandte mich um. Der kommandierende Polizist erklärte mich für verhaftet. Ich sei beschuldigt, 2 Kinder ermordet zu haben. Ich leugne nicht.«

Über den Kameramörder selbst kann nur gemutmaßt werden, dass es sich um einen schwer psychopathischen Menschen handelt, der nicht nur zu diesem gemeinen Kindsmord fähig ist, sondern auch noch zu penibler Erinnerung an seine danach absolvierten Freizeitaktivitäten. Inspiration bot gewiss der Ich-Erzähler und – wie sich herausstellt – Mörder von Roger Ackroyd in einem der ersten Poirot-Romane von Agatha Christie, *Alibi*. ∎

NAME: unbekannt (im Film Thomas)
HERKUNFT: Österreich
BERUF: jedenfalls nicht Schriftsteller
HOBBYS: Mord, Kinematografie, Fernsehen
FEDERBALLRANKING: ★★☆☆☆
FILMDARSTELLER: Merab Ninidse

175

ANTON CHIGURH

AUTOR: Cormac McCarthy
TITEL: *Kein Land für alte Männer*
(aus dem Amerikanischen von Nikolaus Stingl)
ORIGINALFASSUNG: 2005

>> Na gut, dann Kopf.
Chigurh nahm die Hand von der Münze. Er hielt dem Mann den Arm hin. Gut gemacht, sagte er.

Er pflückte sich die Münze vom Handgelenk und reichte sie über den Ladentisch.

Was soll ich damit?

Nehmen Sie sie. Das ist Ihre Glücksmünze.

Hätte er Zahl gesagt, wäre wohl der letzte Anblick im Leben des alten Ladenbesitzers der Schlauch eines Bolzenschussgerätes gewesen, die effiziente Waffe des Auftragskillers Anton Chigurh. Es ist eben kein Land für alte Männer – der Tod ereilt einen früh in Terrell County, dieser kargen Wüste aus Drogen, Gier und Unbarmherzigkeit im Grenzland zwischen Texas und Mexiko.

Dass Anton Chigurh für den niedrigen Altersschnitt mitverantwortlich ist, kann man – wie vieles – nur erahnen. Über seine Vergangenheit, seine Psychologie ist nichts bekannt, gerade das macht ihn so stark.

Der seltsame Schlachtschussapparat ist eines der prägenden Bilder des mit vier Oscars ausgezeichneten Films *No Country for Old Men* der Coen-Brüder aus dem Jahr 2007. Javier Bardems überdimensionale Pagenfrisur ist ein anderes. Er spielt den Träger des grotesk unaussprechlichen Namens mit einer gewissen Genüsslichkeit, einem Schalk in den Augen, der aus dem Roman so nicht hervorgeht. Im Buch fasziniert vor allem die zielgerichtete Arbeitsweise des Profis, sein niemals abgelenkter Blick dorthin, wo das Geld liegt. Aber auch, wie er das alles philosophisch untermauert. »Man könnte sogar sagen, er hat Prinzipien. Prinzipien, die über Geld oder Drogen oder dergleichen hinausgehen«, sagt Carson Wells, Kollege aus dem Klub der Killer. Und das ist unerhört in diesem Land, es macht Chigurh zum Schurken der Sonderklasse. Oft scheint es, als stünde eine göttliche Weisung hinter allem kriminellen Wirken, während andererseits völlig klar ist, dass Chigurh selbst der einzige Gott ist. Manchmal überlässt er es halt dem Münzwurf die Entscheidung über Leben oder Tod.

In anderen Fällen muss es aber eben sein. »Verstehen Sie? Als ich in Ihr Leben getreten bin, war Ihr Leben vorbei«, erklärt Chigurh geradezu sanft einem seiner weiblichen Opfer – an dem er übrigens keinerlei sexuelles Interesse zeigt, so fern sind ihm menschliche Regungen.

»Sie können sagen, dass es anders hätte ausgehen können. Dass es anders hätte verlaufen können. Aber was heißt das? Es ist nicht anders verlaufen. Es ist so verlaufen. Sie verlangen, dass ich den Lauf der Welt verändere?«

Und sie schluchzt und versteht.

»Gut, sagte er. Das ist gut. Dann erschoss er sie.«

Wie unkaputtbar der Mann wirklich ist, bleibt am Ende offen. Er überlebt einen Schuss in die Oberschenkel und einen Autounfall. Nach der Logik dieses Landes muss er es schaffen. Anton Chigurh ist ein Böser mit Superheldenflair, bewundernswert geradlinig. So ist das Leben. Und so muss es sein.■

HERKUNFT: USA

BERUF: Auftragskiller

WELTHERRSCHAFTSFAKTOR: In seiner Welt ist er der König

MENSCHLICHE REGUNGEN: ★☆☆☆☆

AUGENFARBE: blau wie Lapislazuli

LEICHENANZAHL: müsste man zählen

BESONDERES KENNZEICHEN: Bolzenschussgerät

FILMDARSTELLER: Javier Bardem

ADAM STENSEN

AUTOR: T. C. Boyle
TITEL: *Hart auf Hart*
(aus dem Amerikanischen von Dirk van Gunsteren)
ORIGINALFASSUNG: 2015

Die Bullen kümmerten ihn nicht. Die waren bloß Clowns, Dummköpfe, Amateure. Und wenn an einer dieser Hütten eine Videokamera montiert war, die jeden, der rein- oder rausging, filmte, dann riss er sie nicht herunter und zerschmetterte sie mit dem Kolben der Norinco, was er mit Leichtigkeit hätte tun können und beinahe auch getan hätte, sondern ging ganz nah heran und grinste breit in die Linse. Dann trat er zurück, damit die Perspektive stimmte, und zeigte ihnen den Finger, nein, zwei Finger, mit jeder Hand einen, er reckte sie mit einem langgezogenen, verächtlichen Leckt mich!

Da ist er, der moderne Negativheld. T.C. Boyle hat ihn geschaffen, den prototypischen amerikanischen Literaturbösen der Zehnerjahre des 21. Jahrhunderts, der gejagt wird, und zwar zu Recht – da herrscht Konsens, sogar bei den eigenen Eltern –, der aber auch fasziniert, ohne Fantasy, ohne Mystery, weil er die heutige (US-)Realität widerspiegelt, in der sich klassisches Gut und Böse so leicht eigentlich gar nicht mehr beschreiben lassen.

Und diese Figur ist: der Amokläufer. Adam Stensen heißt der, um den Boyles neuester Roman *Hart auf Hart* kreist, und er ist eine gültige Modernisierung des Schurkentums, weil ihn die echte Welt nicht interessiert, er aber von seinem durch die Mythen der Vorahnen ausgeschmückten Wahn ganz überzeugt ist. Die Vorfahren, die noch wahre Amerikaner waren und sich durch die reine Natur kämpften, so wie er, gegen die Feindseligen, die Eindringlinge. Er hat eine Mission, das sagt er sich immer wieder vor.

Adam hätte so gerne, dass sein Umfeld ihn nach dem historischen Trapper Colter ruft. Er ist hart. Er bildet sich ein, dass er es sein muss, und er zieht es durch. Mit der Flinte im Anschlag passiert ihm die eine oder andere Übertreibung, es gibt Tote, und dann jagt ihn einen Monat lang ein ganzer Landkreis mit Schusswaffen und bissigen Hunden.

Das ist furchtbar, gefährlich, brandaktuell – auch wenn dieser Adam ein zu eingefleischter Individualist ist, um sich je etwa vom IS beschwatzen zu lassen –, aber es macht ihn auch sexy, deshalb ist er so eine berückende Figur: Die Wortkargheit, der naturgegebene Widerstand gegen Autoritäten aller Art und der in Wald und Bergen durch täglichen Überlebenskampf gestählte Body imponieren der freiberuflichen Hufschmiedin Sara so sehr, dass sie ihn immer wieder füttert, befriedigt, zum Arzt bringt, wenn die Welt da draußen eine Spur zu hart geworden ist. Und sie hat Brüste, die groß genug sind, auch beim denkbar ungeselligsten Einzelgänger Instinkte zu wecken.

Seine fünf Sinne sind scharf wie die eines wilden Tieres, und er wünscht sich noch weitere: einen sechsten für Gefahr, einen siebten, achten, neunten, um die Feindseligen in seinem Kopf manipulieren zu können. Er schafft es nicht, und doch, da dieser verstörte Schurke eine Figur der Gegenwart ist, bleibt ihm ein Mindestmaß an Selbstreflexion, an Verzweiflung am eigenen Ich. So verursachen Spiegel ihm Unbehagen – »Weil mir das, was ich da sehe, nicht gefällt.« ∎

HERKUNFT: USA
BERUF: keiner
VORBILD: John Colter, Barfuß-Trapper
STÄRKE: Schweigsamkeit
WAS ER MAG: Hunde
WAS ER NICHT MAG: Spiegel
ERZFEINDE: die Aliens
SEXAPPEAL: ★★★☆

179

Die Ungreifbaren

Das Böse wird noch böser,
wenn wir ihm niemals Handschellen anlegen können. Gegen Gebäude, Gewässer, rote
Farbe und schwarze Mächte
ist eben schwer anzukommen.

———◦≈◦———

CLINSCHOR

AUTOR: Wolfram von Eschenbach
TITEL: *Parzival*
(aus dem Mittelhochdeutschen von Peter Knecht)
ORIGINALFASSUNG: 1220

》》Clinschor hat die Kunst der Schwarzen Magie, sie steht ihm zur Verfügung, wann er will, und so kann er Weib und Mann mit Zauber zwingen. Keinen Menschen von einiger Bedeutung, den er sieht, verschont er mit seiner Tyrannei.

Warum einen Bösen erfinden, wenn man gleich das Böse als handelnde Figur in sein Epos einbauen kann? Niemand will so recht mit der Sprache herausrücken, was es mit dem allgegenwärtigen heidnischen Zauber auf sich hat, der dem Figurenpersonal von *Parzival* das Leben schwer macht. »He who must not be named«, da hat sich Lord Volde... (Sie wissen schon) wohl in der mittelhochdeutschen Literatur ein Coaching geholt. Aber auch Tolkiens Sauron ist gewiss nicht alleine eingefallen, eine über allem schwebende, selten materialisierte dunkle Macht zu sein.

Sagen wir also unerschrocken seinen Namen: Clinschor oder Klingsor. Die Figur hat in 800 Jahren (und länger) mehrere Wandlungen durchgemacht, wird von Inspiriertem zu Adaptierendem herumgereicht und mit besseren und schlechteren, schelmischen und väterlichen Eigenschaften und manchmal sogar mit einem Körper ausgestattet. In Chrétiens *Conte du Graal,* das dem Dichter Wolfram von Eschenbach als Basis diente, ist Clinschor überhaupt nur eine Abstraktion, Wolfram stattet ihn dann mit einer Lebensgeschichte und einem komplexen Charakter aus. Nur zum Schwerte greift er nie, denn wozu sonst die Magie?

Die Sage in der Sage besagt, dass Clinschor einst ein braver Mann war, der sich aber mit der falschen Frau einließ. Sie war die Gemahlin des sizilianischen Königs, der sich an Clinschor dadurch rächte, dass er ihn entmannte: »Königshände machten ihn eben zwischen den Beinen.« Oder (etwas klarer ausgedrückt): »Er kam dazu mit einem Schnitt, der machte Clinschor zum Kapaun.« Derart gedemütigt kann man ja nicht anders, als auf die dunkle Seite zu wechseln.

Er ging also und lernte zaubern. Dann baute er sich ein klarerweise verzaubertes Schloss auf einem Berg, das Schastel marveille, und begann dann, immer wieder Damen dorthin zu entführen, denen er dort aber wohl nur Zauberkunststücke vorführen konnte, denn da war ja was: »Er beschnitt ihn so am Leib, daß der seitdem bei keiner Frau zu irgendwelchen Späßen taugt.« Jaja, schon gut, wir haben es alle verstanden.

Der schreckliche Clinschor hat hier jedenfalls alle in seine Gewalt gebracht, nur nicht jene, die, wie es heißt, »Gott selber vor ihm bewahren will«. In Richard Wagners Oper genügt dafür ein Kreuzeszeichen, ihn zu vernichten, was vampirische Assoziationen weckt. Bei Wagner hat Klingsor einen Zaubergarten und sich selbst entmannt, um seiner Begierde Herr zu werden. Als niedlich-schrulliger Zauberer kann man den (mehr oder wengier) guten Mann (auch das: mehr oder weniger) bei Otfried Preußler, Hermann Hesse, Friedrich Schnack und Novalis begegnen: eine erlesene Tafelrunde für sich. ∎

WOHNORT: Schastel marveille
BERUF: Zauberer
PRÄSENZ: rar
MAGIE: schwarz
PRODUKT: Estrich
SCHWÄCHE: entmannt
HOBBY: Voyeurismus
GEGENFIGUR: Gralskönig Anfortas

183

DIE WINDMÜHLEN

AUTOR: Miguel de Cervantes
TITEL: *Don Quijote von der Mancha, Teil I*
(aus dem Spanischen von Susanne Lange)
ORIGINALFASSUNG: 1605

» Nach diesen Worten gab er seinem Pferd Rocinante die Sporen, ohne auf die Rufe zu achten, die ihm sein Knappe Sancho als Warnung hinterherschickte, dass er gewiss gegen Windmühlen und nicht gegen Riesen stürme. Doch war er von den Riesen nicht abzubringen, so dass er weder die Rufe seines Knappen hörte noch begriff, so nah er auch schon war, was er da vor sich hatte ...

Jeder kennt sie, die sprichwörtlichen Windmühlen, gegen die quijotische Gestalten auch heute noch erfolglos ankämpfen. Dabei kommen sie im Originalwerk von Miguel de Cervantes Saavedra gerade einmal auf zwei von über 1000 Seiten vor. Die Windmühlen können also getrost als die effizientesten Schurken der Weltliteratur bezeichnet werden. Sie gelten als Ikonen der Region La Mancha in Spanien, und die dortigen Anwohner kämpfen tapfer für das Weiterbestehen der sonst eher anachronistischen Energiegewinnungsform.

Umso effizienter sind sie, weil sie eigentlich gar nichts machen. Ihre Flügel bewegen sich, und selbst das ist ausschließlich dem Wind zu verdanken. Das Furchterregende an ihnen entsteht im Kopf des fantasievollen Möchtegernritters von zwar trauriger Gestalt, doch blühender Fantasie. Riesen seien es, die nur darauf gewartet hätten, von einem einzigen kühnen Mann bekämpft zu werden.

Zwar räumt der belesene Quijote später in Teil II ein, es herrsche Uneinigkeit ob der Existenz von Riesen, »aber die Heilige Schrift, die keinen Deut von der Wahrheit abweichen kann, beweist, dass es sie gegeben hat, erzählt sie uns doch die Geschichte vom Riesenphilister Goliath, der sieben Ellen und eine Handbreit maß, eine schier ungeheuerliche Größe.«

Ein einziger Flügel einer Windmühle bekommt einen Lanzenhieb von Don Quijote ab, aber das ist nichts dagegen, wie übel zugerichtet der Ritter von den »Riesen« übers Feld gewirbelt wird. Selber schuld, darf man sagen. Sagt man auch, wenn man sich kein Blatt vor den Mund nimmt wie Sancho Panza:»Habe ich Euch nicht gesagt, Ihr sollt achtgeben, es sind nichts als Windmühlen, was nur einer in den Wind schlagen kann, dem sich selbst eine Mühle im Kopf dreht?«

Ist es nicht wunderbar, wenn ein fragiler, wahnhafter Mensch, der mit seinem einfältigen Freund ohne Schutz in halsbrecherischer Mission durch die Lande zieht, auf wenig Böseres stößt als die Kräfte der Natur? Was hier Mensch ist, erbarmt sich sofort des alten Mannes und spielt sein Spiel mit, nur der Wind bleibt hart. Ein herzerwärmender Gedanke wie ein laues Lüftchen am plätschernden Bach. ■

HERKUNFT: Spanien
BERUF: Windmühlen
FUNKTION: Mehl mahlen
ALTERNATIVFUNKTION: Ritter aus dem Sattel stoßen
ANZAHL DER ARME (JEWEILS): ★★★★
FAULHEIT: ★★★★☆
EFFIZIENZ: ★★★★★
WAFFE: können total durchdrehen
ERZFEIND: Don Quijote von der Mancha

185

COPPELIUS

AUTOR: E. T. A. Hoffmann
TITEL: *Der Sandmann*
ORIGINALFASSUNG: 1816

>> Die ganze Figur war überhaupt widrig und abscheulich; aber vor allem waren uns Kindern seine großen knotigen, haarigen Fäuste zuwider, so daß wir, was er damit berührte, nicht mehr mochten. Das hatte er bemerkt und nun war es seine Freude, irgend ein Stückchen Kuchen, oder eine süße Frucht, die uns die gute Mutter heimlich auf den Teller gelegt, unter diesem oder jenem Vorwande zu berühren, daß wir, helle Tränen in den Augen, die Näscherei, der wir uns erfreuen sollten, nicht mehr genießen mochten vor Ekel und Abscheu.

Der Sandmann kommt! Für Kinder heißt das: Schlafenszeit, was schon schlimm genug ist. Aber dieser Sandmann wird mit der riesenhaften, furchteinflößenden Gestalt eines obskuren Advokaten assoziiert, der nicht nur zum Mittagessen gerne vorbeischaut, sondern auch nachts – eben wenn die Kinder schlafen müssen –, und mit dem Vater alchemistische Experimente durchführt. Lebhafte Albträume sind die Folge, zumal Coppelius nicht nur wie ein normaler Sandmann Sand in die Augen streut, sondern gleich droht, die Augen selbst zu rauben; ein Phänomen, das Sigmund Freud Jahrzehnte später recht überzeugend mit der Kastrationsangst gleichsetzte.

Die Albträume graben sich auch ins Erwachsenenleben der Hauptfigur Nathanael, nachdem Coppelius auch noch den Tod seines Vaters verantwortet. Der zähnefletschende Advokat ist für ihn nicht weniger als das »böse Prinzip«, das ihm die Liebe zu seiner Verlobten Clara verleidet. In Giuseppe Coppola, einem italienischen Wetterglashändler (einem Verkäufer »fremder Augen« sozusagen), meint er trotz dessen breiten italienischen Akzents seine Nemesis Coppelius wiederzuerkennen, da hilft es auch nichts, dass Clara ihrem Liebsten vorschlägt, das alles als Einbildung abzutun und sich nicht mehr davon die Laune und die Liebe verderben zu lassen.

Das funktioniert schon deshalb nicht, weil die Einbildung der übelste Schurke ist. Das böse Prinzip wird hier in seiner absoluten Essenz beschrieben: so, wie der eigene Geist es darzustellen vermag, alchemisch gemixt aus eigenen Verlustängsten und eigener Verruchtheit. Tatsächlich weiß man nichts über den Werdegang dieses Coppelius oder Coppola – alles könnte nur ein Wahn dieser klassischen, rauschgiftumwölkten Hoffmann'schen Hauptfigur sein.

Macht es einen Unterschied? Ob es am Ende der Advokat oder der Fernglasverkäufer ist, der in der Menge steht und über den an der Klippe des Aussichtsturmes wankenden Nathanael sagt:»Ha ha – wartet nur, der kommt schon herunter von selbst« (womit er recht hat)? Ob es der Sandmann oder der piemontesische Mechanikus ist, mit dem der verwirrte Jüngling um die Gunst einer Frau buhlt, die sich als unbelebter Roboter herausstellt? Oder nur eine Illusion?

Dieser Coppelius ist der Prototyp des Schreckens. Er ist so, dass man sich schon vor der Furcht fürchtet, die er hervorrufen könnte. Ein Sandmann, der dem Leser vielleicht nicht die Augen raubt, aber definitiv den Schlaf. ■

VORNAME: Giuseppe

HERKUNFT: Piemont? Deutschland?

BERUF: Wetterglashändler

HOBBY: Doppelgängertum

AUSSEHEN: kommt irgendwie bekannt vor

PERSPEKTIVEN: zahlreich

FRAUENTYP: Holzpuppe

AURA: schweres Unheil bringend

BESONDERES KENNZEICHEN: knotige, haarige Fäuste

187

DER RABE

AUTOR: Edgar Allan Poe
TITEL: *Der Rabe*
(aus dem Amerikanischen von Carl Theodor Eben)
ORIGINALFASSUNG: 1845

» Gramprophet!«
rief ich voll Zweifel,
»ob Du Vogel oder Teufel!
Ob die Hölle Dich mir sandte,
ob der Sturm Dich wehte her!
Du, der von des Orkus Strande –
Du, der von dem Schreckenlande
Sich zu mir, dem Trüben, wandte –
künde mir mein heiß Begehr:
Find' ich Balsam noch in Gilead!
ist noch Trost im Gnadenmeer?«
Sprach der Rabe:
»Nimmermehr!«

Zugegeben, dieses kurze Gedicht schert aus der Reihe der eher episch veranlagten literarischen Schurkenbeschreibungen etwas aus. Aber es ist eben auch eines der berühmtesten Gedichte überhaupt. Und der Bösewicht darin schafft es in nur 18 Strophen, einige Ebenen an Gemeinheit zu entfalten. Seine Eltern waren aller Wahrscheinlichkeit nach Rabeneltern, und seine Seele, das sei jetzt mal behauptet, ist so schwarz wie sein Gefieder. Ungerührt reißt der Rabe den ohnehin schon niedergeschlagenen Trauernden noch tiefer in die Verzweiflung.

Es fängt schon einmal damit an, dass er klopft, um Mitternacht. So spät macht man doch keine Besuche nimmermehr! Aber Edgar Allan Poes lyrischer Erzähler, ohnehin trübsinnig ob des Verlusts seiner Lenore, lässt sich aus dem Halbschlaf reißen und öffnet mit einem »Doch nun seid willkommen sehr!«

Der nächtliche Ruhestörer ist freilich ein Rabe und setzt sich »ohne Gruß und Dankeszeichen« auf die Büste der Pallas Athene nieder, der Göttin der Weisheit und des Kampfes. Nicht sehr höflich also, und auch noch etwas prätentiös.

Dabei ist es nicht so, als könnte das Federvieh nicht sprechen. Nur sein Wortschatz ist eher beschränkt:»Nimmermehr«, kräht der Rabe, egal, was man ihn fragt – »Nevermore« im englischen Orginal.

Der Dichter Poe hat in einer poetologischen Schrift gefordert, jeder Text müsse »Schritt um Schritt mit der Präzision und strengen Folgerichtigkeit einer mathematischen Gleichung seiner Vollendung entgegengehen«. Und somit ist das Unheil auch hier reine lo-gische Folge. Der schwarzsehende Unglückliche, der sich unerwartet einem Orakel gegenüberfindet, dessen Antwortschema sich rasch als vorhersehbar herausstellt, könnte das doch zur Besserung seiner Laune nutzen. Aber die mathematische Abwärtsspirale befiehlt: Er muss sich nur noch unglücklicher machen. Also sagt er:»Künde mir, ob ich Lenoren, die hienieden ich verloren, Wieder find' an Edens Thoren.« Tja.

Natürlich ist das alles als Sinnbild zu verstehen: Der Rabe ist die Trauer, die innere Unfähigkeit, über den Verlust hinwegzukommen. Aber so wie der innere Schweinehund ein veritabler Schurke ist, kann man das auf jeden Fall auch vom inneren Raben behaupten.

Doch der zeigt dem Gastgeber auch auf die klare Aufforderung, die Fliege zu machen, den Vogel:»Nimmermehr.« Und seitdem hockt er da auf der Pallas Athene, mit funkelnden Feueraugen. Der Höhepunkt der Frechheit ist erreicht: Späte, unangekündigte Gäste, die schlechte Stimmung verbreiten und sich dann weigern zu gehen, sind eine absolute, wahrhaft poe-tische Horrorvorstellung! ■

NAME: unbekannt (im Zweifelsfall: Nimmermehr)

HERKUNFT: Hölle, Sturm, Orkus-Strand

FUNKTION: Nervensäge

STATUR: gewaltig

ALTER: hochbejahrt

DATUM DER ANKUNFT: Once upon a midnight dreary

DATUM DER ABREISE: nimmermehr

WORTSCHATZ: ★☆☆☆☆

DROMMETENROT

AUTOR: Leo Perutz
TITEL: *Der Meister des Jüngsten Tages*
ORIGINALFASSUNG: 1923

>> Und in dem Augenblick, da ich die Waffe gegen meine Schläfe hob, in diesem Augenblick erschien am Himmel ein ungeheures Meer von Glut, das loderte und brannte in einer Farbe, die ich nie zuvor gesehen hatte, und ich kannte ihren Namen, Drommetenrot hieß sie, meine Augen waren geblendet von dem Orkan der grauenvollen Farbe, Drommetenrot war ihr Name, und sie leuchtete dem Ende aller Dinge.

Der Lump unter den Farben ist nicht etwa Schwarz. Es ist Drommetenrot. Das ist Rot, aber ohne Die-Farbe-der-Liebe-Romantik. Du möchtest Drommetenrot lieber nicht im Dunklen begegnen. Drommetenrot macht dich drommetentot, indem es deine schlimmsten Ängste bestrahlt. Drommetenrot entzündet Flammen in dir, aber nicht diese schönen der Leidenschaft, sondern solche, die einfach wehtun, sodass du nicht anders kannst, als deinem Leben ein Ende zu setzen.

Drommetenrot existiert wirklich – seit Leo Perutz es erfunden und zum Mörder in seinem 1923 erschienenen, äußerst unkonventionellen Krimi gemacht hat. Der Meister des unzuverlässigen Erzählens lässt darin seinen Baron Yosch einer Serie mysteriöser Selbstmorde im Wien des Jahres 1909 nachgehen. »Eine Art Ungeheuer, ein Mensch von gewaltiger Körperfülle, wahrscheinlich krankhaft dick und infolgedessen zu völliger Unbeweglichkeit verurteilt. So sieht der Mörder aus«, lautet zwischendurch noch die Theorie des Ko-Ermittlers Solgrub, der bald darauf selbst dem tatsächlich unbeweglichen Mörder zum Opfer fällt.

Der Täter ist jedenfalls kein dicker Mensch. Die Farbe war's, oder wenn man so will, die Substanz, deren Konsumation durch Rauchen die Vision dieser Farbe hervorruft. In weiterer Folge kann man auch dem Buch die Schuld geben, in dem sich das Rezept für die Dämpfe der Verdammnis lesen lässt. Dieser Foliant aus dem 16. Jahrhundert taucht bei Perutz im Wien des beginnenden 20. auf und erweckt die fatale Neugier der Beteiligten. Seinerzeit schrieb die Rezeptur ein gewisser Messer Salimbeni in Florenz nieder. Maler Chigi verfiel dem Rausch, um seine Kreativität in Gang zu bringen. Dann jedoch erschien ihm das Himmelsfeuer in Drommetenrot und trieb ihn in den Irrsinn, sodass er nur noch Bilder des Jüngsten Gerichts malen konnte.

Die Botschaft ist klar, Perutz' Roman sagt: Kinder, nehmt keine Drogen. Tatsächlich trieb ihn gewiss der erzählerische Reiz eines körperlosen Mörders zur Erfindung der fatalen Farbe. Eines Mörders, der niemals belangt werden kann, weil er keine Hände hat, an die man Handschellen anlegen könnte. Einer abstrakten Macht, die sich nicht besiegen lässt und gegen die nur völlige Angstfreiheit immun ist. Denn jedem Opfer erscheinen andere Schreckensvisionen in einschlägiger Färbung. Yosch selbst etwa, den am Ende nur ein Schlag auf den Kopf vor der Selbsterschießung rettet, sieht drommetenrote Bilder aus dem Krieg.

Freilich wäre Yosch kein zuverlässig unzuverlässiger Perutz-Erzähler, wenn die Sache nicht am Ende einen Haken hätte: Alles wirre Fantasie, behauptet ein Nachwort. Die Zeit im Krieg habe den Baron traumatisiert. Vielleicht existiert Drommetenrot also doch nicht. Wie auch immer: Kinder, nehmt keine Drogen. ■

HERKUNFT: Italien
GESCHLECHT: sächlich
BERUF: Farbe
PANTONE-NUMMER: noch nicht zugeteilt
OPFER: Giovansimone Chigi, Eugen Bischoff, Ingenieur Solgrub, Freiherr von Yosch (hohe Dunkelziffer)
SCHÖPFER: Messer Salimbeni (oder Baron Yosch (oder einfach Leo Perutz))

DAS SCHLOSS

AUTOR: Franz Kafka
TITEL: *Das Schloss*
ORIGINALFASSUNG: 1926

»Du kennst das Schloß nicht«, sagte der Wirt leise.

Es gibt im Schloss so manchen, von dem eher grauenerregende Charakterzüge zu vernehmen sind. Es gibt Sortini, der der Wirtstochter Olga nachstellte und sie unflätig brieflich beschimpfte, als sie ihn abwies. Es gibt Klamm, dem ebenfalls sehr wichtig ist, sich die Mädchen aus dem Dorf zu Geliebten zu machen. Dann gibt es noch eine Reihe anderer so pflichtschuldiger wie sichtlich inkompetenter Beamter, doch im Aktenzuteilungswirbel der kafkaesken Albtraumwelt und im Summgewirr der gleichzeitig laufenden Telefone verschmelzen sie alle zu einem großen, gesichtslosen Gegner. Der Kampf ist eröffnet: auf der einen Seite der Landvermesser K., auf der anderen Seite: das Schloss! Let's get ready to rumble, aber das Kräfteverhältnis ist denkbar unfair. Auf der einen Seite ein rechtsverständiger, arbeitsamer Mensch, der in der Lage ist, Strategien zu entwickeln und die sich ihm darbietenden Fakten zu weiterführenden Analysen seiner Situation heranzuziehen. Auf der anderen Seite eine Entität mit Kontrollzwang, deren Funktionieren weitestgehend vom Zufall regiert wird, deren undurchschaubares Regelwerk zwar schlimmste Strafen vorsieht, die aber niemals umgesetzt werden, und dessen Vorsitzender, ein gewisser Graf Westwest, augenscheinlich keinerlei Sagen hat. Der Landvermesser kann nur verlieren.

Er wird an Erschöpfung sterben, zermürbt von dem Versuch, einfach nur seiner vom Schloss beauftragten Arbeit nachzugehen. Kafka setzte diesen geplanten Schluss seinem Freund Max Brod auseinander, starb jedoch (irgendwie passend), bevor er ihn niederschreiben konnte. *Das Schloss* ist einer von Kafkas Unvollendeten, oder anders: Es ist so unbarmherzig in der Anwendung seiner fast magisch unnahbaren Aura, dass es uns sogar das unausweichliche und daher befriedigende Ende – mit dessen Tragik wir gut hätten umgehen können – versagt und uns dabei keck ausrichten lässt: »Es gibt Dinge, die an nichts anderem als an sich selbst scheitern.« Es lässt

uns zappeln wie diesen anderen Kafka-Charakter *(Der Proceß)*, der sein Leben lang wartete, zum Gericht vorgelassen zu werden – ja, das Schloss und das Gericht sind Brüder im Ungeiste. Je wuchtiger der Apparat, desto tiefer der Schmerz, den man sich – angeblich – selbst zufügt.

Das Schloss ist wie ein Drache, der nicht Feuer speit, sondern Beamte. Wer dennoch an seiner Perfidität zweifelt und denkt, das könne ja alles nicht böse gemeint sein, der sei daran erinnert, dass sein wahrscheinlichstes Vorbild die Burg aus dem Film *Nosferatu* ist, ein Spukort wie aus dem Bilderbuch, kombiniert mit Kafkas Eindrücken aus der Arbeiter-Unfallversicherung, wo er aushalf und Akten um Akten durch verwinkelte Gänge trug. Der filmische Ursprung dieses nur von außen zu betrachtenden Ortes, der einen von sich wegzuhalten scheint, spiegelt sich in bisher acht Verfilmungen wider. 2015 fand sich das Schloss (im Film *K*) gar in China wieder. Dort kann man bürokratische Gruselapparate gewiss gut nachvollziehen. ∎

NAME: unbekannt
HERKUNFT: Mitteleuropa
HAUPTEIGENSCHAFT: kafkaesk
ANZAHL DER ZUWEGE: ☆☆☆☆☆
SCHLOSSHERR: Graf Westwest
WAFFE: Unnahbarkeit
OUTPUT: Beamte
ERZFEIND: Landvermesser K.

193

SAURON

AUTOR: J. R. R. Tolkien
TITEL: *Das Silmarillion* (aus dem Englischen von Wolfgang Krege),
Der Herr der Ringe (aus dem Englischen von Margaret Carroux und E. M. von Freymann)
ORIGINALFASSUNG: 1954–55

»(...) Aber ges-
tern abend
habe ich dir von
Sauron dem Großen
erzählt, dem Dunk-
len Herrscher. Die
Gerüchte, die du
gehört hast, sind
wahr: er hat sich
wirklich erhoben
und sein Versteck
im Düsterwald ver-
lassen und ist zurück-
gekehrt zu seiner
alten Festung im
Dunklen Turm von
Mordor. Von diesem
Namen habt selbst ihr
Hobbits gehört, wie von
einem Schatten am Rande
alter Berichte. Immer nach
einer Niederlage und einer Atempause nimmt der Schatten
eine andere Gestalt an und wächst wieder.«

   »Ich wollte, es hätte nicht zu meiner Zeit sein müssen«,
194 sagte Frodo.

Er ist einfach der Teufel. Ein gefallener Engel. Der Linguist und Phantast Tolkien hatte Spaß am Geschichtenschreiben und dichete gerne altbekannte Mythologien für sine eigene Welt um. So folgt auch Sauron einem archaischen Konzept, das einen Hauch von Religionsgeschichte atmet: Er ist kein Bösewicht, er ist das Böse.

Vom Deckblatt der traditionellen Taschenbuchausgabe des deutschsprachigen *Herrn der Ringe* starrt sein Auge den Leser schlangenumschlungen vom Dunklen Turm aus an, im dazugehörigen Gesellschaftsspiel ist gleich gar kein Sieger vorgesehen, nur das gemeinsame Ziel aller Spieler, den Einen Ring zu zerstören und so Sauron den Garaus zu machen – wie Frodo und seine Gefährten. Und hier liegt auch der Unterschied zum Antichrist, denn der gilt gemeinhin als unbezwingbare Größe.

Sauron ist ein Manipulator erster Güte. Er kann nach Belieben seine Gestalt verändern und bringt, wenn es sein muss, sogar genügend Kunstfertigkeit auf, um den Meistersänger der Elben im Wettstreit an die Wand zu singen. Durch Intrige und mithilfe des Ringes sät er erfolgreich Zwietracht zu seinen Gunsten. Wird er gefangen genommen, winselt er eben, er habe es doch nicht so gemeint, und erbettelt Gnade. Während er als Akteur vor allem in der Saga *Silmarillion* und in den von Tolkiens Erben zusammengestellten *Nachrichten aus Mittelerde* vorkommt, schwebt Sauron im Hauptwerk nur als schwarze Einflussgröße über dem Geschehen. Das Phänomen, dass eine titelgebende Zentralfigur in einer der weltweit erfolgreichsten Buch- und Filmreihen selbst praktisch nicht zu Wort kommt, kann nur innerhalb eines in Detail und Breite feinstens ausgearbeiteten Kosmos wie dem Tolkien'schen funktionieren.

Der Werdegang Saurons wird im *Silmarillion* erzählt. Demnach wurde er, zunächst ein gütiges Göttlein, von seinem übelwollenden Obergott Morgoth korrumpiert. Im Dritten Zeitalter hilft er dem Schmied Celebrimbor bei der Herstellung von Ringen, die alle unterschiedlichen Geschöpfe im Guten vereinen sollen. Obendrein schmiedet Sauron jedoch selbst im heißesten aller Vulkane noch einen weiteren, den Überring, der sich die anderen Ringe – und ihre Träger – untertan machen soll. Als der verloren geht, ist Sauron nur noch ein Schatten seiner selbst, erstarkt später aber ob der Kenntnis, dass der Ring der Ringe nicht zerstört wurde und sehr wohl noch existiert, allmählich zu neuer Finsternis. Damit nimmt eine Geschichte ihren Lauf, die die bekannteste und doch nur eine von vielen aus dem mittelirdischen Universum ist. ■

BEINAMEN: Herr der Ringe, Gorthaur, Der Grausame, Der Nekromant
HERKUNFT: präirdisch
BERUFE: Herrscher und Hilfsschmied
FUNKTION: dunkle Macht
BESONDERE FÄHIGKEITEN: Gesang, das »Auge«
STÄRKE: Wandlungsfähigkeit
SCHWÄCHE: Machtgier
FINSTERNISFAKTOR: ★★★★

195

DER GALLERT-OZEAN

AUTOR: Stanisław Lem
TITEL: *Solaris*
(aus dem Polnischen von Irmtraud Zimmermann-Göllheim)
ORIGINALFASSUNG: 1961

>> Dieser Anblick hat scheußlich auf mich gewirkt. Ich glaubte nicht mehr an eine Fata Morgana, ich sah es zu genau. Es hob und senkte sich je nach der Bewegung der Welle, aber unabhängig davon bewegte es sich, das war ekelhaft!

Frage: Warum? Was hat es so Besonderes getan?

Antwort Bertons: Es hat ausgesehen, also wie halt in irgendeinem Museum, wie eine Puppe, aber wie eine lebendige Puppe. Es hat den Mund auf und zu gemacht und allerlei Bewegungen ausgeführt, eklige.

Ans Meer! Ans Meer! Alle lieben das Meer. Aber nicht dieses. Es ist intelligent. Es gebiert Lebewesen. Aber keine richtigen Lebewesen. Es kennt die Erinnerungen der Menschen und hält sie ihnen vor. Es klont die größte Schmach ihrer Vergangenheit aus der eigenen Materie und quält die Anwesenden dann mit deren wiedererstandener Präsenz. Nein, so hat sich das die astronomisch ambitionierte Menschheit nicht vorgestellt, als sie sich eifrig auf die Suche nach intelligentem Leben jenseits der Erdatmosphäre aufgemacht hat.

Alles, was man gefunden hat, war der Planet Solaris, der von diesem Gallert-Ozean umgeben ist – Gallert, eine dickflüssige, sulzig-geleeartige Masse, die permanent vor sich hin wabert. Aus ihr entstehen Dinge und verschwinden wieder. Dieser Ozean lebt, aber obwohl man die ganze Zeit nach Leben gesucht hat, traut sich das niemand zu sagen – »organisch« lautet das weniger schreckenerregende Wording.

Auch eine internationale Raumstation schafft es nicht, den eigenen Gesetzen dieses eindeutig belebten Matsches auf den Grund zu kommen. Einer der Entsandten hat Selbstmord begangen, ein anderer verfällt zusehends dem Alkohol, dem dritten, Kris Kelvin, erscheint seine verstorbene Geliebte Harey, die sich aus dem Ozean materialisiert hat, aus bis zur Atomebene exakt echter Materie gleichenden Neutrinoansammlungen.

Kelvin kann mit Harey ganz normal reden, verbringt einige Zeit mit ihr auf der Raumstation, wie früher, bevor sie sich das Leben nahm. Auch die anderen Forscher haben »Gäste«, jeweils wichtige Menschen aus ihrer Erinnerung, die ihnen Schuldgefühle bereiteten. Der Unterschied: Diese assoziativ kopierten Gestalten sind nicht umzubringen. Nicht auf normalem Wege jedenfalls.

Stanisław Lems berühmter Planet mit Ozeanbeschichtung ist ein klassisches unförmiges Wesen mit nichtmenschlicher Intelligenz, vor dem wir uns schon deshalb zu fürchten haben, weil wir es nicht verstehen. Wir können es nicht kontrollieren, es scheint uns aber überlegen zu sein. Und ihm wirklich böse sein können wir auch nicht, wir wissen ja nicht mit Sicherheit, ob es uns tatsächlich so übelgesonnen ist, wie es scheint. Wenn es wohlgesonnen wäre, wäre dann nicht alles noch viel schlimmer? Und kann ein Gewässer überhaupt irgendwie gesonnen sein? Nun, dieses kann immerhin unsere Gehirnströme produktiv verwerten – etwas, das uns selbst nicht immer zufriedenstellend gelingt. ■

HERKUNFT: Solaris
HAUPTPRODUKT: Gäste
INTELLIGENZ: ★★★★
MATERIAL: Plasma oder Gelee
FISCHVORKOMMEN: bei Bedarf
BADETAUGLICHKEIT: müsste man mal ausprobieren
ENERGIE: Solar
BIO-GÜTESIEGEL: alles ganz organisch

197

DIE LITTLE PEOPLE

AUTOR: Haruki Murakami
TITEL: *1Q84*
(aus dem Japanischen von Ursula Gräfe)
ORIGINALFASSUNG: 2009

》》Ich habe sie vorige Woche von einem befreundeten Arzt untersuchen lassen. Ihre Gebärmutter ist zerstört.《 (...) »Sie kann auch durch eine Operation nicht wiederhergestellt werden.«

»Aber wer macht so etwas?«, fragte Aomame.

»Wir wissen es noch nicht genau«, sagte die alte Dame.

»Die Little People«, sagte das Mädchen.

»Ob das, was wir als ›Little People‹ bezeichnen, gut ist oder böse, weiß ich nicht«, sagt der weise Leader der Vorreiter-Sekte. »Es übersteigt gewissermaßen unser Verständnis oder Definitionsvermögen.« Wenn das jemand sagt, der, auf die Stimmen dieser Little People hörend, zehnjährige Mädchen beschlief und traumatisierte, dann darf man das wahrscheinlich getrost als Euphemismus abtun. In der Welt von 1Q84 ist – Definitionsvermögen hin oder her – mit den Little People definitiv nicht zu spaßen.

Erstmals kommen sie in einer Geschichte innerhalb der Geschichte vor. *Die Puppe aus Luft* gewinnt einen Nachwuchsliteraturpreis, und den an dieser Erfolgsstory beteiligten Menschen dämmert, dass die Geschichte von der minderjährigen Fukaeri keineswegs so aus der Luft gegriffen ist wie der Kokon, den die sechs bis sieben Little People aus Fasern der Umgebungsluft spinnen. In dieser Parallelwelt zum Jahr 1984 existiert das wohl alles wirklich. Das Jahr scheint so ein bisschen aus dem Raum-Zeit-Kontinuum der Logik gerückt, zumindest, seit die Kurzgeschichte sich von selbst immer weiter in diese Welt hineinschreibt. Deshalb haben wir statt einem Big Brother eben Little People. Ebenso ungreifbar, vielleicht noch schurkischer.

Eigentlich seien sie nur ein Prinzip, das ein Gegenprinzip herausfordere, erklärt der Sektenanführer. Seine Tochter (eben Fukaeri) habe den Namen Little People dafür geprägt, als sie selbst noch ein kleiner Mensch gewesen sei. Andernorts klettern die Little People aber durchaus real aus den Mündern Schlafender oder Toter und erwecken dann den Eindruck unbesiegbarer Giftzwerge:

»Die sechs Little People, die aus Ushikawas Mund kamen, sprangen auf die Konferenztische, auf denen die Leiche lag. (...) Als sie eine Größe von etwa sechzig oder siebzig Zentimetern erreicht hatten, hörten sie auf, sich zu schütteln, und kletterten nacheinander auf den Boden. Ihre Gesichter waren ausdruckslos. Das heißt nicht, dass sie maskenhaft waren. Sie waren einfach nur ganz alltäglich. Abgesehen von ihrer Größe sahen die Little People aus wie du und ich.«

Sie seien einfach plötzlich dagewesen und hätten ihn zum Schreiben seines Opus magnum gezwungen, hat Haruki Murakami der *New York Times* erklärt. Das kann man sich gut vorstellen: Heinzelmännchen des Grauens, die mit ausdruckslosem Gesicht die Welt aus den Angeln heben. Nur um ein paar Zentimeter. Sind ja auch nur klein. Klein, aber erbarmungslos. Wie Wespen. ■

HERKUNFT: Japan
BERUF: Puppenbauer
FUNKTION: religiöses Symbol
GRÖSSE: 60 bis 70 cm
GESICHTSAUSDRUCK: keiner
WAFFEN: Luftkokons, Mondverdopplung
WAHLSPRUCH: Ho, ho!
ERZFEINDIN: Fukaeri

199

Die verrückten Wissenschaftler

Diesen Doktoren bedeutet der hippokratische Eid nichts. Sie wollen die Welt verändern und verändern dazu erst ein paar Unfreiwillige. Nobelpreis gibt's dafür garantiert keinen!

———⋈———

FRANKENSTEIN(S MONSTER)

AUTORIN: Mary Shelley
TITEL: *Frankenstein oder Der moderne Prometheus*
(aus dem Englischen von Ursula und Christian Grawe)
ORIGINALFASSUNG: 1818

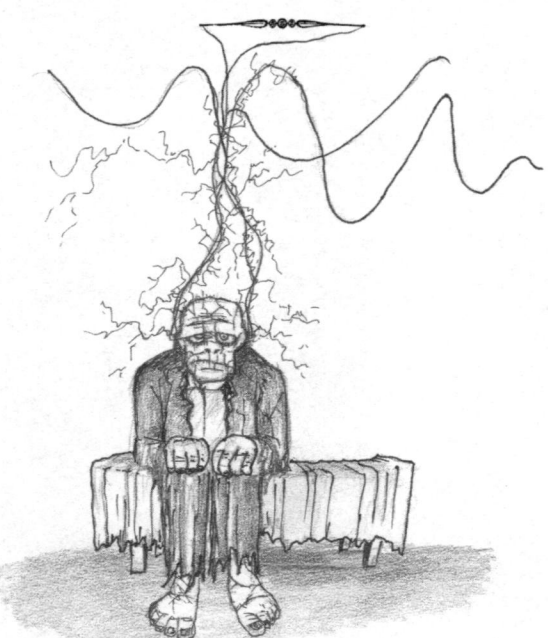

»Hinweg! Ja, ich breche mein Versprechen. Niemals werde ich ein Wesen schaffen, das dir an Missbildung und Verworfenheit gleicht.«

»Sklave, ich habe schon einmal vernünftig mit dir zu reden versucht, aber du hast dich meiner Großmut als unwürdig erwiesen. Bedenke, dass ich Macht habe. Du hältst dich für unglücklich, aber ich kann dich so zur Verzweiflung treiben, dass du das Tageslicht verfluchst. Du bist mein Schöpfer, aber ich bin dein Herr; gehorche!«

»(...) Hinweg! Ich bleibe fest, und deine Worte steigern nur meine Wut.«

Ruhe jetzt! So, wer von euch beiden hat angefangen? Wer ist schuld, wer ist der Übeltäter?

...

Diese Frage ist hier wirklich nicht leicht zu beantworten. Sie hat eine Dimension, die bis zur Schöpfungs-, ja bis zu der Frage zurückreicht, ob man Schuld auf sich lädt, indem man sich fortpflanzt und neue Wesen in die Welt setzt. Quasi »Eltern haften für ihre Kinder«. Freud hätte seine Freude damit. In Zeiten knapp 200 Jahre nach dem Erscheinen des Romans von Mary Shelley kommt noch ein anderes heißes Thema hinzu, auf das der Konflikt zwischen Frankenstein und seinem Monster visionär vorgreift: künstliche Intelligenz. Was, wenn sie ein Bewusstsein entwickelt und sich gegen uns wendet?

Victor Frankenstein war auf alle Fälle zuerst da. Er ist nach Ingolstadt gezogen und hat dort, entflammt von wissenschaftlicher Neugier, eine Kreatur gebaut, die wie ein Mensch ist, nur hässlicher. Er hat das umgehend bereut und zugelassen, dass sein Geschöpf aus dem improvisierten Labor entflieht. Das Monster hat sich dann ein paar Monate im Untergrund herumgetrieben, die menschliche Sprache in Wort und Schrift erlernt und an Einsamkeit gelitten, weil einzig ein blinder Mann seine Präsenz ertrug. Außerdem hat es Victor Frankensteins Tagebücher gefunden und somit genau gewusst, wem es seine Misere (sprich: seine Identitätskrise (sprich: seine Existenz)) zu verdanken hat.

Aber dann wurde es problematisch. Frankenstein erpressen, auf dass er ein weibliches Pendant für den Unhold kreiere, ist vielleicht eine verständliche Verzweiflungshandlung. Aber seinen kleinen Bruder ermorden, der Aufpasserin die Tat anhängen? Muss das sein?

Victor wiederum geht auf den Deal ein, konstruiert die Eva für seinen Adam, wird dann jedoch von Paranoia befallen und macht sie zunichte. Ein Vertragsbruch, der die anschließende Racheaktion – Tötung von Victors Braut in der Hochzeitsnacht – irgendwie logisch erscheinen lässt. Frankenstein soll so viel Schmerz erleiden wie sein Monster.

Also: Wer ist der Unhold hier? Der Unhold oder der, der den Unhold schuf und dann sich selbst überließ? Sympathie kann eher die belesene Kreatur ernten als der egozentrische Wissenschaftler. Vielleicht ist es auch einerlei. Psychologische Deutungen (etwa von Martin Tropp) legen einen Fall von Schizophrenie nahe. Sprich: Da hat einer sein eigenes inneres Ungeheuer von sich abgespalten. ∎

NAMEN: Victor Frankenstein / keiner

RUFNAMEN: Victor / Unhold, Ungeheuer, Kreatur, Monster

HERKUNFT: Schweiz / Deutschland

BERUFE: Wissenschaftler / Erpresser

KOMPLEX: Ödipus

MORDOPFER GESAMT: ★ ★ ★

ERZFEINDE: gegenseitig

DARSTELLER: Benedict Cumberbatch, Jonny Lee Miller (abwechselnd in derselben Bühnenproduktion), Sting, Kenneth Branagh, Robert de Niro

203

DR. MOREAU

AUTOR: H. G. Wells
TITEL: *Die Insel des Dr. Moreau*
(aus dem Englischen von Felix Paul Greve)
ORIGINALFASSUNG: 1896

Ich hatte bisher noch nicht an den Schmerz und die Unruhe gedacht, die diese armen Opfer befielen, nachdem sie aus Moreaus Händen entlassen waren. Mir hatte nur vor den Stunden und Tagen der unmittelbaren Peinigung im Hause geschaudert. Aber jetzt schien mir das der geringere Teil. Vorher waren sie Tiere gewesen; ihre Instinkte waren ihrer Umgebung angepaßt und sie selbst so glücklich, wie lebendige Wesen nur sein können. Jetzt stolperten sie in den Fesseln der Menschlichkeit dahin, lebten in einer Angst, die niemals schwand, von einem Gesetz gequält, das sie nicht verstanden; ihre halbmenschliche Existenz begann in Qualen, war ein einziger langer, innerer Kampf, eine einzige ständige Furcht vor Moreau – und wozu? Die Nutzlosigkeit regte mich auf.

Deshalb blicken Hyänenschwein und Leopardenmensch auch bedrückt drein, als Dr. Moreau verkündet:»Das Gesetz wurde gebrochen«, und der Affenmensch wiederholt katatonisch, was den Ungehorsamen blüht:»Zurück ins Haus des Schmerzes, zurück ins Haus des Schmerzes.« Und:»Sein ist die Hand, die verwundet. Sein ist die Hand, die heilt.«

Wie später der akademisch gleichrangige Dr. No (nur mit echtem Doktortitel!) – und lange bevor pazifische Atolle als tolle Schauplätze für Atomtests auserkoren wurden – hat Dr. Moreau die entlegene Insel für sich entdeckt, um in aller Ruhe bahnbrechende Experimente vollführen zu können, die keine Ethikkommission je durchgelassen hätte. Deshalb eben Insel, weil: keine Ethikkommission. Der einzige Moralapostel, der zufällig angeschwemmt wird, H. G. Wells' Ich-Erzähler Prendick, ist Moreau ohnedies ein Dorn im Auge. Er entlockt ihm, Insel hin oder her, moralphilosophische Rechtfertigungen:

»Denn gerade diese Frage des Schmerzes trennt uns«, muss Moreau ihm, sichtlich genervt, erklären. »Solange ein sichtbarer oder hörbarer Schmerz Ihnen Übelkeit verursacht, solange Ihre eigenen Schmerzen Sie treiben, solange Schmerz für Sie mit Sünde zusammenhängt, so lange, sage ich Ihnen, sind Sie ein Tier, das etwas weniger dunkel fühlt, was jedes andere Tier auch fühlt.« Und so schickt der Schmerzensmann all seine Hybridgeschöpfe aus Tier und anderem Tier, aus Tier und Mensch, wenn sie sein göttliches Gesetz brechen, ins Haus des Schmerzes zurück. In diesem seinem Folterlabor unterzieht er sie weiteren Vivisektionen und noch elaborierterem Herumschnippeln an ihren Körpern.

Klar, dass er damit sein eigenes Ende heraufbeschwört. Welcher überhebliche Schöpfer neuer Wesen (Crake, Frankenstein, Lovecrafts Herbert West) hat seine Kreativität nicht früher oder später bereut? Je mehr er sich auf sein jahrelanges Studium und seine wissenschaftlichen Erfolge einbildet, desto genauer zeichnet sich die Rache der Natur / Kreatur ab: Eine gequälte Pumadame entkommt ihren Ketten und tötet Moreau aus Notwehr.

Danach werden die Mensch-Tiere wieder immer tierischer. Menschlich sein ist schließlich anstrengend, besonders wenn der eigene Herr es nicht zustande bringt. ∎

HERKUNFT: Großbritannien

BERUF: Physiologe

HOBBY: Gott spielen

GESICHT: weiß und furchtbar

RUF: ★★☆☆☆

LIEBLINGSTIER: Hyänenschwein

PHILOSOPHIEFAKTOR: ★★★☆☆

FILMDARSTELLER: Marlon Brando

MOREL

AUTOR: Adolfo Bioy Casares
TITEL: *Morels Erfindung*
(aus dem Spanischen von Gisbert Haefs)
ORIGINALFASSUNG: 1940

Mein Vergehen besteht darin, daß ich Sie ohne vorherige Erlaubnis photographiert habe. Natürlich handelt es sich nicht um eine Photographie wie jede andere; es ist meine neueste Erfindung. Wir werden in dieser Photographie leben, und zwar immer. Stellen Sie sich eine Bühne vor, auf der unser Leben in diesen sieben Tagen vollständig aufgeführt wird. Die Darsteller sind wir. Alle unsere Handlungen sind aufgezeichnet worden.

»Die Blindheit des Erfinders gegenüber der Erfindung verblüfft uns und legt uns nahe, umsichtig zu urteilen (...)«, heißt es gegenüber Morels Erfindung. Genauso gut kann man aber auch empört an den Pranger stellen, was dieses behutsam und unkonventionell eingeführte Genie verbrochen hat: Morel! Hat sich erlaubt, eine sich immer wiederholende Ewigkeit zu bauen, sozusagen freiwillig täglich das Murmeltier zu grüßen. Und warum? Wegen Faustine, dieser betörenden Frau? Um nicht sterben zu müssen, was er ja dann wohl trotzdem nicht vermeiden konnte? Oder aus reiner Zwänglichkeit, die so manchen bösen Wissenschaftler antreibt: weil er feststellte, dass es geht?

Morel und Moral, das ist ein krasser Widerspruch. Dafür klingt bei Morel auch kaum zufällig Moreau an, seinerseits ein halbes Jahrhundert älterer Inseldoktor mit weltverändernden Erfindungen.

Sicher ist das aber alles nicht. *Morels Erfindung* von Adolfo Bioy Casares verrät vieles über die Erfindung, aber nicht so viel über Morel. Klar, der ist zu dem Zeitpunkt, als der namenlose Tagebuchschreiber sich näher mit ihm beschäftigt, auch schon längst weg und nur in Form seiner selbst erfundenen Projektion anwesend. Wie alle anderen, die mit ihm eine Woche auf dieser paradiesischen Pazifikinsel verbrachten, hat er für sein Ewigkeitsprojekt eine Zeit des Verfalls gewählt: Alle sind an irgendeiner Seuche erkrankt, die sie nun in Form diabolischer Autoprojektionen wieder und wieder erleben müssen.

Da nützt es der einzigen wirklich noch lebenden und handelnden Figur des Romans, dem unschuldigen Gefängnisflüchtling, auch nichts, irgendwelche Wände einzureißen, »Apparate« zerstören und dem grausamen Spiel ein Ende machen zu wollen. Es beißt sich in seinem Hirn fest und raubt ihm wie eine hängende Schallplatte den letzten Nerv.

Nichts anderes hat der geniale Erfinder der Nachwelt letztlich hinterlassen: eine aufwändige Warteschleife. Ohne Morels Erfindung wäre die Erfolgsinselserie *Lost* wohl nicht denkbar – und auch das ist für viele ein dicker Malus auf seinem Seelenkonto.

Dazu kommt noch klassische Eifersucht. Morel nähert sich in den projizierten Morel-Selfies immer und immer wieder der vom Tagebuchschreiber verehrten Faustine an, jener wunderschönen und geheimnisvollen Dame, die freilich mittlerweile ebenso tot ist wie Morel. Dieser Morel! »Bestimmt ist er auch der Erfinder der berüchtigten Seuche, die bis heute die Insel so gut geschützt hat.« Genau. Im Zweifelsfall: Schuldiger für alles. ∎

HERKUNFT: unbekannt
BERUF: Erfinder
HOBBY: Selfie-Videos
LIEBLINGSTIER: Murmeltier
LIEBLINGSMENSCH: Faustine
BESONDERES KENNZEICHEN: tot
ERZFEIND: der Flüchtling
INSPIRATION FÜR: letztes Marienbad-Jahr
PLAGIATE: die *Star-Trek*-Holodecks

207

DR. NO

AUTOR: Ian Fleming
TITEL: *Dr. No*
(aus dem Englischen von Stephanie Pannen und Anika Klüver)
ORIGINALFASSUNG: 1958

Doktor No sprach mit derselben leisen, klangvollen Stimme weiter: »Sie haben recht, Mister Bond. Genau das bin ich: ein Wahnsinniger. Alle großen Männer sind wahnsinnig. Sie sind von einem Wahn besessen, der sie ihrem Ziel entgegentreibt. Die großen Wissenschaftler, die Künstler, die Philosophen, die religiösen Führer – allesamt Wahnsinnige. Was außer einer blinden Konzentration auf einen einzigen Zweck hätte ihr Genie in diese Richtung treiben und dafür sorgen können, dass sie ihr Ziel niemals aus den Augen verlieren? Wahnsinn, mein lieber Mister Bond, ist so unbezahlbar wie Genie. Energieverschwendung, geteilte Aufmerksamkeit, Antriebslosigkeit, fehlendes Durchhaltevermögen – das alles sind Laster der Herdentiere.«

Eines muss klar sein: Ohne die Gegenspieler von James Bond gäbe es dieses Buch nicht. Hätte Ian Fleming nicht diese megalomanischen, auf absolute Weltherrschaft und / oder -zerstörung zusteuernden Figuren kreiert und wäre die Filmwelt nicht mit solcher Begeisterung darauf eingestiegen, dann sähe das Idealbild des fiktiven Schurken wahrscheinlich anders aus. Denn ist es nicht so? Wann immer wir Figuren – in Geschichten und im Leben – auf ihre Schurkativität abklopfen, sind die *Bond villains* als Messlatte schnell zur Hand.

Dr. No – sechstes Buch der Bond-Reihe, erstes, das verfilmt wurde – ist da natürlich ein wunderbares Beispiel. No ist der perfekte Jahrhundertbösewicht. Als Spross deutsch-chinesischer Eltern, der mit den Russen paktiert, vereint er die anglophonen Angststereotypen zu Beginn, in der Mitte und am Ende des 20. Jahrhunderts. Der Plan des einstigen Medizinstudenten, der mit Guano aus Vogelexkrementen nahe Jamaika reich geworden ist, sieht vor, die Raketenversuche der USA mit Störsignalen zu verzerren und die Geschosse je nachdem umzulenken, wer mehr zahlt. Im Moment zahlen die Russen am besten.

Seine völlige Entmenschlichung setzt sich bis ins Physische fort: Die fehlenden Hände sind durch Krallen ersetzt, und seine Kontaktlinsen bezeichnet er bedeutungsschwanger als technisch versierte Ersatzaugen, die alles sehen. Als Soziopathen entlarven ihn seine selbst gewählte Abgeschiedenheit auf einer Insel, die er

zum riesigen Labor umgebaut hat (für den angesichts der Beschreibung des Anwesens lächerlich wirkenden Betrag von:»einer Million Dollar«), und die Feststellung, dass seine Gefangene Honeychile»Honey« Rider, die als unweigerlicher Nasstraum jedes heterosexuellen Mannes beschrieben wird, ihm lediglich als Objekt für ethnisch differenzierte Überlebensexperimente gefällt (Forschungsfrage: Halten weiße oder schwarze Frauen Krabbenangriffen länger stand?). Wobei er zumindest ehrlich ist:»Natürlich wird es wehtun. Schmerz interessiert mich.«

Selbst familiäre Traumata hat er hinter sich gebracht:»Ich änderte meinen Namen in Julius No – Julius nach meinem Vater und No für die Ablehnung, die ich ihm und jeglicher Autorität entgegenbrachte.« Dieser Mann hat keine Achillesferse, an der man ihn packen könnte. Man muss sein Spiel mitspielen und eben trotzdem gewinnen. Man muss James Bond sein. ∎

VOLLER NAME: Julius No
HERKUNFT: China
BERUF: Vogelmistsammler
GESELLIGKEIT: ★☆☆☆☆
WELTHERRSCHAFTSFAKTOR: ★★★★
PSYCHOPATHENFAKTOR: ★★★★
AUGENBRAUEN: Dalí-esk
STÄRKSTE WAFFE: Riesenkrake
ERZFEIND: James Bond

209

CRAKE

AUTORIN: Margaret Atwood
TITEL: *Oryx und Crake*
(aus dem Amerikanischen von Barbara Lüdemann)
ORIGINALFASSUNG: 2003

》》 Jimmy verstand nicht, wie er so kalt sein konnte – dass Crake zusah, wie seine eigene Mutter sich auflöste, war ein grauenhafter Gedanke. Er selbst hätte das nie fertig gebracht. Aber wahrscheinlich war es nur Theater: Crake, der seine Würde bewahrte; denn die Alternative wäre gewesen, die Würde zu verlieren.

Die menschliche Spezies effizienter machen zu wollen, das ist an sich ein gut gemeintes Anliegen. Schwieriger wird es, wenn es von einem genialen Genforscher kommt, der feststellt, dass dieses Ziel sich nur erreichen lässt, indem man besagte Spezies ausrottet und durch eine andere, effizientere ersetzt. Crake hat den Masterplan – das ahnt man ab dem Moment, als er diese schwer durchschaubare Geschichte betritt. Und auch sonst kann man ihn nicht wirklich mögen, obwohl sich der Ich-Erzähler, ein Wesen namens Schneemensch, redlich bemüht, sein Verhältnis zu ihm trotz Crakes besserwisserischen Verhaltens und seiner seltsam empathielosen Schilderungen der diversen mysteriösen Todesfälle in seiner Familie als freundschaftlich zu zeichnen. Als Schneemensch noch ein Junge namens Jimmy war, lernte er Crake kennen (der damals noch ein Junge namens Glenn war). Die beiden verbrachten viel Zeit miteinander in einem dystopischen Areal, in dem ihre Eltern arbeiteten: einer Firma, die »Organschweine« herstellt. Tiere spielen in Margaret Atwoods *speculative fiction* allgemein eine große Rolle: So hat sich Crake – eine User-ID für ein Computerspiel suchend – nach einer australischen Vogelart benannt, einem ganz unschuldigen, unmanipulierten Wasservogel.

Crakes »Kinder« – die perfekten Designerwesen, die er erfunden und gezüchtet hat – sind die Craker. Sie ernähren sich rein pflanzlich und betreiben Geschlechtsverkehr nur zu vorgesehenen Paarungszeiten. Nicht so wie der Mensch, der – wie Crake schon als Jugendlicher bemerkte – als einziges Tier nicht gewillt ist, sein Fortpflanzungsverhalten in Krisensituationen entsprechend zu reduzieren. Also muss er weg. Wie praktisch, dass plötzlich eine weltweite Pandemie ausbricht und die Menschheit weitgehend auslöscht. Zufall? Natürlich nicht. Doch Jimmy bemerkt den Zusammenhang mit dem Arzneimittel, für das er in Crakes Firma das Marketing macht,

erst viel zu spät. Ihn lenkt die Angst ab, Crake könnte ihm draufkommen, dass er mit Oryx schläft, ihrer beider großer Liebe, auf die Crake zuerst Anspruch erhoben hat.

Ob Crake deshalb sauer wäre und Rache üben würde? Oder wäre er als irrer Wissenschaftler (der seinen Plan jedoch beängstigend un-irr durchzieht) ohnehin emotionslos, stur auf seine Vision konzentriert? Am Ende spielt es keine Rolle: Crake stirbt, Oryx stirbt, nur Schneemensch und die Craker retten sich in Margaret Atwoods zwei Romanfortsetzungen hinüber. Crake halten sie für ein göttliches, gütiges Wesen. Er hat es also geschafft: ein Bösewicht, der alles zerstört und von den eigenen Kreaturen geliebt wird – Frankenstein erblasst vor Neid.

Wer hingegen die göttliche Aura des genialen Genetikers durch Lächerlichkeit brechen will, darf sich vergegenwärtigen, wie Crakes Namenspatron auf Deutsch heißt: Sumpfhuhn. Klingt gleich weniger diabolisch. ∎

GEBURTSNAME: Glenn
HERKUNFT: irgendwo aus Nordamerika
BERUF: Genforscher
VISION: der perfekte Mensch
KREATIVITÄTSOUTPUT: alles
ZERSTÖRUNGSAUSMASS: alles
WELTHERRSCHAFTSFAKTOR: Top
(nur leider tot)

Die
Über- und
Unterirdischen

Ob ein Gott oder viele (Halb-)
Götter, irgendwas Teuflisches
haftet dem Religiösen immer
an. Diese Wesen stammen aus
einer anderen Welt – wären
sie doch nur dort geblieben!

———⋙◆⋘———

LOKI

AUTOR: Snorri Sturluson
TITEL: *Prosa-Edda*
(aus dem Altisländischen von Felix Genzmer)
ORIGINALFASSUNG: ca. 1220

≫ Schweig doch, Tyr!
Es geschah deinem Weib,
daß sie einen Buben mir gebar;
nicht Elle noch Pfennig
ward für den Unglimpf dir,
armer Wicht, gewährt.

Was wurde nicht schon gestritten über den Charakter dieses Riesen mit dem eher niedlich anmutenden Namen! Was wurde ihm nicht schon alles angedichtet! Er sei eigentlich eine Spinne; er sei eigentlich der Gott Odin; er sei der Gott des Feuers (laut Jacob Grimm); er sei der typische Trickster (ja, dabei handelt es sich tatsächlich um einen mythologischen Ausdruck); er sei eigentlich wohlwollend; er sei durch und durch böse; oder, wie Anna Birgitta Rooth es am unbestreitbarsten auf den Punkt brachte: er sei nicht festzunageln.

Loki (oder Nal, Lopt oder Hveðrungr) gehört, das bedarf keiner Interpretation, zum Inventar der altnordischen Mythologie. Die *Lieder-Edda* besingt ihn, die *Prosa-Edda* des Snorri Sturluson erzählt von ihm. Eine gewisse Gerissenheit und Hinterhältigkeit, positiver ausgedrückt: etwas Schelmisch-Schalkhaftes ist ihm eigen, und doch ist er zeitweise durchaus auf der Seite der Götter, etwa in der bekanntesten Geschichte, da er Thor hilft, seines geliebten (und mächtigen) Hammers wieder habhaft zu werden.

An anderer Stelle wiederum, in der *Lokasenna* (»Lokis Zankreden«) tritt er mit anderen Göttern in einen Beschimpfungswettstreit, eine wahrhaft göttliche *diss battle*, in der er in Strophenform die anderen beleidigt und ihnen unter die Nase reibt, ihre Frauen geschwängert zu haben. Selbst wahlweise Gott und Jötunn (gefräßiger Riese), wird ihm in der eddischen Weltuntergangsfantasie vorausgesagt, er werde, wenn es dann so weit sei, einen Kampf gegen die Götter ausfechten und im Zweikampf mit deren Wächter Heimdall erliegen (dabei wird allerdings auch Heimdall draufgehen – es steht uns also ein spektakulärer Showdown bevor!).

Wie das Trickster so an sich haben, kann Loki sich verwandeln, wobei er gerne auch crossdresst und zum Beispiel in Gestalt eines alten Weibes auftritt. Seine Nachkommen ergeben dann eine ebenso bemerkenswerte Patchworkfamilie: Der Wolf Fenrir und die Weltenschlange wurden von Loki gezeugt, das achtbeinige Ross Sleipnir gar von ihm geboren, als er die Frauenrolle etwas zu ernst nahm. Besondere Gendersensibilität kann ihm allerdings auch nicht nachgesagt werden: In der *kürzeren Seherinnenrede* verspeist Loki das Herz einer Frau.

Klar, dass dieser Kerl, der macht, was er will, auch den Epigonen gestattet, mit ihm zu machen, was *sie* wollen. Wagner ließ ihn den verbitterten Diener sein, bei Neil Gaiman ist er US-Immigrant und hat Odin ermordet, und den Schauspieler Tom Hiddleston hat er nach etwa fünf Comicverfilmungen so fest in der Hand wie Norman Bates den Anthony Perkins. Fest steht: Als Schurke ist Loki der Hammer! ■

ALTERNATIVNAMEN: Nal, Lopt, Hveðrungr
HERKUNFT: Walhalla
BERUF: Gott, Jötunn
ERSCHEINUNGSFORMEN: Lachs, Mähre, Fliege, Robbe, alte Frau
SUPERKRAFT: Gebärfähigkeit
LIEBLINGSSPEISE: Herz
FUNKTION: Trickster, Gestaltwandler
FILMDARSTELLER: Tom Hiddleston

215

LORD RUTHVEN

AUTOR: John William Polidori
TITEL: *Der Vampyr: Eine Erzählung*
(aus dem Englischen von Christiane Wyrwa)
ORIGINALFASSUNG: 1819

Sein Auge schweifte über die Lustbarkeiten seiner Umgebung, als könne er keinen Anteil daran nehmen. Das heitere Lachen der Schönen erregte seine Aufmerksamkeit offenbar nur, um es mit einem Blick zu ersticken und Furcht in die vom Leichtsinn erfüllte Brust zu senken. Doch keiner, den solche Scheu erfüllte, konnte sich erklären, was dieses Gefühl hervorrief. Manche schrieben die Wirkung seinem toten, grauen Auge zu, das beim Blick auf das Gesicht seines Gegenübers nicht einzudringen schien, um sofort zum verborgenen Wirken des Herzens vorzudringen, sondern mit bleiernem Strahl auf der undurchdringlichen Haut lastete.

Es ist Lord Byron, der vielgeliebte und ebenso herablassende, der alles aufsaugende Schriftsteller von Geist und Adel! In dieser Geschichte jedoch heißt er Lord Ruthven, lässt sich selbst vom Tod nicht umbringen und richtet unschuldige Damen zugrunde. Was für eine sarkastische Abrechnung des Arztes und persönlichen Assistenten Dr. Polidori mit seinem kurzfristigen Arbeitgeber, der ihn kaum eines Blickes würdigte! Dabei ist *Der Vampyr* gar nicht so gemeint. Polidori bewunderte Lord Byron, und die erste, ja prototypische Vampirgeschichte der Neuzeit erschien zeitweilig aufgrund eines Missverständnisses sogar unter dessen Namen – und das gar nicht ganz zu Unrecht.

Aber der Reihe nach: Polidori war der Arzt, der auch mal was schreiben durfte. In jener geselligen Runde, als Shelley und Gattin, Byron und er selbst je eine Gruselgeschichte erfinden sollten (damals entstand im Kern auch Mary Shelleys *Frankenstein*), fiel ihm nur irgendein Unsinn ein, während Lord Byron von zwei Männern erzählte, die nach Griechenland reisen und dann Schauriges erleben, das dem dortigen Volksglauben entspringt. Diese Idee sollte Polidori später für seine Kurzgeschichte aufgreifen.

Die Lesewelt fand sie, als sie plötzlich zur allgemeinen Verwunderung veröffentlicht wurde, zwar eines Byrons nicht würdig, kaufte sie aber trotzdem in einem *Twilight*-ähnlichen Wahn. Dr. Polidori hätte die Tantiemen gut gebrauchen können, aber niemand wollte so recht wahrhaben, dass die prägendste Figur der modernen Schauerliteratur von einem neidischen Arzt stammen sollte ...

Und wie macht sich dieser Lord nun in der Leichenblässe des Blutsaugers? Er ist durch und durch herzlos, sucht sich Mädchen in der Gesellschaft, die er mit Charme zu gewinnen und dann zu entehren versteht. Lieben diese einen anderen – den ehrgeizigen jungen Aubrey zum Beispiel, der mit ihm die besagte Griechenlandreise unternimmt –, raubt er ihnen auch noch das Leben.

Von Fledermäusen ist hier keine Rede, von spitzen Zähnen auch nicht: Der Vampir ist einfach ein Aristokrat, der gewissermaßen aus dem Nichts auftaucht und die Gesellschaft verstört – eine verständliche Sichtweise des menschenscheuen Verfassers. Auch Tolstoj, Poe, Sheridan und natürlich Bram Stoker griffen auf diesen Aspekt der Blaublütigkeit zurück, die der Blauäugigkeit naiver Frischlinge zum Verhängnis wird.

Und damit war klar: Vampire – ob mit i oder y – sind einfach so. ∎

HERKUNFT: Schottland
BERUF: Gesellschaftslöwe
FUNKTION: Vampyr
GESICHTSFARBE: blass
FRAUENTYP: ehrbar (noch)
LEBEN: zwei oder mehrere
BOSHEITSFAKTOR: ★★★★
ERZFEIND: Aubrey
VORBILD: Lord Byron

GRAF DRACULA

AUTOR: Bram Stoker
TITEL: *Dracula*
(aus dem Englischen von Stasi Kull)
ORIGINALFASSUNG: 1897

»» Mit einer Stimme, die, obgleich leise und fast ge-
flüstert, dennoch die Luft zu durchschneiden und
an den Wänden widerzuhallen schien, sagte er:
»Wie kann es eine von euch wagen, ihn anzurühren?
Wie könnt ihr eure Augen auf ihn werfen, da ich es euch
doch verboten habe? Zurück! sage ich euch. Dieser Mann ist
mein. Hütet euch, daß ich euch nicht noch einmal bei ihm
treffe, oder ihr habt meinen Zorn zu fürchten!« Das schöne
Mädchen erwiderte mit einem gemeinen, koketten Lachen:
»Du hast nie geliebt und wirst nie lieben!« Darauf misch-
ten sich die anderen Mädchen ein und es ertönte ein so
trauriges, hartes, seelenloses Lachen, daß mir fast die
Sinne schwanden; es war, als wenn Teufel scherzten.

Er hat das Vampirtum gepachtet, obwohl er keineswegs der erste Vampir war. Er kommt über 500-mal in Filmen oder Fernsehserien, mindestens 20-fach in Videospielen vor. Und das Marvel-Comicuniversum hat ihn in seine Reihen aufgenommen. Graf Dracula ist der bissigste Adelige der Popkultur und der weltweit bekannteste Bürger Rumäniens, weit vor dem echten Schurken Ceaușescu.

Dank ihm klingt das Wort »Transsilvanien« gruselig und finster, obwohl das betuliche Synonym »Siebenbürgen« die Landschaft viel passender beschreibt. Man weiß, dass er »der Pfähler« ist, basierend auf der historischen Figur mit diesem Beinamen, und man weiß, dass ein Kukri, dieses exotische krumme Messer, ihn um Kopf und Kragen bringen kann. Dass er Hunderte von Jahren alt ist und in einem Sarg das Sonnenlicht scheuend seine Tage zubringt. Auch das mit dem Knoblauch ist gemeinhin bekannt.

Draculas Ursprünge, den Roman des irischen Fußballspielers und Theatermanagers Bram Stoker, kennt dann vielleicht doch nicht jeder. So verpasst man Kuriositäten, wie dass Dracula einen langen, weißen Schnurrbart hat. Oder dass er nicht nur selbst den roten Saft genießt, sondern auch Gefallen daran findet, wenn man sein eigenes Blut trinkt. Oder dass er gewissermaßen bisexuell orientiert ist und sowohl dem Kaufmann Jonathan Harker als auch dessen Braut Mina gegenüber eine Aura von schauriger Erotik ausstrahlt.

Jonathan ist es, der zu Beginn des Romans in geschäftlicher Absicht zum Grafen reist und sich eigentlich ganz gut mit dem freundlichen Gastgeber unterhält, dessen Eloquenz und Beherrschung der englischen Sprache sowie sein historisches Interesse bewundert. Nur die spitzen Ohren und Zähne, das fahle Gesicht und in weiterer Folge die Tatsache, dass sich die Schlossgemeinschaft um sein Blut streitet, bereiten Jonathan zu Recht Angst. Er flieht und braucht eine Weile, bis er sich vom Schrecken erholt.

Danach erlebt man als Leser unterschiedlicher Zeugenberichte den Grafen bis zum Schluss gar nicht mehr live mit. Nur erblasste Körper und eine voldemorteske telepathische Verbindung mit Mina lassen seine Spur nachverfolgen. Er lebt durch den Horror der anderen. Innerhalb weniger Seiten hat es Dracula also geschafft, zum Inbegriff des Bösen, zur Projektionsfläche des Grauens zu werden, noch bevor er so richtig zur Tat geschritten ist. ■

RUFNAME: Der Pfähler

HERKUNFT: Transsilvanien

BERUF: Schlossherr

HOBBY: Verkostung edlen roten Tropfens

ERSCHEINUNGSBILD: Wolf

GESCHÄFTSZEITEN: 22–4 Uhr

ERZFEIND: Abraham van Helsing

HISTORISCHES VORBILD: Vlad III. Dracula

FILMDARSTELLER: Gary Oldman, Morgan Freeman, Christopher Lee, Klaus Kinski

VOLAND

AUTORIN: Michail Bulgakow
TITEL: *Der Meister und Margarita*
(aus dem Russischen von Thomas Reschke)
ORIGINALFASSUNG: 1966

>> Wehmütig schaute er hinter sich und begriff nicht, was ihn ängstigte. Er erblaßte, wischte sich mit dem Taschentuch die Stirn und dachte: Was hab ich bloß? So was kenne ich doch gar nicht. Das Herz macht Dummheiten ... Ich bin überarbeitet. Vielleicht sollte ich alles stehn- und liegenlassen und nach Kislowodsk abhauen ...

Da plötzlich gerann vor seinen Augen die glühendheiße Luft zu einem durchsichtigen Mann von sehr merkwürdigem Aussehen. Auf dem kleinen Kopf saß eine Jockeymütze, und er trug ein fipsiges, luftiges kariertes Jäckchen. Er war über zwei Meter groß, aber schmal in den Schultern, unsäglich mager, und seine Visage, wohlbemerkt, grinste fies.

Ein Ausländer! Das ist allen gleich klar, als Professor Voland die Bühne Moskau betritt. Aber woher er kommt, können sie seinem Akzent nicht entnehmen. Und er ist wohl etwas seltsam, aber so höflich und galant, und er hat Kant gekannt, da stimmt doch etwas nicht. Dann sagt er den Tod des Journalisten Berlioz durch Enthauptung voraus, unterzieht bei einer Varietévorstellung alle Besucher einer Massenhypnose – und einem Geldregen – und stellt alles auf den Kopf. Das »Ausland« ist die Hölle, und der Professor für Schwarze Magie ist der Teufel selbst in Gestalt eines immer lächelnden Paradebösewichts.

»Der größte Trick des Teufels«, heißt es im Film *The Usual Suspects,* »war, die Welt glauben zu lassen, es gäbe ihn gar nicht.« Der Teufel hier sieht eigentlich ganz normal aus, und doch haftet ihm etwas Bizarres an, das mehr mit dem Beobachter selbst zu tun zu haben scheint als mit ihm. Beschreibungen von Goldzähnen entpuppen sich als übertriebener Blick auf eine Krone; was manche als riesenhaft ansehen, ist einfach ein verhältnismäßig großer Mann.

Der fette, sprechende Kater Behemoth an seiner Seite allerdings lässt sich nicht mehr nur mit induzierter Paranoia erklären. Und die Grausamkeiten, die sich in der Wohnung Nr. 50 des Hauses Sadowaja-Straße 302b im Rahmen von Volands satanischem Ball abspielen, lassen etwas von der schelmischen Sympathie verblassen, die dem genialen Zauberer für das Chaos entgegenbrachte, das er in der verstockten Sowjetunion verursacht hat.

Und doch gelingt es ihm, sich weder die Hände noch den teuren Anzug schmutzig zu machen. Am Ende zeigt er gegenüber den Titelhelden, dem Meister und Margarita, sogar Barmherzigkeit und verschwimmt dabei mit der christlich wohlgesinnten Gegenposition wie eine Fata Morgana.

Schon mit dem Zitat, das er dem Roman voranstellt, verneigt sich Autor Bulgakow vor dem diabolischen Vorbild für seinen Voland und gibt gleichzeitig sein Hauptthema vor: »Ein Teil von jener Kraft, die stets das Böse will und stets das Gute schafft«, sagt bei Goethe Mephistopheles, selbst ein Teufelchen. Der Engelchen-Teufelchen-Konflikt, die Frage nach dem Guten und dem Bösen in Religion, Philosophie, Politik und Kunst wird kaum irgendwo so launig, aber auch komplex gestellt wie anhand dieser Figur. Wir müssen es uns jedenfalls eingestehen: Diesen Teufel mögen wir. ■

HERKUNFT: Ausland

TATORT: Moskau

BERUF: Professor für Schwarze Magie

HOBBY: Schach

KÖRPERGRÖSSE: 2 Meter

BELIEBTESTER ACT: Geldregen

HAUSTIER: Kater

KLEIDERGESCHMACK: ★★★★☆

SATANITÄTSFAKTOR: ★★★★★

221

JORGE VON BURGOS

AUTOR: Umberto Eco
TITEL: *Der Name der Rose*
(aus dem Italienischen von Burkhard Kroeber)
ORIGINALFASSUNG: 1980

»Du bist der Teufel!« sagte da William.
Jorge schien nicht recht zu begreifen. Wäre er sehend gewesen, ich hätte gesagt: Er sah sein Gegenüber fassungslos an. »Ich?« fragte er.

»Ja, du! Man hat dich belogen, der Teufel ist nicht der Fürst der Materie, der Teufel ist die Anmaßung des Geistes, der Glaube ohne ein Lächeln, die Wahrheit, die niemals vom Zweifel erfaßt wird. Der Teufel ist schwarz und finster, denn er weiß, wohin er geht, und er geht immer dahin zurück, woher er gekommen ist. Du bist der Teufel, du lebst wie der Teufel im Finstern. ...«

Dieser Mann geht nicht zum Lachen in den Keller: Er hat Leichen im Keller. Und die haben nichts mehr zu lachen, weil sie zu viel zu lachen hatten.

Wer *Der Name der Rose* als Whodunit lesen will – Spoiler: Jorge von Burgos war's. Er hat die Mönche getötet, die hinter sein Geheimnis kamen, dass nämlich die von ihm mitbetreute Bibliothek einer Benediktinerabtei irgendwo in Italien den verschollen geglaubten zweiten Teil der *Poetik* des Aristoteles beherbergt. Darin verteidigt der alte Grieche, auf den gelehrige Mönche im 14. Jahrhundert gerne hören, die Komödie, das Lachen. Und das Lachen, dessen ist sich Jorge sicher, führt geradewegs in den Untergang. Heiterkeit sei die Suppe, auf der der Antichrist herbeischwimmen werde, und dann sei Schluss mit lustig, denn:»Sein Kopf ist brennendes Feuer, seine Lider sind weiß, seine Unterlippe ist wülstig, dünn sind die Schenkel, mächtig die Füße, und er hat einen platten, langgezogenen Daumen!«

»Klingt wie sein Selbstporträt«, lacht der als Detektiv engagierte William von Baskerville, als er diese Predigt hört, und manifestiert sich damit als Erzfeind des ehrwürdigen Alten, dessen Entlarvung als sakraler Serienkiller schon deshalb überraschend kommt, weil er sein Augenlicht lange eingebüßt hat. Als perfide Mordwaffe verwendet er somit etwas, womit er gleichermaßen den Neid gegenüber ihren Nutznießern ausdrückt: ein Buch, und zwar ebenjenes, das den Dreh- und Angelpunkt seines Hasses

auf die Veränderung des Status quo darstellt.

Das Dilemma zwischen Gelehrtheit und Fortschrittsverweigerung macht diesen Jorge aus, und daher kommt auch sein Name, der nicht zufällig an den argentinischen Schriftsteller Jorge Luis Borges erinnert. Indem er den Bösen nach ihm benannte, rächte sich Umberto Eco an seinem Zeitgenossen dafür, dass er reaktionär den Militärputsch in seinem Heimatland unterstützte, obwohl er es, ebenfalls höchst belesen, besser hätte wissen müssen. Weitere naheliegende Ähnlichkeiten: Beide Jorges waren blind und beschäftigten sich dennoch mit Bibliotheken.

Am Ende hat Jorge von Burgos seinen Feind William zwar nicht besiegt, aber immerhin das Werk des Bösen (mitsamt der gesamten Abtei) in Brand gesetzt. Damit ist das aristotelische Buch der Komödie auch in Umberto Ecos postmodernem historischen Mash-up-Universum weiterhin verschollen, ohne dass wir wissen, was wirklich drinnen steht. Super, danke, Jorge. ∎

RUFNAME: Ehrwürdiger Jorge
HERKUNFT: Spanien
BERUF: Bibliothekar
FUNKTION: Brandstifter, Hüter des Ernsts
VISION: Der Antichrist kommt
HUMOR: ☆☆☆☆☆
ERZFEIND: Aristoteles. Und William von Baskerville
REALES VORBILD: Jorge Luis Borges

Die Könige des Verbrechens

Die Königsdisziplin der Böse-
wichterie! Das Schurkentum
als Hauptberuf! Der Kriminelle als Unternehmer, der
garantiert keine Umsatzsteuer
zahlt! Unfassbar unfassbar!

PROF. JAMES MORIARTY

AUTOR: Arthur Conan Doyle
TITEL: *Das letzte Problem, Das Tal der Angst*
(aus dem Englischen von Hans Wolf)
ORIGINALFASSUNG: 1893

>> Aber wenn Sie Moriarty einen Verbrecher nennen, sprechen Sie in den Augen der Justiz eine Verleumdung aus, und da liegen Glanz und Gloria der Sache. Der größte Ränkeschmied aller Zeiten, der Organisator jedweder Teufelei, das Zentralgehirn der Unterwelt – ein Gehirn, das die Geschicke ganzer Nationen im Guten wie im Schlechten lenken könnte: das ist unser Mann. Aber er ist über jeden Verdacht so erhaben – so gefeit gegen jede Kritik – und so bewundernswert in seiner Fähigkeit, die Fäden in der Hand und sich selbst im Hintergrund zu halten, daß er Sie schon für die Worte, die Sie eben geäußert haben, vor Gericht zerren könnte und Ihre Jahresrente als Schmerzensgeld für seine verletzte Ehre einstriche. *(Das Tal der Angst)*

Eigentlich hätte Moriarty in einer einzigen Geschichte vorkommen sollen, jener mit dem bezeichnenden Titel *Das letzte Problem*. Er sollte dem großen Detektiv Sherlock Holmes einen spektakulären Tod und Arthur Conan Doyle damit endlich Ruhe gewähren. Moriarty und sein Widersacher würden in der Schweiz die Reichenbachfälle hinunterstürzen, und Doyle würde sich anstatt kalter Deduktion den spirituellen Sphären widmen können, in die er seit dem Tod seines Sohnes immer wieder abgeglitten war. Inkonsistenzen, etwa dass James Moriarty scheinbar den gleichen Vor- und Nachnamen trug wie sein Bruder, zeigen, wie sehr dieser Mann seinem Schöpfer nicht als Figur, sondern als bloßes Instrument galt.

Nun, er sollte sich als die langlebigste Mordwaffe erweisen, die ein Autor je für seinen Helden geschliffen hat. Denn bald schon quengelten die Fans, Doyle brauchte Geld, und Holmes war wieder da, um in teils neuen, teils im Rückblick erzählten Fällen neue Genres zu erschließen, etwa das des Westerns in *Das Tal der Angst*. Hier wird Moriarty in wenigen Sätzen als berüchtigter Erzfeind gezeichnet, der den Mord in einer verschlüsselten Nachricht ankündigt und letztlich auch begeht.

In fünf bis sechs weiteren Kurzgeschichten wird Moriarty dann als Damoklesschwert noch erwähnt. Verdächtig dabei ist, dass Dr. Watson, immerhin Sherlock Holmes' Chronist, ihn nie zu sehen bekommt. Hat er wirklich – wie Sherlock und Mycroft Holmes – eine hohe, gewölbte Stirn? Schlummert hier tief verborgen das gleiche Gen(ie)-material? Oder geht gar die Fantasie mit dem treuen Chronisten durch? Was hat es mit den gefeierten wissenschaftlichen Abhandlungen auf sich, die der gelernte Mathematiker veröffentlicht haben soll? Und: »Glaubt irgendjemand wirklich, was an den Reichenbachfällen passiert ist?«, wie es in Anthony Horowitz' 2014 erschienener, von den Doyle-Erben beauftragter und einigermaßen würdiger Fan-Fiction *Der Fall Moriarty* heißt.

Der Nachwelt ist das alles egal: Die Popkultur liebt Sherlock Holmes, und sie liebt – viel mehr als Doyle selbst – Moriarty, nicht erst seit den beiden fast gleichzeitig startenden TV-Serien *Sherlock* und *Elementary*, wo Holmes, Watson und Co. im London bzw. New York der Internet-Ära extremdeduzieren. Andrew Scotts Moriarty (*Sherlock*) ist ein kindlicher Egomane, die berückende Natalie Dormer (*Elementary*) gar eine Fusion aus Moriarty und Irene Adler. Der »Napoleon des Verbrechens« hat ein Eigenleben entwickelt – wie Frankensteins Monster, nur cooler. ∎

HERKUNFT: Großbritannien
BERUF: Mathematiker und Astronom
NEBENJOB: Unterweltkönig
VORBILD: Napoleon (der Franzose, nicht das Schwein)
MAD-SCIENTIST-FAKTOR: ★★☆☆☆
WELTHERRSCHAFTSFAKTOR: ★★★★☆
HÖHENANGST: ★★☆☆☆
ERZFEIND: Sherlock Holmes

227

FANTÔMAS

AUTOREN: Marcel Allain, Pierre Souvestre
TITEL: *Fantômas* et al.
(aus dem Französischen von Erika Tophoven-Schöningh et al.)
ORIGINALFASSUNGEN: ab 1911

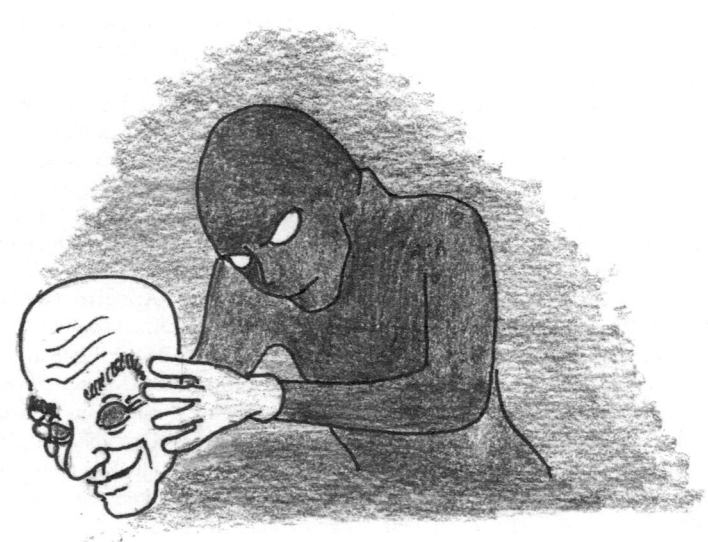

» – Jawohl! Ich bin Fantômas! Ja, Fantômas! Derjenige, den man den Unfassbaren, den Meister aller Schrecken, den König des Entsetzens genannt hat! Ich bin Fantômas! ... Es stimmt! Ich rate Ihnen, es zu glauben! ... Ich denke nicht, dass es auf der ganzen Welt auch nur einen Mann gibt, der es wagen würde, aus Spottlust oder Hinterlist meinen Namen anzunehmen ... Es ist tatsächlich Fantômas, der hierhergekommen ist, um Ihnen eine Gefälligkeit zu erweisen! Seien Sie also unbesorgt! ... *(Mord in Monte Carlo)*

Es gibt wohl keinen anderen Namen in der Literatur, der so oft hinter drei Pünktchen ausgesprochen wird wie dieser, um dem Leser Zeit zu geben, sich dräuende Filmmusik vorzustellen. Für kaum einen Bösewicht wurden so viele Seiten allein der antizipierenden Beschreibung seiner Bösewichtigkeit in spektakulären Adjektiven, nein, Superlativen! – ergänzt durch Rufzeichen! – gewidmet! Genau!

Da kann es sich nur um einen handeln!

Wirklich, um den?

Ja, wirklich ... Fantômas!

Und tatsächlich geht es in diesem Artikel um Fantômas (womit kurz veranschaulicht wäre, wie sie sich so lesen, die 32 innerhalb von zwei Jahren (!) verfassten, jeweils etwa 400-seitigen (!) Romane über den genialen, grausamen, alle zum Narren haltenden Kapitalverbrecher. Es ist ja auch kein Wunder: Wer wie Allain und Souvestre zu zweit im Parallelbetrieb und Monatstakt ein Buch mittels Diktats an Stenotypistinnen herausbringt, muss die Seiten halt manchmal mit Interpunktion füllen. Aber was hilft's, das Volk wollte seinen Fantômas. Pardon: seinen ... Fantômas!).

Und es macht ja auch Spaß mit ihm. Hinter der absolut fälschungssicheren schwarzen Maske mit zwei mandelförmigen Augenschlitzen produziert er im Alleingang Terror in Paris, Monte Carlo und der ganzen restlichen Welt. Er befüllt Parfumflaschen mit Schwefelsäure, köpft Menschen mit dem Gesicht nach oben, lässt ganze Züge verschwinden (hierbei handelt es sich um den Cliff-

hanger in dem entsprechend titulierten Roman *Fantômas: Ein Zug verschwindet*) und tötet Personen rein durch Suggestion, indem er ihnen einredet, sie hätten literweise Blut verloren.

Psychologisch motiviert ist das alles nicht, wohl aber menschlich unterfüttert, denn Fantômas hat ... Familie! Seine Tochter Hélène bandelt gar mit dem Journalisten Fandor an, der – neben Kommissar Juve – als einer der vielversprechendsten Fantômas-Jäger gilt und regelmäßig in Gewissenskonflikte gerät. Fandor und Juve, als die sich Fantômas immer wieder gerne verkleidet – die berühmten Gesichtsmasken aus *Mission: Impossible* könnten durchaus auf die Fantômas-Romane und -Filme zurückgehen –, sind jedes Mal völlig verwirrt, wenn ihnen der Verbrecherkönig in fremder Gestalt unter die Augen tritt.

Ein Mann stirbt mit seinem Namen auf den Lippen und hätte womöglich überlebt, hätte er darauf verzichtet, dieses Wort des Grauens auszusprechen. Fantômas – ein Meisterwerk der Suggestion. ∎

BEINAMEN: Der Unfassbare, König des Entsetzens
HERKUNFT: Frankreich
BERUF: Verbrecher
HOBBY: Verkleidungen
BESONDERES KENNZEICHEN: schwarze Maske
WELTHERRSCHAFTSFAKTOR: ★★★☆
ERZFEIND: Kommissar Juve
FILMDARSTELLER: Jean Marais

GASTMANN

AUTOR: Friedrich Dürrenmatt
TITEL: *Der Richter und sein Henker*
ORIGINALFASSUNG: 1951

»Vielleicht hat Gastmann mehr Gutes getan, als wir drei zusammen, die wir hier in diesem schiefen Zimmer sitzen«, fuhr der Schriftsteller fort. »Wenn ich ihn schlecht nenne, so darum, weil er das Gute ebenso aus einer Laune, aus einem Einfall tut wie das Schlechte, welches ich ihm zutraue. Er wird nie das Böse tun, um etwas zu erreichen, wie andere ihre Verbrechen begehen, um Geld zu besitzen, eine Frau zu erobern oder Macht zu gewinnen, er wird es tun, wenn es sinnlos ist, vielleicht, denn bei ihm sind immer zwei Dinge möglich, das Schlechte und das Gute, und der Zufall entscheidet.«

Scheiße, Anwalt«, heißt es lakonisch mit Schweizer Akzent im Film *Der Richter und sein Henker*, als die Ermittler Hans Bärlach und Walter Tschanz vor dem Haus des Advokaten Gastmann stehen, um ihn mit einem Mordverdacht zu konfrontieren, und feststellen, dass es sich um einen einflussreichen Lobbyisten handelt. Kurz darauf werden sie von einem riesigen Hund angegriffen.

In der kuriosen Verfilmung aus dem Jahr 1975 läuft zwar so manches anders ab als in Friedrich Dürrenmatts Roman, aber dass Gastmann ein Mastermind und kühler Verbrecher ist, der seine Taten auch noch philosophisch untermauert, das kann und darf nicht anders sein. Im Unterschied zu dem jungen Polizisten Walter Tschanz, der den besagten Mord aus kleinlichem Neid eigentlich begangen hat – von Kommissär Bärlach längst durchschaut –, ist Gastmanns Dramaturgie des Bösen eine umfassendere, ja hat geradezu Größe, wie man als Leser neidlos anerkennen muss.

Vor 40 Jahren waren Bärlach und Gastmann Bekannte in der Türkei. Damals wettete Gastmann, er werde ein Verbrechen begehen, das ihm Bärlach nicht nachweisen würde können. Und er gewann, indem er einen unschuldigen Kaufmann tötete, sodass es wie Selbstmord aussah. Das nagt seitdem am Kommissär Bärlach, der nun – auch ziemlich schurkisch eigentlich – den von Tschanz begangenen Mord Gastmann in die Schuhe schiebt, es sogar einrichtet, dass dieser ihn tötet, »richtet« gewissermaßen, um das einstige Verbrechen auf Umwegen nun doch zu rächen.

Die kleine Spielerei in Konstantinopel ist aber beileibe nicht Gastmanns einzige Übeltat. Die Verbrecherkarriere beginnt erst danach so richtig, aber niemand belangt ihn jemals, weil er sich in höheren Polizeikreisen Freunde macht, die er zu elitären Partys in seinem Haus beim Bielersee einlädt. Seine gesellschaftliche Stellung und sein Reichtum verhelfen ihm in die Kategorie »eleganter Verbrecherkönig«, seine Philosophie macht ihn wesentlich interessanter als den eigentlich viel übleren Dr. Emmenberger, den sadistischen Naziarzt und Antagonisten in Dürrenmatts zweitem Bärlach-Krimi *Der Verdacht*.

»Es ist noch jeder umgekommen, der sich mit mir beschäftigt hat, Bärlach«, sagt Gastmann ganz unverblümt im Zuge einer einzigen, zweieinhalbseitigen Begegnung der beiden großen Gegner im Rahmen dieses perfekt komponierten Romans. »Ich lebe noch«, entgegnet der Kommissär. »Und ich habe mich immer mit dir beschäftigt.« ■

HERKUNFT: Schweiz
WOHNORT: Lamboing oberhalb des Bielersees
BERUF: Advokat
BERUF (WIRKLICH): Lobbyist
BERUF (GANZ WIRKLICH): Verbrecher
PHILOSOPHIE: Nihilismus
EINFLUSS: ★★★★
LEICHEN IM KELLER: mindestens eine
ERZFEIND: Kommissär Hans Bärlach

MICHAEL CORLEONE

AUTOR: Mario Puzo
TITEL: *Der Pate*
(aus dem Amerikanischen von Gisela Stege)
ORIGINALFASSUNG: 1969

>>Don Michael«, sagte der alte caporegime.
Deutlich sah Kay, daß Michael bereit war, die Huldigung anzunehmen. Er erinnerte sie an die antiken Statuen in Rom, die Statuen jener römischen Kaiser, denen von Gottes Gnaden die Macht über Leben und Tod ihrer Mitmenschen gegeben war. Eine Hand hatte er in die Hüfte gestützt. Sein Profil verriet stolze, kalte Macht. Seine Haltung war lässig und arrogant.

Es ist der alte Schmäh der Diktatorensöhne, die selbst an die Macht kommen, und man glaubt ihnen, weil sie auch daran zu glauben scheinen: Es wird besser werden, moderner, weniger despotisch, legaler, demokratischer, und natürlich muss es weniger Leichen geben, denn so geht das ja nicht weiter. Auf der anderen Seite gilt es auch, die Familienehre zu verteidigen und gerade dem abgetretenen Vater den Respekt zu erweisen. Sonst müsste man ja zugeben, dass der etwas falsch gemacht hat. Und so wird Kim Jong-un zum viel unberechenbareren Tyrannen als Kim Jong-il, George W. Bush zum kriegerischeren Präsidenten als sein Dad und Don Michael Corleone vom braven Weltkriegskämpfer und Studenten zu jenem Paten, der zu Ehren seines Vaters Don Vito die anderen mafiösen Familien in New York ausradiert.

»Wir müssen legitim werden«, sagt er dabei weiterhin, vor allem zu seiner Frau Kay, der die noch so eleganten Macho-Rituale irgendwann verdächtig vorkommen. Auch in späteren Büchern, die gar nicht mehr Mario Puzo, sondern der vom Verlag Random House gecastete Nachfolger Michael Winegardner schrieb, will Michael die Corleones auf den Weg der Legalität führen und kann das Morden dabei nicht lassen. Was rächen sich auch immer alle?

Eines macht Mike definitiv anders als Vito, dessen »offer he can't refuse« eines der berühmtesten Zitate überhaupt ist. Der Sohn formuliert das so: »Das ist meine Bedingung. Selbstverständlich können Sie meinen Vorschlag ablehnen.«

Al Pacino ist allgegenwärtig, spricht man über diesen Michael Corleone. Zwei Oscar-Nominierungen für dieselbe Rolle, da gehört schon etwas dazu. Und ein Copyright auf die eigene Darstellung haben auch nicht viele: In der Verfilmung von Mario Puzos eigener Fortsetzungsgeschichte zum *Paten* – nicht *Der Pate II* und *III,* sondern *Der Sizilianer* – musste die Rolle des Michael aus urheberrechtlichen Gründen gestrichen werden. Dank Pacino kann die Welt sich nicht entscheiden, ob sie Mike unter die Top-Bösewichter der Filmhistorie einreihen soll (hier steht er aktuell auf Platz 11) oder lieber als tragischen Helden mit familiären Schwierigkeiten feiert.

Sicher, wie er sich in Italien in dieses Bauernmädchen verliebt, das dann einer für ihn vorgesehenen Bombe zum Opfer fällt – da kann man schon Mitleid kriegen. Aber das wird kaum der Grund sein, warum Griselda Blanco, die unbarmherzige Patin des kolumbianischen Medellín-Kartells und wohl eine der blutrünstigsten Frauen seit Katharina der Großen, einen ihrer Söhne auf drei Vornamen taufte, deren erste beiden Michael und Corleone lauten. ■

TITEL: Don

HERKUNFT: Italien

BERUFE: Soldat, Student, Olivenölhändler

FAMILIENSTAND: groß

RITUAL: Handkuss

PSYCHOPATHENFAKTOR: ★★☆☆☆

DIAGNOSE: Vaterkomplex

ERZFEINDE: die anderen vier Familien

FILMDARSTELLER: Al Pacino

Ende und Anhang

Alle diese Figuren sind echt.
Echt fiktional. Wo sie nachzu-
lesen sind und wer die wirklich Bösesten der Bösen sind,
verrät der nachfolgende
Anhang.

LITERATURVERZEICHNIS

Adams, Douglas (2006). *Per Anhalter durch die Galaxis: Gesamtausgabe.* Aus dem Englischen von Benjamin Schwarz und Sven Böttcher. Illustriert von Gerhard Seyfried und Ziska Riemann. Berlin: Rogner & Bernhard.

Agejew, M. (2013). *Roman mit Kokain.* Aus dem Russischen von Norma Cassau und Valerie Engler. Zürich: Manesse.

Allain, Marcel; Souvestre, Pierre (1986). *Fantômas: Mord in Monte Carlo.* Aus dem Französischen von Erika Tophoven-Schöningh. Frankfurt am Main: Büchergilde Gutenberg.

Allain, Marcel; Souvestre, Pierre (2011). *Fantômas: Ein Zug verschwindet.* Aus dem Französischen von Lea Rachwitz. Bern: Edition Epoca.

Apollonios von Rhodos (2002). *Die Fahrt der Argonauten.* Aus dem Altgriechischen von Paul Dräger. Stuttgart: Reclam.

Aristoteles (2009). *Poetik.* Hg. von Otfried Höffe. Berlin: Akademie.

Atwood, Margaret (2003). *Oryx und Crake.* Aus dem Amerikanischen von Barbara Lüdemann. Berlin: Berlin Verlag.

Atwood, Margaret (2009). *Das Jahr der Flut.* Aus dem Amerikanischen von Monika Schmalz. Berlin: Berlin Verlag.

Atwood, Margaret (2015). *Die Geschichte von Zeb.* Aus dem Amerikanischen von Monika Schmalz. Berlin: Berlin Verlag.

Austen, Jane (2012). *Stolz und Vorurteil.* Aus dem Englischen von Margarete Rauschenberger. Berlin: Insel.

Austen, Jane; Graham-Smith, Seth (2009). *Stolz und Vorurteil und Zombies.* Aus dem Amerikanischen von Carolin Müller. München: Heyne.

Balzac, Honoré de (1998). *Die menschliche Komödie 25. Tante Lisbeth.* Aus dem Französischen von Paul Zech. Zürich: Diogenes.

Barrie, James Matthew (1987). *Peter Pan; Peter Pan in Kensington Gardens.* Aus dem Englischen von Ursula von Wiese. Mit Illustrationen von Gisela Kalow. Würzburg: Arena.

Baudelaire, Charles (2011). *Les Fleurs du Mal – Die Blumen des Bösen.* Aus dem Französischen von Monika Fahrenbach-Wachendorff. Stuttgart: Reclam.

Baum, Lyman Frank (2003). *Der Zauberer von Oz.* Aus dem Amerikanischen von Sybil Gräfin Schönfeldt. Illustriert von Heike Vogel. Hamburg: Dressler.

Bazin, Hervé (1976). *Viper im Würgegriff / Das Tischtuch ist zerschnitten / Die Eule ruft.* Aus dem Französischen von Johannes Hübner. Berlin: Volk und Welt.

Bioy Casares, Adolfo (2003). *Morels Erfindung.* Aus dem argentinischen Spanisch von Gisbert Haefs. Frankfurt am Main: Suhrkamp.

Bloch, Robert (2014). *Psycho.* Aus dem Amerikanischen von Hannes Riffel. Reinbek bei Hamburg: Rowohlt.

Boyle, T. C. (2015). *Hart auf Hart.* Aus dem Amerikanischen von Dirk van Gunsteren. München: Hanser.

Bulgakow, Michail (2006). *Der Meister und Margarita*. Aus dem Russischen von Thomas Reschke. München: Luchterhand.

Burgess, Anthony (2011). *Die Uhrwerk-Orange*. Aus dem Englischen von Wolfgang Krege. Stuttgart: Klett-Cotta.

Canetti, Elias (1988). *Die Blendung*. Frankfurt am Main: Fischer.

Carroll, Lewis (2015). *Alice im Wunderland & Alice hinter den Spiegeln*. Aus dem Englischen von Christian Enzensberger. Illustriert von Floor Rieder. Hildesheim: Gerstenberg.

Cervantes, Miguel de (2008). *Don Quijote von der Mancha*. Aus dem Spanischen von Susanne Lange. München: Hanser.

Choderlos de Laclos, Pierre-Ambroise-François (2007). *Gefährliche Liebschaften*. Aus dem Französischen von Wolfgang Tschöke. Mit einem Nachwort von Elke Schmitterer. München: dtv.

Chrétien de Troyes (1976). *Perceval oder die Geschichte vom Gral*. Aus dem Altfranzösischen von Konrad Sandkühler. Stuttgart: Freies Geistesleben.

Christie, Agatha (1974). *Letztes Weekend*. Aus dem Englischen von Anne-Katherina Rehmann-Salten. Wien: Buchgemeinschaft Donauland.

Christie, Agatha (2014). *Alibi: ein Fall für Poirot*. Aus dem Englischen von Michael Mundhenk. Hamburg: Atlantik.

Conrad, Joseph (1969). *Letters to R. B. Cunninghame Graham*. Hg. von C. T. Watts. Cambridge: University Press.

Conrad, Joseph (2009). *Herz der Finsternis*. Aus dem Englischen von Ernst Wolfram Freißler. Köln: Anaconda.

Dahl, Roald (2014). *Matilda*. Aus dem Englischen von Sybil Gräfin Schönfeldt. Reinbek bei Hamburg: Rowohlt.

Dickens, Charles (1982). *David Copperfield*. Aus dem Englischen von Gustav Meyrink. Zürich: Diogenes.

Dirnberger, Sigrid Susanne (2009). *Die Figur der Stiefmutter in den Grimmschen Märchen*. Wien: Universität Wien.

Dostojewskij, Fjodor M. (1996). *Verbrechen und Strafe*. Aus dem Russischen von Swetlana Geier. Frankfurt am Main: Fischer.

Doyle, Arthur Conan (2005). *Das Tal der Angst*. Aus dem Englischen von Hans Wolf. Zürich: Kein und Aber.

Doyle, Arthur Conan (2014). *Sherlock Holmes: Die Erzählungen I. Sämtliche Werke in drei Bänden*. Aus dem Englischen übersetzt. Köln: Anaconda.

Du Maurier, Daphne (2007). *Rebecca*. Aus dem Englischen von Karin von Schab. Frankfurt am Main. Fischer.

Dumas, Alexandre (2010). *Die drei Musketiere*. Aus dem Französischen von August Zoller. Frankfurt am Main: Fischer.

Dumas, Alexandre (2013). *Zwanzig Jahre später: Ein Musketier-Roman*. Aus dem Französischen von Christine Hoeppener. Berlin: Aufbau.

Dürrenmatt, Friedrich (1955). *Der Richter und sein Henker*. Illustriert von Karl Staudinger. Reinbek bei Hamburg: Rowohlt.

Dürrenmatt, Friedrich (1986). *Der Verdacht*. Zürich: Diogenes.

Eco, Umberto (1982). *Der Name der Rose*. Aus dem Italienischen von Burkhart Kroeber. München: dtv.

Eco, Umberto (1990). *Platon im Striptease-Lokal. Parodien und Travestien*. Aus dem Italienischen von Burkhard Kroeber. München: Hanser.

Ellis, Bret Easton (2007). *Einfach unwiderstehlich*. Aus dem Amerikanischen von Wolfgang Determann. Köln: Kiepenheuer & Witsch.

Ellis, Bret Easton (2007). *Lunar Park.* Aus dem Amerikanischen von Clara Drechsler und Harald Hellmann. München: Heyne.

Ellis, Bret Easton (2010). *American Psycho.* Aus dem Amerikanischen von Clara Drechsler und Harald Hellmann. Köln: Kiepenheuer & Witsch.

Ende, Michael (2005). *Momo.* Stuttgart: Thienemann-Esslinger.

Eschenbach, Wolfram von (1998). *Parzival.* Aus dem Mittelhochdeutschen von Peter Knecht. Mit einer Einführung von Bernd Schirok. Berlin: de Gruyter.

Faldbakken, Matias (2007). *Macht und Rebel.* Aus dem Norwegischen von Hinrich Schmidt-Henkel. München: Heyne.

Fforde, Jasper (2007). *The Fourth Bear: A Nursery Crime.* London: Penguin.

Fitzgerald, Francis Scott (2013). *Der große Gatsby.* Aus dem Amerikanischen von Bettina Abarbanell. Mit einem Nachwort von Paul Ingendaay. Zürich: Diogenes.

Fleming, Ian (2013). *Dr. No.* Aus dem Englischen von Stephanie Pannen und Anika Klüver. Ludwigsburg: Cross Cult.

Fontane, Theodor (1973). *Effi Briest.* Stuttgart: Reclam.

Gaiman, Neil (2005). *American gods.* Aus dem Amerikanischen von Karsten Singelmann. München: Heyne.

García Márquez, Gabriel (2004). *Der Herbst des Patriarchen.* Aus dem kolumbianischen Spanisch von Curt Meyer-Clason. Frankfurt am Main: Fischer.

Gardner, John (2009). *Grendel.* Aus dem Amerikanischen von Andreas Vollstädt. Mit einem Nachwort von Günter Krenn. Wien: Milena.

Genzmer, Felix (Übers.) (2010). *Die Edda:* *Götterdichtung, Spruchweisheit und Heldengesänge der Germanen.* Aus dem Altisländischen von Felix Genzmer. Kindle-Edition. Diederichs.

Gide, André (1996). *Die Verliese des Vatikans.* Aus dem Französischen von Thomas Dobberkau. München: dtv.

Glavinic, Thomas (2011). *Der Kameramörder.* München: dtv.

Goethe, Johann Wolfgang von (2000). *Faust. Der Tragödie erster Teil.* Stuttgart: Reclam.

Golding, William (1989). *Herr der Fliegen.* Aus dem Englischen von Hermann Stiehl. Frankfurt am Main: Fischer.

Grimm, Jacob und Wilhelm (1996). *Kinder- und Hausmärchen.* Gesammelt durch die Brüder Grimm. Vergrößerter Nachdruck der zweibändigen Erstausgabe von 1812 und 1815 nach dem Handexemplar des Brüder Grimm-Museums Kassel mit sämtlichen handschriftlichen Korrekturen und Nachträgen der Brüder Grimm, sowie einem Ergänzungsheft: Transkriptionen und Kommentare in Verbindung mit Ulrike Marquardt von Heinz Rölleke. Göttingen: Vandenhoeck & Ruprecht.

Harris, Thomas (2000). *Hannibal.* Aus dem Amerikanischen von Ulrich Bitz. München: Heyne.

Harris, Thomas (2006). *Hannibal rising.* Aus dem Amerikanischen von Sepp Leeb. Hamburg: Hoffmann und Campe.

Harris, Thomas (2007). *Das Schweigen der Lämmer.* Aus dem Amerikanischen von Sepp Leeb. München: Heyne.

Harris, Thomas (2013). *Roter Drache.* Aus dem Amerikanischen von Sepp Leeb. München: Heyne.

Hauff, Wilhelm (1950). *Das kalte Herz.* Text durchgesehen von Josef List. Il-

239

lustriert von Ernst Liebenauer. Wien: Österr. Bundesverl.

Heller, Joseph (1994). *Catch 22*. Aus dem Amerikanischen von Irene und Günther Danehl. Frankfurt am Main: Fischer.

Hemingway, Ernest (2012). *Der alte Mann und das Meer*. Aus dem Amerikanischen von Werner Schmitz. Reinbek bei Hamburg: Rowohlt.

Herbert, Frank (2001). *Der Wüstenplanet*. Aus dem Amerikanischen von Ronald M. Hahn.München: Heyne.

Herbert, Frank (2001). *Die Kinder des Wüstenplaneten*. Aus dem Amerikanischen von Ronald M. Hahn. München: Heyne.

Herrndorf, Wolfgang (2013). *Sand*. Reinbek bei Hamburg: Rowohlt.

Hesse, Hermann (1985). *Klingsors letzter Sommer*. Frankfurt am Main: Suhrkamp.

Hill, Susan (1993). *Rebeccas Vermächtnis*. Die Fortsetzung des weltberühmten Romans von Daphne Du Maurier. München: Droemer Knaur.

Hoffmann, E. T. A. (2011). *Der Sandmann*. Berlin: Insel.

Hohlbein, Wolfgang (2004). *Hagen von Tronje*. München: Heyne.

Homer (2002). *Ilias · Odyssee*. Aus dem Altgriechischen von Johann Heinrich Voß. München: dtv.

Horowitz, Anthony (2014). *Der Fall Moriarty*. Aus dem Englischen von Lutz-W. Wolff. Berlin: Insel.

Horváth, Ödön von (2008). *Geschichten aus dem Wienerwald*. Frankfurt am Main: Suhrkamp.

Hugo, Victor (2001). *Die Elenden – Les Misérables*. Aus dem Französischen von Edmund Th. Kauer. Berlin: Aufbau.

Jelinek, Elfriede (2014). *Die Klavierspielerin*. Reinbek bei Hamburg: Rowohlt.

Kafka, Franz (2007). *Der Proceß*. Frankfurt am Main: Fischer.

Kafka, Franz (2010). *Das Schloß*. Berlin: Insel.

Kemal, Yaşar (2005). *Memed mein Falke*. Aus dem Türkischen von Horst Wilfrid Brands. Zürich: Unionsverlag.

Kesey, Ken (2010). *Einer flog über das Kuckucksnest*. Aus dem Amerikanischen von Hans Hermann. Reinbek bei Hamburg: Rowohlt.

Kesselring, Joseph (1998). *Arsenic and Old Lace*. Central Books.

King, Stephen (2011). *Sie*. Aus dem Amerikanischen von Joachim Körber. München: Heyne.

Kipling, Rudyard (1987). *Das Dschungelbuch*. Aus dem Englischen von Gisbert Haefs. Frankfurt am Main: Büchergilde Gutenberg.

Kipling, Rudyard (1987). *Das zweite Dschungelbuch*. Aus dem Englischen von Gisbert Haefs. Zürich: Haffmans.

Kipling, Rudyard (2014). *Genau-so-Geschichten oder Wie das Kamel seinen Höcker kriegte*. Aus dem Englischen von Gisbert Haefs. Zürich: Unionsverlag.

Krasznahorkai, László (2010). *Satanstango*. Aus dem Ungarischen von Hans Skirecki. Frankfurt am Main: Fischer.

Lee, Harper (2015). *Gehe hin, stelle einen Wächter*. Aus dem Amerikanischen von Ulrike Wasel und Klaus Timmermann. Reinbek bei Hamburg: Rowohlt.

Lee, Harper (2015). *Wer die Nachtigall stört* ... Aus dem Amerikanischen von Claire Malignon. Reinbek bei Hamburg: Rowohlt.

Lehnert, Martin (Übers.) (1986). *Beowulf: ein altenglisches Heldenepos*. Aus dem Altenglischen von Martin Lehnert. Leipzig: Insel.

Lem, Stanisław (2009). *Solaris.* Aus dem Polnischen von Irmtraud Zimmermann-Göllheim. Frankfurt am Main: Suhrkamp.

Lovecraft, H. P. (1997). *Stadt ohne Namen: Horrorgeschichten.* Aus dem Amerikanischen von Charlotte von Klinckowstroem. Nachwort von Dirk W. Mosig. Frankfurt am Main: Suhrkamp.

Luther, Martin (Übers.) (1925). *Die Bibel oder die ganze Heilige Schrift des Alten und Neuen Testaments.* Aus dem Althebräischen, Altaramäischen und Altgriechischen von Martin Luther. Berlin: Brit. und Ausländ. Bibelges.

Mann, Thomas (1989). *Bekenntnisse des Hochstaplers Felix Krull. Der Memoiren erster Teil.* Frankfurt am Main: Fischer.

May, Karl (1960). *Winnetous Erben, Band 33 der Gesammelten Werke.* Radebeul: Karl-May-Verlag.

May, Karl (1992). *Winnetou I, Band 7 der gesammelten Werke Karl Mays.* Radebeul: Karl-May-Verlag.

May, Karl (2001). *Winnetou II, Band 8 der Gesammelten Werke.* Radebeul: Karl-May-Verlag.

May, Karl (2001). *Winnetou III, Band 9 der Gesammelten Werke.* Radebeul: Karl-May-Verlag.

McCarthy, Cormac (2008). *Kein Land für alte Männer.* Aus dem Amerikanischen von Nikolaus Stingl. Reinbek bei Hamburg: Rowohlt.

Melville, Herman (2001). *Moby Dick oder Der Wal.* Aus dem Amerikanischen von Matthias Jendis. München: Hanser.

Mo, Yan (2007). *Das rote Kornfeld.* Aus dem Chinesischen von Peter Weber-Schäfer. Zürich: Unionsverlag.

Murakami, Haruki (2012). *1Q84 (Buch 1, 2).* Aus dem Japanischen von Ursula Gräfe. München: btb.

Murakami, Haruki (2013). *1Q84 (Buch 3).* Aus dem Japanischen von Ursula Gräfe. München: btb.

Nabokov, Vladimir (1999). *Lolita.* Aus dem Amerikanischen von Helen Hessel, Maria Carlsson, Kurt Kusenberg, Heinrich Maria Ledig-Rowohlt und Gregor von Rezzori. Reinbek bei Hamburg: Rowohlt.

Ngũgĩ wa Thiong'o (2011). *Herr der Krähen.* Aus dem Englischen von Thomas Brückner. München: A1.

Novalis (1987). *Heinrich von Ofterdingen.* Hg. von Wolfgang Frühwald. Stuttgart: Reclam.

Orwell, George (2011). *Farm der Tiere.* Aus dem Englischen von Michael Walter. Zürich: Diogenes.

Ovid (1994). *Metamorphosen.* Aus dem Lateinischen von Michael von Albrecht. Stuttgart: Reclam.

Papadiamantis, Alexandros (1995). *Die Mörderin.* Aus dem Neugriechischen von Andrea Schellinger. Frankfurt am Main: Suhrkamp.

Perutz, Leo (2012). *Der Meister des Jüngsten Tages.* München: dtv.

Pirinçci, Akif (1989). *Felidae.* München: Goldmann.

Poe, Edgar Allan (2008). *Die Methode der Komposition.* Aus dem Amerikanischen von Hans Wollschläger. In: Der Rabe. Zweisprachige Ausgabe. Aus dem Amerikanischen von Ursula Weinicke. Frankfurt am Main: Insel.

Poe, Edgar Allan (2013). *Der Rabe.* Aus dem Amerikanischen von Carl Theodor Eben. Illustriert von Gustave Doré. Darmstadt: Reprint.

Polidori, John William (1991). *Der Vampyr: Eine Erzählung.* Aus dem Englischen von Christiane Wyrwa. München: scaneg.

Preußler, Otfried (1986). *Herr Klingsor konnte ein bißchen zaubern.* Illustriert von Dietrich Lange. Stuttgart: Thienemann-Esslinger.

Puzo, Mario (2001). *Der Pate.* Aus dem Amerikanischen von Gisela Stege. Reinbek bei Hamburg: Rowohlt.

Puzo, Mario (2009). *Der Sizilianer.* Aus dem Amerikanischen von Gisela Stege. Reinbek bei Hamburg: Rowohlt.

Rand, Ayn (2012). *Der Streik.* Aus dem Amerikanischen von Claudia Amor, Alice Jakubeit und Leila Kais. München: Kai M. John.

Revard, Carter (1999). *Why Mark Twain Killed Injun Joe: And Will Never Be Indicted.* In: The Massachusetts Review 40 (4), S. 643–670. The Massachusetts Review, Inc.

Rowling, Joanne K. (2009). *Harry Potter und der Orden des Phönix.* Aus dem Englischen von Klaus Fritz. Hamburg: Carlsen.

Rowling, Joanne K. (2011). *Harry Potter und die Heiligtümer des Todes.* Aus dem Englischen von Klaus Fritz. Hamburg: Carlsen.

Sacher-Masoch, Leopold von (2003). *Venus im Pelz.* Ausgabe letzter Hand. Mit Zeichnungen von Günter Brus. München: Belleville.

Sade, Donatien Alphonse François de (1990–2002). *Justine und Juliette.* In zehn Bänden. Aus dem Französischen von Stefan Zweifel und Michael Pfister. München: Matthes und Seitz.

Saramago, José (2004). *Der Doppelgänger.* Aus dem Portugiesischen von Marianne Gareis. Reinbek bei Hamburg: Rowohlt.

Saramago, José (2011). *Kain.* Aus dem Portugiesischen von Karin von Schweder-Schreiner. Hamburg: Hoffmann und Campe.

Schnack, Friedrich (2009). *Klingsor.* Charleston: BiblioBazaar.

Schnurrbein, Stefanie von (2000). *The function of Loki in Snorri Sturluson's Edda.* In: History of Religions 40 (2), 109–124. Chicago: University Press.

Schulze, Ursula (Hrsg.) (2010). *Das Nibelungenlied.* Mittelhochdeutsch / Neuhochdeutsch. Aus dem Mittelhochdeutschen von Siegfried Grosse. Stuttgart: Reclam.

Scott, Walter (2003). *Ivanhoe.* Aus dem Englischen von Christine Hoeppener. Berlin: Aufbau.

Serner, Walter (1998). *Die Tigerin: eine absonderliche Liebesgeschichte.* Hg. und mit einem Nachwort von Andreas Puff-Trojan. Salzburg: Residenz.

Shelley, Mary (2011). *Frankenstein oder Der moderne Prometheus.* Aus dem Englischen von Ursula und Christian Grawe. Mit einem Nachwort von Christian Grawe. Stuttgart: Reclam.

Sîn-leqe-unnīnī (2014). *Das Gilgamesch-Epos (kommentiert): Mit Zeittafel und Glossar der babylonischen Götterwelt.* Kindle-Edition. Aus dem Babylonischen von Alfred Jeremias. Verlag ModerneZeiten.

Spyri, Johanna (2013). *Heidis Lehr- und Wanderjahre.* Illustriert von Tomi Ungerer. Zürich: Diogenes.

Steinbeck, John (2003). *Jenseits von Eden.* Aus dem Amerikanischen von Harry Kahn. München: dtv.

Stevenson, Robert Louis (2009). *Die Schatzinsel.* Aus dem Englischen von Heinrich Conrad. Frankfurt am Main: Fischer.

Stoker, Bram (2007). *Dracula.* Aus dem Englischen von Stasi Kull. Würzburg: Arena.

Süskind, Patrick (1994). *Das Parfum: Die*

Geschichte eines Mörders. Zürich: Diogenes.

Takami, Koushun (2012). *Battle Royale.* Aus dem Japanischen von Jens und Akiko Altmann. München: Heyne.

Tolkien, J. R. R. (2014). *Der Herr der Ringe.* Aus dem Englischen von Margaret Carroux und E. M. von Freymann. Stuttgart: Klett-Cotta.

Tolkien, J. R. R. (2014). *Nachrichten aus Mittelerde.* Aus dem Englischen von Hans J. Schütz. Hg. von Christopher Tolkien. Stuttgart: Klett-Cotta.

Tolkien, J. R. R. (2015). *Das Silmarillion.* Aus dem Englischen von Wolfgang Krege. Hg. von Christopher Tolkien. Stuttgart: Klett-Cotta.

Torberg, Friedrich (2011). *Der Schüler Gerber.* München: dtv.

Tropp, Martin (1977). *Mary Shelley's Monster – The Story of Frankenstein.* Houghton Mifflin.

Twain, Mark (2010). *Tom Sawyer & Huckleberry Finn.* Aus dem Amerikanischen von Andreas Nohl. München: Hanser.

Vālmīki (1996). *Ramayana: die Geschichte vom Prinzen Rama, der schönen Sita und dem großen Affen Hanuman.* Aus dem Sanskrit von Claudia Schmölders. München: Diederichs.

Vergil (1989), *Aeneis.* Aus dem Lateinischen von Wilhelm Plankl. Stuttgart: Reclam.

Vicent, Manuel (1991). *Mein Name ist Kain.* Aus dem Spanischen von Georg Danzer. Salzburg: Residenz-Verlag.

Wagner, Richard (1990). *Parsifal: Libretto* mit musikalischer und literarischer Analyse, Dokumentationen zu Entstehung und Rezeption, Kommentaren, Diskographie, Aufführungstabellen, Bibliographie und Zeittafeln. Hg. von Ulrich Drüner. München: PremOp.

Wagner, Richard (1991). *Der Ring des Nibelungen: ein Bühnenfestspiel für drei Tage und einen Vorabend.* Libretto. Hamburg: Deutsche Grammophon.

Wallace, David Foster (2002). *Kurze Interviews mit fiesen Männern: Storys.* Aus dem Amerikanischen von Marcus Ingendaay, Clara Drechsler, Bernhard Robben und Christa Schuenke. Köln: Kiepenheuer & Witsch.

Walpole, Horace (2014). *Das Schloß Otranto – Ein Schauerroman.* Aus dem Englischen von Hans Wolf. München: C. H. Beck.

Weil, Gustav (Übers.) (2013). *1001 Nacht – Tausendundeine Nacht.* Aus dem Arabischen von Gustav Weil. Hamburg: Nikol.

Wells, H. G. (2012). *Die Insel des Dr. Moreau.* Aus dem Englischen von Felix Paul Greve. München: dtv.

Welsh, Irvine (2011). *Drecksau.* Aus dem Englischen von Clara Drechsler und Harald Hellmann. Köln: Kiepenheuer & Witsch.

Wilde, Oscar (1992). *Das Bildnis des Dorian Gray.* Aus dem Englischen von Ingrid Rein. Stuttgart: Reclam.

Winegardner, Michael (2006). *Der Pate kehrt zurück.* Aus dem Amerikanischen von Jürgen Bürger. München: Heyne.

243

SCHURKENRANGLISTE

1. _____
2. _____
3. _____
4. _____
5. _____
6. _____
7. _____
8. _____
9. _____
10. _____
11. _____
12. _____
13. _____
14. _____
15. _____
16. _____
17. _____
18. _____
19. _____
20. _____

INHALTSVERZEICHNIS

DANKSAGUNG

Der Autor bedankt sich bei allen Schreibenden und Schurkenden und besonders bei den folgenden Real-Life-Schurken für Hinweise und sachliche, buchliche und / oder moralische Unterstützung:

Hannah Lioba Egenolf, Julia Felbar, Marion Guerrero, Kristof Kepler, Sandra Keplinger, Alexandra Kleber, Lino Kleingarn, Robert Koukal, Matthias Krische, Martin Kröß, François Lang, Sarah Legler, Kostas Papageorgiou, Cornelia Patry, Catharina Pešl-Kleber, Charlotte Pesl, Jorghi Poll, Lena Raubaum, Sebastian Reiner, Patrick Rothkegel, Barbara Schenter, Brigitte Schima, Maria Tunner, Jana Volkmann, der geduldigen Bibliothekarin in der Städtischen Bücherei Gumpendorfer Straße u. v. m.

AUF SAFARI DURCH DIE
WELTLITERATUR

Ein kurzweiliger und amüsanter Trip für Leser, Tierliebhaber und Abenteurer!

Nach den Schurken die Tiere: Martin Thomas Pesl begibt sich in seinem »Buch der Tiere« auf eine erlesene Safari durch die Weltliteratur. Vom Affen bei Franz Kafka über den Hund bei Paul Auster bis zu den Schmetterlingen bei Andrea Grill, vom Fuchs im Kleinen Prinzen bis hin zu Martin Suters Elefant und Michail Bulgakows Kater hat er Fährten aufgenommen und Spuren verfolgt.

Martin Thomas Pesl: **Das Buch der Tiere. 100 animalische Streifzüge durch die Weltliteratur.** Durchgehend illustriert von Kristof Kepler. 244 S., 25 €